LE LIVRE
DE
COMPAGNONNAGE

PAR

AGRICOL PERDIGUIER

Dit Avignonnais-la-Vertu, compagnon menuisier.

TOME SECOND

3 fr. 50 cent. les deux volumes ornés de dix-sept
Lithographies.

TROISIÈME ÉDITION

PARIS
CHEZ PERDIGUIER, ÉDITEUR
RUE TRAVERSIÈRE-SAINT-ANTOINE, 38.

1857

LE LIVRE

DU

COMPAGNONNAGE

PARIS. — IMPRIMERIE LACOUR, 18, RUE SOUFFLOT.

LE LIVRE
du
COMPAGNONNAGE

PAR

AGRICOL PERDIGUIER

Dit Avignonnais la Vertu, compagnon menuisier.

TOME DEUXIÈME

3 fr. 50 cent. les deux volumes ornés de dix-sept Lithographies.

TROISIÈME ÉDITION

PARIS
CHEZ PERDIGUIER, ÉDITEUR
RUE TRAVERSIÈRE-SAINT-ANTOINE, 38.

1857

UN MOT SUR CE VOLUME

A peine la première partie du *Livre du Compagnonnage* eut-elle paru, qu'une multitude de lettres, conçues dans les vues les plus opposées, arrivèrent successivement à mon adresse. Un petit nombre de ces lettres, reproduites dans ce volume, prouveront suffisamment qu'il y a dans chaque Société d'ouvriers, même dans celle des Compagnons, qu'on regarde communément comme empreintes de barbarie, des hommes qui savent penser sagement et exprimer leurs pensées d'une manière convenable. On verra figurer ici les noms de Nantais-Prêt-à-Bien-Faire et de Bourguignon-la-Fidélité, deux Compagnons menuisiers de talent, très estimés parmi les Gavots ; — le nom de Vendôme-la-Clef-des-Cœurs, Compagnon blancher-chamoiseur et Chansonnier d'un grand mérite, auquel les Devoirants accordent une haute considération ; — le nom de la Vertu-de-Bordeaux, jeune Compagnon Passant tailleur de pierre, que le progrès compte au rang de ses partisans les plus dévoués ; — le nom de Bien-Décidé-le-Briard, Compagnon tisserand, dont le zèle ardent mérite des éloges ; d'autres noms se mêlent encore à ceux que je viens de citer.

La collection des lettres que j'offre fera voir aussi que ma position n'était pas sans embarras ; car, à l'exception de quelques-unes d'entre ces lettres, qui me flattent et m'élèvent trop sans doute, la plupart des autres, par des raisons justes ou non et qu'on appréciera, me sont peu ou point favorables. Je joindrai à ces lettres les réponses que je leur fis. On verra par là qu'il y a eu lutte, et lutte difficile à soutenir, car j'étais seul contre beaucoup ; j'avais, de plus, contre moi, le besoin impérieux qui m'appelait à mon travail manuel, et auquel j'étais forcé d'obéir en courbant la tête.

J'invite donc les Compagnons des différents corps et tous les hommes qui s'intéressent sérieusement aux progrès populaires, à lire tout ceci avec attention : rien n'est tel pour leur expliquer les ouvriers, pour leur faire apprécier l'importance, l'opportunité même de mon entreprise, et, de plus, combien on peut en retirer de bons fruits !

La correspondance sera suivie de chansons de différentes plumes ; nous demandons, avant tout, des idées et des sentiments, et cela ne manque pas ; des Gavots, des Dévorants donnent leurs concours ; ils veulent détruire les préventions et les haines ; ils veulent pousser le Compagnonnage dans une voie nouvelle, et je suis plein d'espoir.

Les chansons seront suivies d'un dialogue sur la versification à l'usage des Compagnons qui, comme moi, sans avoir reçu une instruction nécessaire, voudront produire des chansons ; — d'un dialogue sur le système métrique pouvant, je crois, donner aux ouvriers une idée concise des nouvelles mesures ; — d'un dialogue moral et religieux fait non pour les savants, mais pour les ouvriers mes camarades.

Le volume sera terminé par un travail assez étendu, que j'intitule : Ce que le Compagnonnage a été et ce qu'il doit être. Je précise là, sans le secours de la tradition, qu'on est forcé d'admettre parfois, l'origine, la marche du Compagnonnage et l'année où chaque corps d'état s'y est rattaché. Ce travail se terminera par des conseils que les Compagnons sauront un jour apprécier et mettre en pratique. Mais, dès aujourd'hui, les paroles des Compagnons les plus dévoués porteront des fruits; elles pénétreront dans les lieux les plus humbles et répandront, avec la lumière, des germes d'amour et d'union, et le Tour de France en sera fécondé.

Paris, 1841.

P. S. Aux parties déjà contenues dans ce volume j'ai ajouté un grand nombre de chansons fraternelles, un dialogue sur la lecture, un dialogue astronomique ; et le dernier chapitre, intitulé : Ce que le Compagnonnage a été, ce qu'il est et ce qu'il doit être, a été revu et complété. Je n'ai qu'un but, instruire et servir les travailleurs.

Paris, 1857.

CORRESPONDANCE
DES
COMPAGNONS AVEC L'AUTEUR

―――――

Lettre de Bourguignon-la-Fidélité à l'Auteur.

Escamp, le 25 décembre 1839.

Monsieur,

J'ai reçu avec une vive reconnaissance *le Livre du Compagnonnage* que vous avez eu la bonté de m'envoyer ; ma confusion, cependant, a été grande en voyant quelques faibles chants que j'ai composés, occuper une place dans ce livre à côté de ceux que vous avez cadencés avec tant d'harmonie, de verve et de raison. J'attribue donc l'honneur que vous me faites à votre indulgence et non à mon mérite. Comme vous, mon cher pays, j'avais conçu, étant Compagnon, le projet d'une réforme, ou plutôt d'un rapprochement nécessaire à toutes les Sociétés du Compagnonnage ; mais étant encore jeune lorsque je quittai la Société, je n'ai pu avoir que la pensée de l'œuvre qui paraît vous occuper tout entier.

C'est à vous qu'il appartient de donner, par des chants mélodieux, et par des historiettes intéressantes, les leçons de morale et de tolérance dont tant de Compagnons ont besoin. Si ces corporations d'ouvriers, attentives à vos conseils, pouvaient abjurer leurs misérables querelles et fonder des écoles pour leur instruction, elles amélioreraient leur sort et acquerraient l'estime et la considération publiques.

Malgré mes occupations multipliées, si quelquefois je peux trouver des expressions assez nettes pour rendre mes pensées intelligibles aux Compagnons, je les ferai couler sur le papier et vous les ferai parvenir.

Usant de cette liberté, je vous adresse le chant écrit ci-dessous, vous permettant de donner à ces couplets, ainsi qu'à la présente lettre, la publicité qu'il vous plaira.

Agréez l'assurance de la parfaite considération et de la singulière estime avec laquelle j'ai l'honneur d'être,
Monsieur,

Votre affectionné serviteur,
Thévenot, *dit* Bourguignon-la-Fidélité.

L'UNION DES OUVRIERS.

CHANSON-IMPROMPTU.

Air du Chant des ouvriers.

REFRAIN.

Chantons, chantons, unissons nos voix,
Vivons heureux sous les mêmes lois,
  Soyons tous sincères,
    Aimons-nous en frères,   (*bis.*)
Chantons, chantons, unissons nos voix,
  Réunissons nos voix.

Sur le Tour de France
Avec confiance
Que chacun s'élance
La paix va régner ;
Le Compagnonnage
En devra l'hommage
A cet homme sage
Nommé Perdiguier.
  Chantons, etc.

Compagnons aimables,
Soyons raisonnables
Et bien plus affables
Que par le passé ;
Fi de la grimace,
Et de bonne grâce

Vite qu'on s'embrasse
La guerre a cessé.
    Chantons, etc.

Laissons le rebelle
Qui par un faux zèle
Trop souvent querelle
Au nom du Devoir !
Prenons pour devise
Union, franchise,
Et que chacun dise
Du matin au soir :
    Chantons, etc.

Familles nombreuses,
Nous serons heureuses
Et bien plus joyeuses
En nous accordant ;
Sans haine et sans piques,
Soit dans nos boutiques
Ou dans nos fabriques,
Nous dirons souvent :
    Chantons, etc.

Dans nos jours tranquilles
Des travaux utiles
Et bien difficiles
S'exécuteront ;
Souvent à l'ouvrage
Remplis de courage
Le corps tout en nage,
Nous répéterons :
    Chantons, etc.

Loin d'être frivoles
Fondons des écoles
Où chacun s'enrôle ;
Et par tout pays,
Talents et science
Sur le Tour de France
Avec abondance
Seront recueillis.
    Chantons, etc.

Lettre de Nantais-Prêt-à-Bien-Faire à l'Auteur.

Avaray, 25 décembre 1839.

Monsieur,

J'ai reçu votre lettre avec le *Livre du Compagnonnage*. J'aurais dû vous remercier plus tôt, mais je voulais auparavant lire à loisir votre scientifique ouvrage, qui doit être du goût de tous les amis de l'ordre social, des arts et de la paix.

La tâche que vous vous imposez est grande et pénible : vous parlez à des hommes qui souvent n'écoutent guère la voix de la raison et seront peut-être méconnaissants des soins que vous prenez pour leur donner un plan de vie plus doux et plus judicieux que celui qu'ils ont suivi jusqu'à ce jour. Mais votre tâche n'en sera pas moins glorieuse, et je pourrais dire avec un grand homme: « Il est grand, il est beau de faire des ingrats. » En effet, arracher l'homme de ses bois, c'est-à-dire le retirer de son état sauvage, fut l'objet spécial de nos premiers législateurs : Numa, par ses sages lois, rendit les Romains plus civilisés, plus doux et plus humains; je désire qu'il en soit de même du Compagnonnage, que tous les hommes qui le composent puissent entendre votre voix, entrer dans les idées libérales que vous voulez inculquer dans leur esprit; qu'ils apprécient les sentiments qui vous portent à les rendre heureux et plus instruits des douces lois qui doivent gouverner les hommes qui veulent vivre en société; qu'ils comprennent par votre voix ce que c'est qu'humanité, fraternité, justice, et qu'ils voient enfin (pour me servir d'une de vos expressions) les diverses associations *Compagnonnales* dans le jour du siècle où nous vivons.

Quel bonheur, en effet, quelle sécurité, quelle jouissance pour toute une intéressante jeunesse de parcourir toute la France en se serrant la main, et de ne trouver partout que des amis et point d'ennemis.

Oh! Monsieur, quelle gloire pour vous si votre sagesse pouvait opérer une réformation si belle et si utile aux Compagnons de tout état et de toute association! Oh! je vous invite à prendre courage, à ne point cesser d'être ce type heureux que vous vous êtes fait pour le bonheur de tant de Sociétés. Vous en recevrez la récompense; votre nom sera consigné non-seulement dans les annales du Compagnonnage, mais dans celles de la civilisation; car vous feriez spécialement ce que n'a pu faire jusqu'à ce jour le pouvoir des lois et des magistrats.

Mais comme vous le dites fort bien : « C'est aux Compagnons à parler aux Compagnons, » je pense aussi qu'ils écouteront mieux votre voix que celle des magistrats, qui parlent avec autorité. Elle aura pour eux une impression plus douce et plus persuasive, et vous triompherez peut-être des obstacles qui les ont tant de fois rebutés.

Si j'étais jeune encore, si comme vous j'avais de l'éloquence et de la littérature, j'unirais mes efforts aux vôtres, je travaillerais avec vous au bonheur commun de tous nos frères; je leur ferais voir le Tour de France comme un paradis terrestre où étant unis sans aucune distinction par les lois de la fraternité, de l'humanité et de l'amitié, ils pourraient trouver dans cette régénération une source pure et toujours nouvelle de prospérités et de vrais plaisirs. Mais j'ai vieilli; le Tour de France n'a plus d'attrait pour moi. Jadis je faisais les mêmes songes que vous; je rêvais aux mêmes moyens de ramener tous nos frères dans la carrière du vrai mérite où ils auraient trouvé des mœurs et une vie plus douce, plus humaine que celle qu'ils ont eue jusqu'à ce jour (généralement parlant), et qui leur aurait attiré la bienveillance de tous les hommes de bien.

Mais pourquoi faut-il que la plupart se soient obstinés à demeurer dans la sphère des vieux systèmes, dans ces anciennes et dégoûtantes habitudes de ne voir toujours les Compagnons d'une autre Société que comme des ennemis qu'il faut écraser sans miséricorde parce qu'ils ne pensent pas comme eux. Oh! quand sortiront-ils donc de cette léthargie profonde? Est-ce à votre voix, sage Perdiguier, qu'ils se réveilleront! qu'ils ouvriront les yeux aux lumières que vous leur présentez! qu'ils deviendront intimement persuadés des grands avantages qui résultent d'une association générale, basée sur des lois sages, libérales, raisonnées, et qu'ils comprendront enfin la raison et leurs véritables intérêts.

C'est dans tous ces doutes que je demeure et que je suis, etc.

    Desbois, *dit* Nantais-Prêt-à-Bien-Faire.

P. S. Votre nouveau système a réveillé ma muse si longtemps assoupie, et je vous envoie, sans prétention, ses derniers et inexacts soupirs.

LE JARDIN DU COMPAGNONNAGE,

CHANSON ALLÉGORIQUE.

Air : Batelier, dit Lisette.

Pays, le Tour de France
Est un vaste jardin,
Dont l'inexpérience
Conçut mal le dessin ;
Compagnons de tout âge
Et de tous les états,   (*bis.*)
Pour refaire l'ouvrage
Accourez à grands pas. (*bis* 3 *fois*.)

Arrachez la semence
De la division,
Faites en abondance
Des semis d'union ;
Du souci qui veut naître
N'ayez point de pitié ;
Mais laissez partout croître
Les fleurs de l'amitié.

L'arbre de la science
Partout sera planté,
Des fleurs de jouissance
Naîtront à son côté ;
Plantez en allégresse
L'arbre de la raison,
Les fruits de la sagesse
Sont de toute saison.

Ces plans atrabilaires,
Ôtez-les de ces lieux,
Teints du sang de vos frères
Ils vous sont odieux ;

Le pacifique ombrage
De l'olivier divin
Doit plaire davantage
Dans ce riant jardin.

Qu'on expulse et qu'on ôte
De ces lieux si charmants
Cette nuisible TOPE
Qui détruit tous nos plans ;
La sensible déesse
Qui gît dans chaque fleur,
A l'instant qu'on la blesse
Nous marque sa douleur.

Des beaux lieux où l'aurore
Montre son sein vermeil,
Un cri puissant, sonore,
Provoque le réveil :
« Enfants de la lumière,
« Déchirez vos bandeaux,
« Ce siècle vous éclaire,
« Ne soyez plus rivaux.

« Remplissez sur la terre
« Chacun vos missions :
« Le guerrier fait la guerre,
« L'artisan les maisons :
« Aux héros le courage,
« La force, la valeur;
« Aux Compagnons l'ouvrage,
« La science et l'honneur. »

Dans ce lieu de délice
Qui sera jardinier?
Suivant raison, justice,
Ce sera Perdiguier;
Il connaît chaque plante
Et ses douces vertus ;
Son talent nous enchante,
Son amour encor plus.

Les deux Compagnons du Devoir de Liberté, Bourguignon-la-Fidélité et Nantais-Prêt-à-Bien-Faire, sont parfaitement d'accord; s'ils étaient habitants du même pays on croirait qu'ils se sont consultés avant d'écrire, tant leurs lettres et leurs chansons impromptu se ressemblent par l'arrangement et par les idées de réforme et d'amélioration qu'elles renferment. Ils s'abaissent encore également, et cela pour m'élever davantage; mais je comprends leur modestie, leur bon vouloir, et je ne m'aveugle pas. Pourtant je suis fier de l'approbation et du concours que je reçois de deux hommes aussi estimables sous tous les rapports.

Que les Compagnons de toutes les Sociétés méditent avec soin leurs paroles de paix et d'avenir.

Lettre de la Vertu-de-Bordeaux à l'Auteur.

Paris, le 9 janvier 1840.

Monsieur,

Un heureux hasard m'a rendu possesseur d'un livre dont vous êtes l'auteur. Un livre de Compagnonnage écrit par un Compagnon peut se signaler comme un événement heureux, et c'est avec un plaisir bien sincère, je vous l'assure, que j'ai parcouru les quelques pages qu'il renferme. Un regret seulement (excusez ma franchise, ce n'est pas de la critique, je n'en doute point, vous reconnaîtrez la vérité de mes observations), un regret, dis-je, c'est celui de voir mis en évidence l'origine et la fondation, par vous présumée, de quelques Sociétés qui vous sont étrangères. Pourquoi jeter au public ces doutes mensongers sur presque tous les points, et que lui ne peut traiter que de fables? Pourquoi lui apprendre ces paroles calomniatrices, méprisables, renfermées sous le titre de Chansons satiriques? Laissons la muse de ces poètes à la Boileau dans un engourdissement léthargique; chantons plutôt ces chants qui célèbrent les vertus et les bienfaits d'une union d'hommes qui sont heureux de pouvoir s'adjoindre le titre de frères. Pourquoi intercaler dans votre œuvre ces deux dialogues qui n'offrent aux lecteurs méconnaissant les ouvriers que matière à risée? Oh! pourquoi ne pas avoir couvert ces deux cent cinquante pages de cette prose, de ce style vrai et agréable que l'on trouve dans la *rencontre de deux frères*? Mais je m'arrête; car peut-être je serais importun; car n'avez-vous aussi peut-être offert votre ouvrage qu'à vos confrères. Alors, Monsieur, veuillez bien m'excuser de cette liberté, de ce droit que je m'arroge de vous faire des observations. Mais s'il en était autrement, et que le public eût droit à cette publication, je crois avoir un titre, celui de Compagnon, voire même celui *d'adversaire* (que je vous cite ici, mais qu'en réalité je foule aux pieds avec les abus et les préjugés). Ces deux titres peuvent alors me permettre ces quelques mots, que, je me plais à croire, vous ne prendrez pas en mauvaise part.

Le dix-neuvième siècle est une ère brillante de lumière, et dans notre intérêt général, dans celui du monde, et, en un mot, pour suivre le progrès, il serait d'urgente nécessité que cette matière fût exposée avec autant de clarté que le permettent la sagesse et la discrétion. Car, hélas! que sommes-nous aux yeux du monde? un groupe d'ouvriers de mœurs douteuses, et dont le principe semble fondé sur l'ignorance et le fanatisme, et ne marchant à travers ce siècle de lumière qu'appuyé sur la brutalité. Telle est la pensée de ce monde qui ne nous a jamais compris, et qui nous méprise trop souvent; telle est l'idée générale qu'il se fait du Compagnonnage.

Mais nous touchons au terme; brisons ce doigt qu'Harpocrate nous impose; déroulons aux yeux du monde des pages de vérité et écrites avec ce style d'impartialité qui doit caractériser tout homme d'honneur.

Ici je m'arrête, car peut-être ne serait-ce que de la persévérance dans l'importunité de vous entretenir plus longtemps; et aussi ne puis-je renfermer dans ces quelques lignes tout ce que je sens en moi d'idées *d'amélioration générale*. Toutes en foule elles se présentent, et aucune, peut-être, ne pourra sortir de ma plume avec netteté. Un moment meilleur viendra, je n'en doute pas, où toutes ces rivalités s'évanouiront par l'éloignement de leur principe, et les progrès de l'intelligence se donneront la main pour former, non pas une fusion, mais bien un pacte d'union humaine marchant vers un même but, le bien-être et l'émancipation intellectuelle.

Veuillez, Monsieur, agréer l'hommage de ma considération distinguée.

H. Perodeaud, *dit* la Vertu-de-Bordeaux,
Compagnon Passant tailleur de pierre.

Seconde Lettre de la Vertu-de-Bordeaux au même.

Paris, le 22 janvier 1840.

Monsieur,

Le silence que vous manifestez à mon égard serait-il le prix de la liberté que je me suis appropriée de vous adresser une lettre? ou bien serait-ce pour cause de la qualité que j'ai émise dans cette même lettre? Si c'était à ce titre-là, Monsieur, vous jetteriez un démenti à la face de votre livre! Mais, non! loin de moi la pensée que vous démentissiez aujourd'hui votre œuvre; je vous crois homme d'honneur autant qu'homme lettré! un oubli seulement est la cause par moi présumée, le motif auquel j'attribue le retard mis dans une réponse que j'attends avec anxiété; car cette réponse, Monsieur, m'est due, ne serait-ce qu'en raison des deux titres émanés de ma lettre. Ainsi je compte sur votre franchise en votre écrit et sur votre loyauté pour me satisfaire.

Agréez, etc.

H. PERODEAUD, *dit* la Vertu-de-Bordeaux.

Réponse de l'Auteur à la Vertu-de-Bordeaux.

Paris, 24 janvier 1840.

Monsieur,

J'ai reçu vos deux lettres, et gardez-vous de penser que ce soit votre qualité de Compagnon Passant qui m'ait empêché de répondre à votre première; ce n'est pas l'oubli non plus, car je pensais à vous. La cause donc de mon silence à votre égard était dans la multitude de lettres qui me sont arrivées en même temps. Je suis ouvrier, j'ai besoin de travailler, et je ne pouvais, faute de temps, répondre tout de suite à tous ceux qui s'étaient donné la peine de m'écrire; mais vous insistez, vous demandez une prompte réponse, la voici:

Vous me dites qu'un livre de Compagnonnage, écrit par un Compagnon, peut se signaler comme un événement heureux, et que vous avez lu ce livre avec un plaisir bien sincère. Après cet aveu, bien doux pour moi, viennent des observations, ou plutôt des questions, tel-

les que celles-ci : « Pourquoi mettre en évidence la fon-
« dation et l'origine, par vous présumée, de quelques
« Sociétés qui vous sont étrangères? Pourquoi jeter au
« public des doutes mensongers sur presque tous les
« points, et que lui ne peut traiter que de fables? Pour-
« quoi lui apprendre ces paroles calomniatrices, mépri-
« sables, renfermées sous le titre de *Chansons satiri-*
« *ques?* » Quant à la fondation, quant à l'origine, quant
aux doutes mensongers, je ne vous comprends pas. Je
ne sais réellement pas ce que vous trouvez de mauvais
en tout cela, car vous ne précisez rien. Si je me suis
trompé vous auriez dû dire où et comment, et je vous en
aurais remercié d'un bien bon cœur. Mais si pourtant le
public ne peut traiter que de fables cette fondation, cette
origine et ces doutes mensongers, il deviendrait inutile,
par plusieurs raisons, de s'y arrêter plus longtemps.
Quant aux chansons satiriques, je les ai mises sous les
yeux de tous, et cela pour faire voir que s'il y a tant de
fureur chez les jeunes gens, la faute en est à nos poètes
qui sont naturellement les plus instruits et souvent les
directeurs des Sociétés. Donc, si les plus instruits d'entre les Compagnons et les chefs de leurs Sociétés produisent de telles chansons, peut-on supposer que les
conseils qu'ils donnent vaillent beaucoup mieux? Non.
Alors ne soyons plus surpris de voir des Sociétés fa-
natiques et brutales, si ceux qui les gouvernent font tout
ce qu'ils peuvent pour les rendre ce qu'elles sont. Mais
les temps sont changés, et les Compagnons poètes ne
peuvent plus continuer un genre infâme et brutal sans
se couvrir d'odieux et de ridicule, et sans passer pour
les tisons de la discorde et les instigateurs des crimes
les plus affreux. Les chansons dont il est ici question
sont horribles, pernicieuses ; mais je les donne comme
telles. — Oui, répondrez-vous, mais que dira le public ?
— Eh ! Monsieur, pourquoi s'en alarmer ? Ne dites-
vous pas vous-même quelque part que le public nous
regarde comme des gens dont le principe semble fondé
sur l'ignorance et le fanatisme? Ce ne sont donc pas ces
quelques couplets, que nous blâmons énergiquement, qui
pourront nous nuire davantage dans l'esprit de celui qui
nous juge déjà avec tant de sévérité.

Vous me dites aussi ; «Pourquoi intercaler dans votre

« œuvre ces deux dialogues, qui n'offrent aux lecteurs
« méconnaissant les ouvriers que matière à risée? »
Si vous parlez du dialogue sur l'Architecture, je ne vois
pas ce qui peut faire rire, si ce ne sont quelques expressions simples et populaires; et, du reste, on sait
bien que les ouvriers ne sont pas des académiciens. Si
vous parlez du dialogue entre le Partant et l'Inconstant, je ne vois pas non plus ce qui peut faire rire.
Je donne aux interlocuteurs le langage qu'ils doivent avoir. L'action de l'inconstant est mauvaise certainement; mais, que voulez-vous? j'ai vu sur le Tour de
France des Compagnons faire ce que je fais faire à celui-ci, et, malheureusement, beaucoup de jeunes gens
les regardaient comme des héros d'amour. Eh bien! j'ai
voulu flétrir cette action et changer le jugement des ouvriers voyageurs à ce sujet. Je savais que je ferais crier,
mais j'étais sûr aussi de produire un effet salutaire. Je
suis de ceux qui ne craignent pas de découvrir une plaie
pour la brûler s'il le faut, afin de la cicatriser et de la
guérir. Vous répondrez sans doute qu'il ne faut pas découvrir de telles plaies aux yeux du monde; mais ne
dites-vous pas dans votre lettre: « Que sommes-nous aux
« yeux du monde? un groupe d'ouvriers de mœurs douteuses, etc. » On pourrait vous répondre que si nous
sommes ce que vous dites à ses yeux, nous n'avons rien
à perdre dans son estime. Mais je veux mieux justifier
ce que vous attaquez; je vous ferai remarquer que celui des deux interlocuteurs qui a commis une faute la
reconnaît, et veut la réparer autant qu'il est en lui de le
faire, ce qui prouve que sa mauvaise action n'était que le
fait d'un faux jugement. Remarquez encore que celui
qui le moralise en l'éclairant n'est lui-même qu'un travailleur; vous comprendrez alors que ce dialogue peut
faire quelque bien et ne peut en rien déconsidérer les
ouvriers.

Vous dites que le monde n'a jamais compris le Compagnonnage et qu'il le méprise généralement; mais le
monde n'a pas tout à fait tort; ne soyons pas trop fiers
et convenons de la vérité : le Compagnonnage est complétement en arrière, ses mœurs, ses coutumes ne sont
plus celles du peuple. Sans aucune raison il se bat dans
les champs, dans les rues et sur les places publiques

qu'il arrose de son sang; il étale journellement et publiquement ses vices et son aveuglement; aussi j'ai cru pouvoir, sans danger pour sa réputation, montrer son bon comme son mauvais côté; on connaissait l'un, j'ai voulu faire connaître l'autre, et je crois lui avoir rendu un service éminent. Les journaux qui ont parlé du Compagnonnage à propos de mon petit livre ont prouvé ce que j'avance.

Oui, le Compagnonnage était stationnaire depuis des siècles, il dormait loin de la civilisation; j'ai lancé une bombe; puisse-t-elle l'éveiller, l'émouvoir et le faire avancer! Mon intention n'est que bienveillante, car j'aime tous les hommes : pour moi, un enfant de Salomon, de maître Jacques et du père Soubise sont trois frères que j'aime également. Si je parle plus aux uns, il faut tenir compte de ma position, et penser que je devais nécessairement m'appuyer sur quelque chose pour me soutenir d'abord, puis pour m'élever et m'étendre de plus en plus. Je sais que la tâche que je me suis imposée est difficile; je sais que malgré mes bons désirs je fais des mécontents dans toutes les Sociétés, et dans celle que j'ai fréquentée comme dans les autres. Mais je sais aussi qu'il y aura partout des hommes qui m'entendront et me comprendront; que quelques-uns d'entre eux voudront bien unir leurs efforts aux miens et concourir selon leur force à la réalisation de l'œuvre immense que j'ai entreprise. La Vertu-de-Bordeaux sera sans doute de ce nombre, car il veut le progrès. Il a pu me combattre sur quelques points, mais il a senti et compris le fond de mon ouvrage, et il l'approuve. Je l'engage donc, quand il aura occasion de passer au faubourg Saint-Antoine, à me faire une visite; nous causerons ensemble, et nous nous entendrons, je l'espère.

Agréez, etc.

PERDIGUIER (Avignonnais-la-Vertu).

Lettre de Vendôme-la-Clef-des-Cœurs à l'Auteur.

Monsieur,

J'ai lu avec intérêt votre *Livre du Compagnonnage* que le hasard m'a procuré pour quelques instants, et à part quelques passages que je trouve un peu erronés ou peu charitablement exposés, j'avoue qu'il est tout à fait conforme à mes sentiments, et je ne doute point que dans chaque Société du Compagnonnage il ne se trouve des hommes qui ne partagent mon opinion.

Mais vous seriez dans l'erreur si vous prétendiez que vos idées soient entièrement neuves pour tous les corps indistinctement; car j'en connais plusieurs, et notamment celui auquel j'ai l'honneur d'appartenir, qui les professent depuis bien longtemps, et qui marchent sensiblement de pair avec les progrès du siècle.

Comme vous, Monsieur, je désire de tout mon cœur que vos principes soient généralement admis, et contribuent à détruire entièrement cette ridicule antipathie qui nous divise tous. Mais quelque bons et justes qu'ils soient, je crains bien que l'ostentation n'apporte quelque obstacle à leur propagation, par cela même qu'en fait de réforme chaque Société a toujours la prétention de se croire assez éclairée pour opérer elle-même sans l'intervention d'autrui.

Pardonnez-moi, Monsieur, ces réflexions que j'ai l'honneur de soumettre à votre jugement; car ce n'est point pour commenter votre ouvrage que je prends la liberté de vous écrire, mais bien au sujet d'une de mes chansons qui se trouve au nombre de celles que vous reproduisez à l'endroit de votre livre où vous parlez des querelles qui naissent des chansons provocatrices. Ce n'est pas que j'en ressente aucune peine; la manière dont elle est reproduite et surtout sous un autre nom, ne peut nullement blesser mon amour-propre; mais vous me feriez bien plaisir de ne plus la reproduire sans démontrer le ridicule de ceux qui s'attribuent les productions d'autrui.

Bien plus, vous pourriez encore, à propos de querelles, parler de celles qui naissent de ces sortes de fraudes, querelles d'autant plus scandaleuses qu'elles sont le plus souvent excitées entre corps amis, et quelquefois entre les membres d'une même Société.

Je joins à ma lettre la chanson dont je vous parle avec un petit cahier de celles que j'ai fait imprimer, afin que les ayant confrontées, vous puissiez me croire vrai sur ce que j'ai l'honneur de vous avancer.

Agréez la parfaite considération avec laquelle je suis, Monsieur,

      Votre tout dévoué,
    Piron, *dit* Vendôme-la-Clef-des-Cœurs,
     C. Blancher-chamoiseur.

Paris, 31 janvier 1840.

P. S. Mes compliments à votre muse, car j'ai aussi parcouru vos chansons.

Je reproduis ici deux chansons extraites du cahier que Vendôme a joint à sa lettre ; elles sont fort jolies.

MES ADIEUX AU TOUR DE FRANCE.

   Air : Oiseau sacré de la patrie.

Cercle sacré que la prudence
Traça pour l'honneur des beaux-arts,
Source de talents, de science,
Sur toi sont mes derniers regards ;
Sentier chéri que je regrette,
A l'exemple de mes aïeux ;
Tour de France, je le répète,
Ma muse te fait mes adieux. (*bis*).

Nobles berceaux de l'industrie
Devenus ceux des Devoirants,
Vous qui devez à leur génie
Les plus beaux de vos monuments ;
Paris, Lyon, Marseille, Nantes,
Bordeaux, Toulouse et autres lieux,
Belles cités, villes charmantes,
Ma muse vous fait mes adieux.

Sites divers du Tour de France
Qu'avec orgueil j'ai visités :
Dans la Gascogne, la Provence,
Le Languedoc, le Dauphiné ;
Coteaux dorés dont se fait gloire
Le Bourguignon franc et joyeux,
Beaux pays qu'arrose la Loire,
Ma muse vous fait mes adieux.

Des plaisirs du Compagnonnage
Pour moi la coupe se tarit,
Je n'en goûterai davantage,
Mais le souvenir me suffit.
O vous! qui m'étiez si fidèles,
Doux plaisirs au front radieux,
Pour d'autres agitez vos ailes,
Ma muse vous fait mes adieux.

Échos, un peu de complaisance,
Portez aux blanchers-chamoiseurs
Les adieux faits au Tour de France
Par Vendôme-la-Clef-des-Cœurs;
Et quand la Parque trop sévère
Viendra pour lui fermer les yeux,
Fasse le ciel que plus d'un frère
Entende ses derniers adieux!

LE VIEUX FRANCOEUR.

Air : Rendez-moi mon léger bateau.

Chers Compagnons, trente ans du Tour de France
Ont vu mes pas fouler le sol flatteur;
Ils ne sont plus ces jours pleins de bonheur
Que nourrissait la plus douce espérance.
   Mes amis, mon jonc se ternit,
   Mes cheveux blanchissent,
   Mes couleurs pâlissent ;
   Mes amis, mon jonc se ternit
   Et ma vieille gourde moisit.

Le cœur épris du plus noble courage,
Pour voyager je quittai mes parents;
Bien jeune encor je me mis sur les champs.
J'y ai vieilli dans le Compagnonnage.
   Mes amis, etc.

En ce temps-là, la chèvre la plus belle
Couvrait mon sac, meuble alors précieux;
Son poil usé ne fait plus d'envieux
Et mon vieux sac n'a plus qu'une bretelle.
   Mes amis, etc.

A mon Devoir je fus toujours fidèle,
Plus d'une fois j'ai combattu pour lui ;
Comme un César je bravais l'ennemi;
Mais aujourd'hui devant lui je chancelle.
    Mes amis, etc.

Combien de fois j'ai bravé l'arrogance
Du bourgeois fier du titre de bourgeois;
Cruel destin! Maintenant je me vois
Forcé parfois de garder le silence.
    Mes amis, etc.

Bien boire était autrefois ma devise,
J'étais alors un vrai Grégoire deux ;
Vous buvez bien, je buvais encor mieux ;
Mais quand je bois maintenant je me grise.
    Mes amis, etc.

Pourquoi faut-il que ma frêle existence
Ne puisse plus partager vos plaisirs?
Pourquoi faut-il que d'heureux souvenirs
Soient désormais ma seule jouissance?
    Mes amis, etc.

Mes chers amis, Vendôme l'interprète
Du vieux Francœur, s'exprime ainsi pour lui.
La Clef-des-Cœurs, déjà son vieil ami,
Comme Francœur avec peine répète :
    Mes amis, mon jonc se ternit,
    Mes cheveux blanchissent,
    Mes couleurs pâlissent,
    Mes amis, mon jonc se ternit
    Et ma vieille gourde moisit.

Il n'est pas possible qu'un poëte comme Vendôme-la-Clef-des-Cœurs puisse réclamer comme sienne une chanson qui ne lui appartiendrait pas. La chanson en question commence par le vers : *L'alouette a chanté l'aurore*, et est reproduite aux pages 153 et 154 du tome Ier de cet ouvrage; on peut voir que son dernier couplet porte le nom de Jacques-le-Chambéry, Compagnon menuisier du Devoir. J'invite celui-ci à réclamer au sujet de la chanson qu'on lui conteste, et à appuyer sa réclamation par des chansons aussi poétiques que celles de Vendôme.

Réponse de l'Auteur à Vendôme-la-Clef-des-Cœurs.

Paris, 6 février 1840.

Monsieur,

J'ai reçu la lettre et le cahier que vous avez eu la bonté de m'envoyer; j'ai lu et relu vos chansons, ainsi que votre lettre dont le poli n'exclut pas la franchise.

Vous me dites que vous avez lu le *Livre du Compagnonnage*, et, qu'à part quelques passages, vous le trouvez tout à fait conforme à vos sentiments. Je n'attendais, d'aucun côté, une approbation entière. Il se trouve, dans ma Société même des hommes qui ne me sont pas, à beaucoup près, si favorables que vous; ils ne m'ont pas compris; ils comprendront plus tard, je l'espère. Ainsi, malgré des réticences, je conviens franchement que vos aveux me flattent; puissent, comme vous le pressentez, des hommes de chaque Société partager votre opinion!

Vous dites que je serais dans l'erreur si je prétendais que mes idées fussent absolument neuves pour tous les corps indistinctement; que vous en connaissez plusieurs, et notamment celui auquel vous avez l'honneur d'appartenir, qui les professent depuis bien longtemps. Ce que vous m'apprenez là ne peut que me contenter : plût à Dieu qu'il en eût été de même de tous les corps sans exception! et je me serais bien gardé de faire un livre. Mais nous n'en sommes pas encore là : vous le savez, la plupart d'entre eux sont stationnaires depuis bien longtemps, et pourtant la civilisation marche toujours, elle marche!... et ils restent immobiles et la perdent de vue. Je tente de les émouvoir et de les faire avancer. Vous désirez que je puisse réussir : mais vous craignez que l'ostentation n'apporte des obstacles à la propagation de mes principes, et vous me faites à ce sujet des observations fort justes que j'apprécie. Malgré cela, monsieur, je continue à croire que mes efforts ne seront pas vains. Il y a dans chaque Société des hommes qui ont des yeux, des oreilles et un noble cœur; ils m'entendront, ils s'adresseront à leur tour à leurs Sociétés, qui, étant fortement agitées, se lèveront émues, et marcheront ; il le faut, le siècle l'exige impérieusement.

Quant à la chanson qui fait l'objet principal de votre lettre, je la tiens des Compagnons menuisiers du Devoir; cette chanson me plut quoique un peu défigurée, et je l'insérai dans mon livre telle qu'elle me fut donnée. D'après votre lettre et votre cahier, je ne doute pas que vous n'en soyez l'auteur : celui qui a mis au jour *mes Adieux au Tour de France, le Vieux Francœur, l'Abeille, etc.*, n'a pas besoin de s'attribuer les productions d'autrui, les siennes l'honorent assez. Cependant je crois qu'il faudra que le nom de Jacques-le-Chambéry ne soit point déplacé. Je me bornerai à mettre au bas de la page où il se trouvera une petite note qui renverra à l'endroit du volume où votre lettre et quelques autres se trouveront rassemblées ; si, d'après cela, Jacques-le-Chambéry ne réclame pas (1), il sera tout jugé, et, en punition de son larcin, nous laisserons son nom attaché à votre chanson comme à une sorte de pilori.

Je pense que cet arrangement pourra vous convenir; dans le cas contraire, vous savez mon adresse; écrivez-moi, ou, si vous le pouvez, honorez-moi d'une visite; nous causerons ensemble et cela vaudra mieux.

Recevez, etc.

PERDIGUIER (Avignonnais-la-Vertu).

Lettre des Compagnons menuisiers de Bordeaux à l'Auteur leur confrère.

Bordeaux, ce 20 janvier 1840.

Notre cher pays,

La présente est au sujet de votre dernier ouvrage que vous nous avez fait parvenir il y a déjà quelque temps; nous aurions dû vous faire cette réponse plus tôt, mais il nous en coûtait de détruire dans votre esprit l'illusion

---

(1) Jacques-le-Chambéry n'a jamais réclamé ; il n'était qu'un présomptueux qui s'attribuait l'œuvre d'autrui et que nous devons sévèrement blâmer. Restituons à Vendôme ce qui appartient à Vendôme.

qu'un travail si compliqué avait dû, sans doute, y faire naître; aussi avons-nous voulu méditer, et c'est après mûres réflexions qu'enfin nous nous sommes décidés. Attendu par tous avec impatience, ce livre n'a pas entièrement répondu à l'idée que l'on s'en était formée; il a fait bien des mécontents; cependant nous l'avons distribué, chose qui n'a pas encore été faite à Toulouse et qu'on se refuse de faire.

Certes, la notice sur le Compagnonnage est peut-être un peu trop détaillée. Mais ce qui, surtout, ne saurait trop être blâmé, c'est que, d'après vos premiers ouvrages, nous pensions que vous vous seriez attaché à démontrer la beauté de notre Société et la fraternité qui doit exister chez tous les Compagnons doués de sentiments humains et qui ont quelque éducation : voilà ce que nous n'avons point trouvé, ou du moins imperceptiblement.

Des fautes graves, et que des gens bruts seuls peuvent commettre, sont détaillées par vous, et assurément un lecteur étranger à toute Société les ferait tomber sur nous comme sur les autres; dans son esprit nous serions confondus, menuisiers, maréchaux, forgerons, charpentiers, etc., etc. En un mot, tous les corps d'états se trouvent ici posséder à peu près la même organisation sociale; certes, cette confrontation ne nous est en rien favorable. Il nous semble que nous possédons déjà assez d'amélioration pour ne pas nous attribuer : 1° les fausses conduites, dans lesquelles nous ne saurions reconnaître un but moral; la citation ne peut que nous nuire; aussi pensons-nous qu'elle ne devait point trouver place dans cet ouvrage, dans lequel vous ne deviez point vous attacher à faire ressortir les vices, mais au contraire à les cacher. Du reste, votre impartialité connue et appréciée vous aura seule fait commettre de telles fautes ; 2° l'histoire du Partant et de l'Inconstant, pour ne pas dire voleur, se trouve dans la même catégorie; car la conduite de ce dernier n'offre non-seulement point d'exemple mais elle ne serait jamais le fait d'un homme de cœur. Mais ce qui nous choque le plus, et que nous souhaitons ne pas voir remarquer par les Dévorants, c'est à l'origine des sobriquets au sujet du nom de *Chien*. Vous dites : « Ceux qui se séparèrent de ceux qui avaient tué Hiram portèrent ce nom par la suite. » Donc, vous concluez tout naturellement que les Compagnons de Liberté sont les meurtriers d'Hiram ! Nous n'avions jamais eu à soutenir une semblable accusation.

Au résumé, nous aurions préféré : 1° à la place de ce dialogue de Provençal et de Languedoc, beaucoup trop étendu pour le parti que l'on peut en tirer ; 2° de cette notice sur le trait inutile pour ceux qui ont commencé à dessiner, et beaucoup trop avancée pour que ceux qui n'en ont aucune connaissance puissent en tirer avantage ; 3° de ces réflexions sur tous les hommes illustres, en un mot, de ces scènes dialoguées qui tiennent beaucoup de papier sans renfermer beaucoup d'idées ; nous aurions donc préféré y voir classer quelques bonnes feuilles de géométrie, quelques notes sur les premiers principes à suivre en commençant à étudier le dessin ; de plus, des anciennes chansons oubliées depuis longtemps, ou du moins souvent tronquées indignement par ceux qui les chantent, et cela parce qu'ils ne les ont jamais vues imprimées. Peut-être aussi quelques nouveaux poètes auraient pu trouver place dans cet ouvrage. Par là c'eût été un recueil de chansons bien recherché, bien estimé généralement, car il eût fait revivre les anciens poètes et fait connaître les nouveaux. Joignez à cela les noms de ceux qui se sont distingués dans notre Société par leurs travaux ; et nous aussi, nous avons nos hommes illustres ! Enfin cela est fait actuellement, nous n'avons pas eu la même pensée ; puissent cependant toutes nos observations ne point porter préjudice au Tour de France en le privant des écrits que nous espérons recevoir de vous par la suite, car vous nous l'avez promis, vous reprendrez la plume !

Veuillez, notre cher pays, agréer notre parfaite considération,

Vos fidèles pays de Bordeaux.

BAYONNAIS-LE-COEUR-FIDÈLE, *dignitaire;*
COMTOIS-LE-CORINTHIEN, *initié;*
COMTOIS-LE-BEAU-TOUR-DE-FRANCE, *initié,*
LIMOUSIN-SANS-REGRET ;
BORDELAIS-LE-BEAU-TOUR-DE-FRANCE ;
PARISIEN-L'AMI-DES-ARTS, *secrétaire.*

La lettre ci-dessus, je l'avoue, me parut bien injuste. Les Compagnons qui l'avaient écrite ne parlaient pas le langage de la modération et de l'amitié : il y avait chez eux parti pris de m'abaisser et de m'humilier... Faut-il leur répondre avec calme et douceur? Mais pourrais-je les convaincre et les ramener? Ne prendront-ils pas les procédés les plus aimables pour de la faiblesse et de la peur?... Voyons, écrivons ! Je connais l'élément où je vais frapper, et j'envisage les résultats. Quand on aime la paix, il faut savoir faire la guerre et la faire à propos,

---

Réponse de l'Auteur aux Compagnons de Bordeaux, ses confrères.

Paris, 28 février 1840.

Mes chers pays,

Avant de m'écrire votre lettre du 20 janvier, avez-vous bien réfléchi? Cette lettre est-elle bien l'œuvre d'un corps, ou ne l'est-elle que d'un seul individu? Quoi qu'il en soit, elle me surprend et m'étonne. Quoi ! aucune partie de mon ouvrage n'a trouvé grâce devant vous? Quoi ! vous condamnez tout avec une égale rigueur? Je ne sais ce qui vous a inspiré votre lettre, mais à coup sûr ce n'est pas la bienveillance.

Le dialogue du Partant et de l'Inconstant vous paraît une atrocité, et vous avancez bravement que la conduite de ce dernier n'a point d'exemple. Je suis forcé de vous dire que j'ai copié l'Inconstant sur un de nos Compagnons, que je pourrais nommer, et, du reste, j'avais des modèles dans toutes les Sociétés... et lorsque vous me dites que je devrais m'attacher à cacher les vices et non à les découvrir, je vous répondrai que vos personnes valent assurément beaucoup mieux que vos doctrines.

La notice sur le Compagnonnage vous paraît trop détaillée : vous trouvez un passage sur l'origine des sobriquets qui vous épouvante, vous tremblez qu'on ne vous accuse du meurtre d'Hiram..... Dieu! quel malheur!..... Mais lisez le livre, page 40, et vous verrez que ce meurtre fabuleux, chimérique, est attribué aux Compagnons Étrangers, qui cependant ne s'en sont point formalisés.

L'article sur les fausses conduites vous choque aussi ;

vous craignez qu'on ne vous accuse de faire ce que vous ne faites pas; mais encore un coup, rassurez-vous, et relisez ce livre que vous avez mal lu; vous trouverez, page 62, un petit article où il est dit que vous ne topez pas; puisqu'on tope dans les fausses conduites, on ne peut vous les attribuer.

Enfin le dialogue sur l'Architecture vous paraît trop long; le raisonnement sur le trait inutile ou trop avancé. Il fallait mettre à la place de cela de bonnes feuilles de géométrie... Ecoutez, mes pays, si vous désirez des traités de géométrie, vous pouvez en acheter; on en vend, et ils coûtent même plus de vingt sous, je vous en avertis.

Les réflexions sur les hommes illustres vous paraissent sans intérêt, ou, pour mieux dire, j'aurais dû mettre à la place de ces hommes illustres les hommes illustres de notre Société; car, comme vous le dites, et en grosses lettres : « Et nous aussi, nous avons nos hommes illustres. » Mes pays, il se peut que vous ayez des hommes illustres, mais j'ai le malheur de ne pas les connaître; comme je suis chargé de composer *le Manuel du Menuisier* pour la Bibliothèque des arts et métiers, je vous prie de m'envoyer la liste de ces hommes illustres que je ne connais pas, on l'insérera dans ce nouvel ouvrage; mais affranchissez...

La rencontre de deux frères, que vous désignez sous le titre de scène dialoguée, tient, selon vous, beaucoup de papier sans renfermer beaucoup d'idées; merci du compliment. Vous saurez qu'en ceci vous n'êtes pas d'accord avec le *National* (n° du 24 janvier 1840), qui regarde ce morceau, qu'il qualifie de moral et de philosophique, comme le meilleur du livre. Son jugement, je crois, peut encore balancer le vôtre; mais vous auriez préféré voir, dites-vous, à la place de la rencontre de deux frères, les chansons de nos anciens et celles de nos nouveaux poètes. De nos anciens, j'ai pris tout ce qui s'adaptait le mieux à mon plan, et repoussé leurs chansons provocatrices; quant aux nouveaux, je ne les connais pas. J'ai reçu, il est vrai, de L..... un manuscrit contenant une vingtaine de chansons, parmi lesquelles j'en ai choisi deux (1) pour mon volume, puis, j'ai

(1) Ces deux chansons, que d'après le vœu des Compagnons

renvoyé à L...... son manuscrit, auquel j'ai joint un traité de versification et des conseils qui auraient dû l'encourager; j'ai perdu du temps, j'ai pris de la peine dans l'espoir de le contenter; il paraît que je n'ai pas réussi; L...... n'a pas répondu, il est ingrat, tant pis pour lui.

En somme, vous dites qu'à la place du dialogue du Partant et de l'Inconstant, du dialogue sur l'Architecture, du raisonnement sur le Trait, de la notice sur le Compagnonnage, de la rencontre de deux frères et des réflexions sur les grands hommes, j'aurais dû mettre de bonnes feuilles de géométrie, des réflexions sur les hommes illustres de notre Société et nos vieilles et nos nouvelles chansons, ce qui eût fait revivre nos anciens poètes et fait connaître les nouveaux, dont plusieurs, dites-vous, étaient dignes de trouver place dans cet ouvrage. Mes pays, vous vous trahissez, vous laissez enfin percer le dépit. Prenez donc un parti digne de vous; mon livre est fait, on ne peut plus y revenir; mais je vous ai laissé tous vos matériaux, vous pouvez en faire un second; faites-le, et il sera sans doute bien recherché, bien estimé généralement; de qui? de ceux peut-être qui chantent encore sans rougir : *Mangeons le foie de quatre Chiens Dévorants* et d'autres gentillesses de la même façon. Mes pays, si vos goûts en étaient encore là, je serais fier de ne les avoir point satisfaits et de m'être attiré votre blâme sévère. Je suis cependant assez heureux, je reçois quelques dédommagements : plusieurs journaux s'intéressent à mon œuvre et m'accordent une satisfaction que je suis loin de recevoir de vous. Lisez *la Revue du Progrès*, du 15 décembre 1839; *le Corsaire*, du 17; *le Capitole*, du 23; l'*Ami de la Charte* de Nantes, du 4 janvier 1840; *le Censeur de Lyon*, du 8; l'*Ère nouvelle* d'Aix, du 19; *le National*, du 21, etc., etc.; vous verrez que toutes ces feuilles jugent mon écrit et mes intentions d'une tout autre manière que vous ne le faites. Si vous prétendiez que les journaux ne savent ce qu'ils disent, je vous demanderai si vous avez plus de confiance en BOURGUIGNON-LA-FIDÉLITÉ, auteur de la

---

de Nîmes et de ceux de Bordeaux, j'avais retirées de la seconde édition du livre du Compagnonnage, je les replace dans celle-ci; j'espère bien qu'on ne m'en fera pas un crime.

chanson : *La Liberté n'est pas une chimère*, et en Nantais-Prêt-a-Bien-Faire, auteur de la chanson : *Compagnons, unissons nos voix* : vous répondrèz sans doute oui. Eh bien! ces deux Compagnons m'ont adressé chacun une lettre. Voici comment s'exprime le premier : « Comme vous, mon cher pays, j'avais conçu, étant Compagnon, le projet d'une réforme, ou plutôt d'un rapprochement nécessaire à toutes les Sociétés de Compagnonnage ; mais étant encore jeune lorsque je quittai la Société, je n'ai pu avoir que la pensée de l'œuvre qui paraît vous occuper tout entier; c'est à vous qu'il appartient de donner, par des chants mélodieux, et par des historiettes intéressantes, les leçons de morale et de tolérance dont tant de Compagnons ont besoin, etc. » Voici comment me parle le second : « La tâche que vous vous imposez est grande et pénible; vous parlez à des hommes qui, souvent, n'écoutent guère la voix de la raison, et seront peut-être méconnaissants des soins que vous prenez pour leur donner un plan de vie plus doux et plus judicieux que celui qu'ils ont suivi jusqu'à ce jour ; mais votre tâche n'en sera pas moins glorieuse, et je pourrai dire avec un grand homme : *Il est grand, il est beau de faire des ingrats*, etc. » Que pensez-vous, mes pays, des paroles de notre vieux Nantais, de cet homme que nous devons tous admirer? Ne dirait-on pas qu'il connaissait vos intentions d'avance? qu'il prévoyait ce que vous deviez faire? J'ai reçu des lettres des Compagnons du Devoir; ils se plaignent un peu, mais au moins ils sont polis, ils approuvent même le fond de mon ouvrage et reconnaissent la bonté de mes intentions. Est-ce que les Compagnons du Devoir seraient plus avancés en raison que ceux du Devoir de Liberté? Je ne le crois pas, car nos Compagnons des villes de Lyon, de Montpellier, de Tours, etc., etc., m'ont félicité sur mon ouvrage; je pense même que les Compagnons de Bordeaux sont moins en arrière que leur lettre pourrait le faire supposer ; cette lettre est moins l'œuvre de la Société que de quelque rancune, et voici comment j'expliquerai ce que j'avance : P...... votre secrétaire, était secrétaire à Marseille quand L...... m'envoya de cette ville son manuscrit. La lettre à laquelle je réponds et le manuscrit en question sont écrits avec la même plume, je reconnais l'écriture ; ainsi, P...... a écrit votre lettre, il avait écrit précédemment le manuscrit, il s'était joint à L...... pour me l'envoyer, car il avait pleine confiance en cette œuvre. Puis il a vu que je n'étais pas précisément de son goût; oh! alors son amour-propre s'est irrité, il a rêvé vengeance, il a conspiré sourdement, et l'explosion s'est faite par cette terrible lettre qui devait me terrasser et me faire demander grâce. Non, il n'a pas toute la puissance qu'il croit avoir ; j'ai montré sa lettre aux Compagnons de Paris, ils s'en sont indignés ; quant à moi, j'en ai ri, car je la trouve très plaisante, tant par sa prétention que par sa pauvreté (1). Quand je ferai une seconde édition du *Livre du Compagnonnage*, je l'insérerai dedans, afin que l'on puisse juger et de l'esprit de la lettre et de l'intention de son auteur.

Les Compagnons de Toulouse, m'apprenez-vous, n'ont point distribué les volumes ; mais les Compagnons des autres villes les ont distribués, et j'ai reçu de divers côtés des lettres qui honorent ceux qui les ont écrites et ceux qui les ont approuvées ; ceux-là m'ont compris.

Et vous, Compagnons de Bordeaux, vous ne me comprendriez pas? vous me reprocheriez d'avoir parlé sans colère des forgerons, des maréchaux, des charpentiers, etc., etc.; mais les ouvriers qui exercent ces états ne sont-ils pas des hommes comme nous? Mais les combats que nous nous livrons trop souvent et sans raison ne nous sont-ils pas funestes à tous? Et si nous pouvons contribuer à les faire oublier et à nous mettre d'accord avec l'opinion publique, pourquoi ne le ferions-nous pas? Mettez, mes pays, la prévention de côté ; relisez mon livre avec l'esprit dégagé de toute mauvaise influence, vous finirez par me rendre justice, vous aimerez

---

(1) Celui que je mets en cause ici ne fut, dit-on, que l'écho de beaucoup de voix, et par conséquent bien moins répréhensible que je ne l'avais cru. Je fus donc très rigoureux à son égard ; mais j'étais attaqué sur mon terrain, attaqué de plusieurs côtés en même temps, et je pus, échauffé, aigri par la lutte, en repoussant des attaques, mettre quelquefois le pied sur le terrain d'autrui. Si nous sommes, de part et d'autre, tombés dans des extrêmes, cela nous engagera à l'avenir à réfléchir davantage et à mieux mesurer nos coups.

peu à peu ce qui vous a choqués d'abord, et vous direz ensuite : « Avignonnais est notre ami ; il ne nous a point vantés, mais il nous a servis ; il n'a point dénigré les autres Sociétés, mais il a élevé la nôtre en la plaçant à la tête de toutes dans la voie du progrès et de la civilisation ; » et vous serez fiers de ce que j'ai fait et de la part que vous y aurez prise. Je le répète, relisez mon livre avec attention et impartialité, et vous comprendrez que j'ai servi une bien grande cause.

J'ai cru devoir vous écrire cette trop longue lettre : la vôtre, quoique dépassant de beaucoup les bornes d'une juste critique, ne m'a point indisposé contre vous ; je pense que celle-ci ne vous indisposera pas contre moi.

Recevez, etc.
    Perdiguier (Avignonnais-la-Vertu).

Cette réponse aux Compagnons de Bordeaux fut vue, approuvée et signée des Compagnons de Paris, mes confrères, qui pour la plupart m'appuyaient en cette affaire.

Les Compagnons de Bordeaux ne furent pas longs à la réplique. Donnons un fragment de leur seconde lettre :

« .... Laissons de côté cette discussion sur votre dernier ouvrage ; nous vous avons donné notre avis, il est toujours le même.

« Vous nous avez donné connaissance de la lettre que vous a écrite le pays Nantais-Prêt-à-Bien-Faire, vous ne trouverez donc pas étonnant que nous aussi nous vous informions de celle que nous venons de recevoir. Nous ne vous en dirons point l'auteur, car, loin de vouloir semer la discorde, nous aurions désiré que tout ceci se fût passé sous silence. Mais non, vous aimez la publicité ; c'est pour cela que vous travaillez. Il vous a fallu l'approbation des Compagnons de Paris ; écoutez donc alors ce que l'un d'eux nous écrit. »

Suit une lettre d'un Compagnon de Paris, dont on ne donne pas le nom, par esprit de sagesse à ce que l'on pourrait croire ; cette lettre je la donnerai plus tard dans les *Mémoires d'un ouvrier*. Les Compagnons de Bordeaux poursuivent ainsi :

« Ainsi donc, pays Avignonnais, méditez à votre tour

sur la présente, qui, du reste, vous est fidèlement rapportée mot pour mot...

« Tenez, croyez-nous, sans s'entendre les Compagnons se sont compris ; tous espéraient que ce livre leur serait entièrement consacré, que ce serait un ouvrage qui, sans s'occuper d'aucune autre Société, aurait servi a élever la nôtre. . . . . : . . . .
. . . .

« Ce qui nous porte doublement à croire que chacun a eu cette pensée, c'est le silence des autres villes, car deux seulement vous ont écrit une lettre, qui devait pour tous être une réponse de convenance. Du reste, vous nous l'avez fort bien dit : *les Compagnons ne m'approuvent pas, que m'importe ! les journaux m'en dédommagent amplement.* Soit, nous le comprenons, vous désirez acquérir un nom en littérature ; les différentes Sociétés vous offraient un beau sujet à traiter ; là vous pouviez à votre guise vous étendre, car jusqu'alors personne ne s'était encore hasardé à le développer ainsi. Puis des souscriptions, afin d'en garantir au moins les frais d'impression : votre réputation devait naturellement vous en procurer. Actuellement vous avez réussi. Quoi d'étonnant? L'ouvrage est strictement impartial, il doit être approuvé généralement. Dans tous les cas il ne peut vous faire d'ennemis. Ainsi jouissez de votre triomphe, spéculez hardiment; nous avons été votre point d'appui.

« . . . .

« Cependant vous avez encore le désir d'écrire, puisque par curiosité, et afin que chacun juge de notre génie, vous voulez faire imprimer notre lettre ; eh bien ! joignez-y encore celle-ci. »

Les Compagnons de Paris me secondèrent une seconde fois ; les Compagnons de Bordeaux, poussés vigoureusement furent acculés ; et la fameuse lettre, écrite, disait-on, par un Compagnon de la capitale dont on taisait le nom par pure discrétion, dut nous être envoyée... C'était une lettre sans nom d'auteur, une œuvre anonyme des plus mensongères, des plus viles, des plus méprisables, dont on n'eût pas dû se faire une arme contre moi. Les Compagnons de Bordeaux, dont la plume ne manquait pas de malice, m'avaient indignement traité !... Qu'il faut de courage pour subir de pareilles accusations et continuer néanmoins sans se ralentir l'œuvre de réforme et de régénération! Que le cœur souffre parfois!... Notre querelle avec Bordeaux avait eu de la durée.

J'étais au centre de l'agitation; je ne goûtais pas un instant de repos.

Je reçus, dans ces entrefaites, une lettre de M. Moreau, ouvrier serrurier, qui avait déjà publié dans le journal *l'Intelligence* quelques articles des plus énergiques contre le Compagnonnage, et où les Compagnons du Devoir étaient surtout durement traités. Le Tourangeau a été Aspirant, il est maintenant membre de la Société de l'Union. Si l'auteur du *Livre du Compagnonnage* avait été enfant de maître Jacques, Moreau aurait attaqué les enfants de maître Jacques; dans le cas contraire, il attaque les enfants de Salomon.

M. Moreau voulait faire la critique du *Livre du Compagnonnage*, et il l'a faite dans une lettre qu'il m'a adressée. Cette lettre, quoique très longue, sera reproduite ici presque dans son entier, me réservant de placer des notes-réponses au bas de la plupart des pages. Les Compagnons sauront qu'ils ont des adversaires redoutables et fort exigeants, et qu'au besoin je me fais leur défenseur.

Lettre de M. Moreau, ouvrier serrurier, à l'Auteur.

Auxerre, le 8 mars 1840.

Monsieur,

Un de vos collègues, ami du progrès, de vous et de moi, m'a procuré le plaisir de vous lire; je dis plaisir sans cependant être satisfait de votre ouvrage qui a pour titre: *le Livre du Compagnonnage*, mais parce que nous sommes toujours fiers d'avoir, parmi nous autres ouvriers, des hommes qui, malgré le monopole de l'éducation, parviennent à faire ressortir leurs talents, comme vous venez de le faire.

Il est facile à voir dans votre livre que vous êtes *gêné*; vous ne parlez pas comme vous pensez, la raison en est assez simple; vous ne pouviez pas dire tout d'un coup à ceux qui paient votre livre: « Votre institution est « mauvaise, parce qu'elle détruit l'égalité prescrite par

« la nature, parce qu'elle est pleine d'abus, de mystère
« et d'orgueil ; il faut la détruire de fond en comble, car
« le Compagnonnage est condamné par l'opinion publi-
« que. » En tenant un tel langage on vous appellerait
traître, renégat et transfuge ; vous n'auriez plus de souscripteurs, mais seulement des ennemis (1).

Tout en vous reconnaissant beaucoup de talent, vous
me permettrez cependant de passer rapidement votre
livre en revue et d'y combattre le Compagnonnage.

J'ouvre votre livre et je vois une lettre très bien dic-
tée, où vous faites comprendre aux Compagnons qu'il
est de leur devoir de s'instruire les uns les autres. Moi,
je tiens ce langage à tous les ouvriers sans distinction (2).

Votre première *note* n'offre pas le même avantage,
vous voulez excuser les surnoms des Compagnons, tels
que le Décidé, le Solide, Sans Rémission, etc., par les
ridicules surnoms des rois de France. Vous savez bien
que tous ces surnoms ont été donnés par de vils courti-
sans et de lâches adulateurs ; vous, homme de progrès,
bon démocrate, vous ne seriez pas logique en prenant
pour modèles des rois tels que les Clovis, Louis XI,
Charles IX, Louis XIV, Louis XV, etc., etc. Ils avaient
tous des surnoms aussi ridicules que beaucoup de Compagnons : avec de tels exemples vous ne ferez pas des
hommes sages et vertueux (3).

Je vois des chansons qui me paraissent très bien tant
qu'à la poésie ; mais point de bonne pensée : vous faites

---

(1) Vous voyez, dites-vous, que je suis *gêné*, que je ne dis
pas tout ce que je pense, par la raison que je ne pouvais pas
le dire sans indisposer le Compagnonnage et sans le soulever
en masse contre moi. Puisque vous voyez que je ne pouvais
pas pousser plus avant sans un grand danger, tout devait se
borner là. Ainsi, la critique que vous m'adressez porte absolument à faux ; j'ajouterai encore que je n'écris pas dans le
but unique d'avoir des souscripteurs, comme vous affectez de
le croire, mais dans celui de faire des prosélytes.

(2) Si vous dites vrai, je vous en félicite sincèrement.

(3) Lisez mieux la *note* qui se trouve au bas de la page 17 :
vous reviendrez je crois sur votre jugement ; il me paraît injuste.

de Salomon un modèle de sagesse et de vertu; vous en faites un Dieu (1); nous verrons plus loin ce qu'il sera.

Voici une très bonne note : « et j'entreprends le Tour de France. » Vous donnez de bons conseils aux jeunes Affiliés; c'est malheureux qu'ils ne servent à rien, car l'idée du Compagnonnage et du plaisir absorbe toutes leurs pensées; il est trop tard pour leur faire apprendre le dessin, et trop tôt pour leur en faire sentir la nécessité (2).

Une note au sujet du mot *Gavot* vous fait tomber dans la contradiction, car vous vous fâchez contre ce pauvre innocent de *Constitutionnel* parce qu'il vous a qualifiés de simples Gavots, c'est-à-dire d'ouvriers non initiés; auriez-vous la prétention d'être de *doubles Gavots* ou d'être plus que les ouvriers non initiés (3)? en ce cas vous ne seriez plus démocrate.

Je saute et j'arrive à l'abrégé de la vie de Salomon, dit le Sage; vous dites : « Il fut sacré du vivant de David son père, et lorsque la mort de ce prince lui eut laissé le pouvoir souverain, il débuta par se débarrasser d'Adonias, son propre frère, dont un parti nombreux avait soutenu les prétentions au trône, etc. » Voilà, j'espère, un beau début de sagesse et de vertu.

Vous ne croyez pas, j'espère, à cette vision du Sei-

(1) Cela est vrai. Si cependant vous les comparez aux chansons barbares que je voulais faire tomber, vous comprendrez alors qu'elles étaient un progrès. Voyez les premières pages de l'introduction où ma pensée à ce sujet peut se faire comprendre.

(2) Il y a du vrai dans ce que vous dites; il y a de l'exagération aussi; car les hommes que vous attaquez sont encore ceux qui s'instruisent le plus sur le dessin; mais en serait-il autrement, dès que vous admettez les conseils que je donne comme bons, vous ne devriez pas me blâmer de les avoir donnés.

(3) Je ne joue ni sur les mots ni sur les choses, et je sais que je ne suis ni plus ni moins qu'un autre ouvrier. Je crois néanmoins qu'il est bon de mettre à leur place ceux qui veulent faire les docteurs et expliquer aux autres ce qu'ils ne comprennent pas eux-mêmes.

gneur qui lui dit : « Je vous accorderai tout ce que vous me demanderez, etc. »

Vous conviendrez que cette sagesse, avec laquelle il reconnut entre deux femmes la véritable mère d'un enfant, n'est tout simplement qu'un peu de présence d'esprit.

. . . .

Je continue votre récit : « Il se livra au sensualisme oriental; il eut jusqu'à sept cents femmes et trois cents concubines, etc. » Nous étions bien loin de l'égalité, car il n'y avait pas assurément mille femmes pour chaque homme; un grand nombre sans doute n'en avaient pas du tout et étaient dans le plus cruel esclavage, et on ose appeler cela de la sagesse et de la vertu (1).

(1) Je suis loin d'approuver et de vouloir la continuation de tout ce qui est mauvais : je sens que tous les hommes apportent en naissant des droits égaux et qu'ils devraient tous vivre heureux, car la terre est grande et belle : rien n'y manque. Mais nous n'avons pas à parler en ce moment de ce que nous voulons, mais de ce qui est et de ce qui a été.

Quand on veut bien juger des choses, il faut tenir compte des temps, des lieux, des mœurs et des conditions. Salomon vivait il y a trois mille ans, dans les pays d'Asie, et il était roi. Il devait naturellement être absolu, aimer le luxe et posséder un vaste sérail; il était en cela ce que sont encore de nos jours les souverains des mêmes contrées. Si M. Moreau était né d'un sultan; s'il avait été appelé à le remplacer au pouvoir suprême, en acceptant le trône aurait-il refusé le sérail? Aurait-il tout changé, tout transformé dans son empire? C'est ce que nous ne savons pas; et en supposant qu'il en aurait eu la volonté, en aurait-il eu la puissance? C'est ce que nous ne savons pas davantage. Je le répète, pour bien juger les personnages de l'histoire, il faut se transporter en esprit dans les âges et dans les lieux où ils vécurent; il faut tenir compte de tout.

Je crois donc que les souverains qui, tant de siècles après leurs règnes vivent encore dans la mémoire des peuples, ne furent pas des hommes vulgaires, et j'ai pour eux le respect que je dois avoir; mais qu'on le sache, je ne reconnais à aucun homme de nos pays et des temps où nous sommes le droit de les parodier. De nouvelles idées sont écloses, et je me

. . . .
Votre narration sur les deux frères est bien, votre conférence a beaucoup de bon ; mais toujours ce maudit système : restons chacun dans notre Devoir et vivons tous en frères, car nous sommes tous égaux. Pourrons-nous vivre en frères tant que nous serons divisés par différents Compagnonnages, par différentes croyances, par castes et décorations? Non. Il y aura toujours rivalités, jalousie, concurrence et luttes sanglantes tant qu'il y aura des distinctions, des mystères et des prérogatives. Vous reconnaissez l'égalité d'un Compagnon à un marquis, d'un pauvre à un riche, et vous ne voulez pas reconnaître celle d'un Affilié à un Compagnon : nous la reconnaissons, me répondrez-vous bien vite, puisqu'ils sont admis à la table des Compagnons, et à payer les frais avec eux. Bien ; mais leur permettez-vous de porter des cannes et des couleurs (1)? Non. Leur rendez-vous compte des correspondances? Non. Leur dites-vous ce que vous voulez faire de l'argent que vous leur faites verser (2)? Non, toujours non. Alors où est donc la liberté, et l'égalité si bien reconnue par vous?

dispense d'en dire davantage à ce sujet : me comprendra qui voudra.

(1) Permet-on au soldat du centre de porter l'épaulette et le sabre du grenadier ou du voltigeur? Permet-on à ces derniers de porter l'épaulette d'or ou d'argent et l'épée de l'officier? Non, et pourquoi? Une hiérarchie est établie dans l'armée, où on ne peut s'élever que de grade en grade. Une hiérarchie, mais plus juste, en ce que les ouvriers possédant tous à peu près la même fortune, recevant tous la même éducation, ont tous la chance de passer par tous les ordres et par tous les emplois, est établie aussi dans le Compagnonnage. Est-ce un bien? Est-ce un mal? Serait-il mieux régi sans cela? Aurait-il même pu se conserver à travers tant de révolutions et de décombres? Je laisse à répondre là-dessus.

(2) Quant à l'argent, je vous renvoie à la première partie de cet ouvrage, où je me suis déclaré, il y a déjà longtemps, en faveur des réformes utiles ; mais il ne faut pas croire pour cela que les Compagnons aient quelques profits à retirer de leurs emplois et soient à la charge des non-Compagnons. J'ai occupé, à Lyon, pendant sept mois, la première charge de ma

. . . .

Le jour de la fête patronale, les Aspirants la font s'ils veulent; les Affiliés, au contraire, sont forcés de la faire ou de payer moitié des frais (1). Ils ont l'honneur, il est vrai, d'être *admis à un bout de la table* des Compagnons (2); mais à la promenade ils sont comme les Aspirants, toujours de l'*arrière-garde*.

. . . .

S'il y a un peu moins de dispute dans votre Société que dans celle des Dévorants, il faut en attribuer la cause à votre *institution despotique* et à la *grande facilité*

Société; j'étais jeune, actif, dévoué; je fis tout ce que je pus pour elle; et je dus pourtant, durant ou après ce règne limité, faire venir de chez mes parents, en diverses reprises, un total de 320 francs; avec cela je pus agir, puis me liquider envers tout le monde; sans cela j'étais *cloué* dans Lyon pour bien longtemps. Voilà donc quels furent mes bénéfices, et je puis affirmer que beaucoup de ceux qui m'ont précédé ou suivi dans cette charge n'ont pas été plus heureux que moi; plusieurs même, à cause de leurs dettes, se sont mariés dans la ville où ils les avaient contractées. Celui qui se retire avec honneur de la première charge de ma Société, mérite vraiment l'estime de tous les Compagnons et de tous les Affiliés, et on peut le croire quand je l'avance. Si je demande que les Sociétés soient administrées au grand jour, c'est pour détruire d'injustes soupçons qui trop souvent planent sur des Compagnons qui, loin de bénéficier, font de constants sacrifices. C'est aussi pour rendre les fripons impossibles, car ceux-ci pèsent sur tout le monde, et on n'a jamais trop d'yeux pour les surveiller, et jamais trop de bras pour les jeter à la porte.

(1) A moins que des raisons légitimes ne puissent les en dispenser : un homme qui a manqué d'ouvrage, ou a été malade, n'est contraint à aucuns frais.

(2) Je n'ai pas à discuter pour prouver le contraire de ce que vous dites : tous les Affiliés peuvent ici apprécier le manque de vérité de vos paroles, et je peux les avertir que vous n'êtes presque jamais plus exact et plus vrai dans vos accusations. Quand on attaque des adversaires, il faudrait, pour toucher et convaincre, attaquer avec bonne foi et non avec passion.

avec laquelle vous recevez vos Compagnons (1), ce qui vous donne en même temps plus de voix et plus de force pour soutenir vos priviléges.

Je pourrais vous reprocher de n'avoir pas assez parlé de la Société de l'Union (2); vous ne donnez pas une seule chanson de cette Société; alors on pourrait dire que vous êtes partial.

Vous dites que l'ordre et la paix ne règnent pas dans la Société de l'Union. Qui vous l'a dit? En avez-vous des preuves (3)? Y a-t-il eu un schisme chez eux? Je crois pouvoir assurer que non, et qu'ils sont étroitement unis.

Dans votre conférence vous avez bien évité de faire parler *un sociétaire de l'Union*, vous aviez sans doute peur que sa *cause triomphe* (4) : aussi tous vos bons conseils resteront sans fruit, car vous ne réformez pas les principaux abus, vous ne cherchez pas la racine du mal.

Vous trouvez qu'il faut que les hommes soient bien fous pour se battre ainsi sans sujet, sans intérêt, sans

(1) Une *institution despotique* ne donne pas les titres et les priviléges à tous ceux qui les demandent, autrement, elle ne serait plus une institution despotique, mais un droit commun. S'il ne fallait seulement à tout homme qu'un an de noviciat pour devenir électeur, on n'aurait plus besoin de faire des pétitions, nous le serions tous de droit l'année prochaine : nous attendrions.

(2) Je n'avais pas beaucoup à m'en occuper dans ce livre, destiné à faire entrer le vieux Compagnonnage dans une voie plus large.

(3) Des preuves? J'en ai et en grand nombre; mais je ne veux ni récriminer, ni accuser. Je serais plus heureux si je pouvais faire en conscience l'éloge de tout ce qui est nouveau.

(4) Figurez-vous un membre de cette Société au milieu des Compagnons, et leur disant : « Votre institution est mauvaise, parce qu'elle est pleine d'abus, de mystère et d'orgueil; il faut la détruire de fond en comble, etc., etc. » Vous qui connaissez l'esprit des Compagnons, jugez du tumulte qu'il aurait provoqué et du danger qu'il aurait couru.

espoir d'un avenir meilleur, et pourquoi se battent-ils ? pour le Compagnonnage, pour des cannes et des couleurs. C'est donc les cannes et les couleurs qu'il faut détruire..... Bien des Compagnons diront : Comment, vous voulez détruire le Compagnonnage ? Et que deviendront les jeunes ouvriers s'il n'y a plus des Compagnons pour les instruire ? Je pourrais vous dire qu'il vaut mieux ne point fréquenter de Société que d'en fréquenter une mauvaise (1). Regardez à Paris et dans toutes les villes

(1) Les Sociétés que vous détestez si fort ont certainement rendu de bien grands services aux travailleurs en protégeant leurs salaires et leur vie. Dans les pays où elles existent, l'ouvrier est mieux rétribué que dans ceux où elles n'existent pas : de plus, elles communiquent à l'homme une certaine force morale. On a rarement vu le Compagnon traduit en justice pour fait d'immoralité, ou pour infraction aux lois de l'honneur. Vous prétendez que les Compagnons se battent absolument à cause des cannes et des couleurs ; mais est-ce pour cela que se battent les nations contre les nations, les habitants d'un village contre ceux d'un village voisin, les soldats de terre contre ceux de mer, les cavaliers contre les fantassins, et tant d'individus qui vont chaque jour s'asseoir sur les bancs des cours criminelles ? Le mal peut-il être dans des rubans ? Mais les francs-maçons en portent, des rubans ; les conscrits le jour de leur tirage au sort ; les habitants des campagnes, aux fêtes des jeunes mariés ; les membres des sociétés chantantes en portent aussi ; et si nous examinons bien, nous verrons partout les hommes les plus graves se parer d'insignes plus ou moins significatifs : pour ceux-là les rubans ne renferment aucun mal. Enfin, si vous détruisiez les cannes et les couleurs chez les Compagnons, croiriez-vous avoir détruit la cause du mal ? Si vous détruisiez leurs Sociétés elles-mêmes, croiriez-vous avoir fait un grand pas en avant ; que tout serait fini ; que tout irait mieux ? Que mettriez-vous à la place de ce que vous auriez détruit ? Il y a chez les Compagnons du fanatisme ; mais ne voit-on pas ailleurs de l'égoïsme, de l'indifférence ? Y comprend-on bien la fraternité humaine ? Ah ! cessez d'attaquer avec tant de violence des cannes et des couleurs : le mal n'est pas dans les attributs, mais dans les hommes. Il faut faire pénétrer dans leurs têtes et dans leurs cœurs la lumière et l'amour : au

écartées du Tour de France et qui n'ont pas encore été infectées du Compagnonnage (1). Regardez, dis-je, comme tous les ouvriers fraternisent pêle-mêle sans distinction de corps, et sans ostentation pour le talent. Si ces jeunes ouvriers voyagent et entrent malheureusement dans une Société de Compagnonnage, ils deviennent ennemis à mort.

. . . .

Mon but n'est pas de critiquer l'Association, au contraire, c'est de réunir tous les hommes, tous les ouvriers principalement dans un seul faisceau, dans une seule Société ; mais pour cela il faut détruire toutes les distinctions, les cannes et les couleurs. Plusieurs Compagnons s'écrieront avec fureur : « Comment ! vous voulez nous ôter nos couleurs saintes, notre écharpe royale et notre bouquet sacré ? » Et pourquoi non, puisque vous voulez l'égalité avec les marquis et entre les pauvres et les riches ! Vous conviendrez que tout le monde ne peut pas avoir des couleurs, des écharpes, des cannes et des bouquets ; c'est un attirail qui coûte au moins cent francs ; ensuite, si tout le monde en avait, vous perdriez tout de même vos distinctions.

Ne vous trouvez-vous pas ridicules vous-mêmes (2) quand vous êtes affublés et chamarrés de rubans avec

lieu de les désunir, il faut les unir ; il faut répandre sur eux, au lieu de mots irritants et grossiers, des idées nobles et fraternelles ; il faut nous réformer nous-mêmes, et puis nous réformerons les autres.

(1) Vous dites que le Compagnonnage n'existe pas à Paris ; c'est une erreur : les tailleurs de pierre, les charpentiers, les tanneurs, les forgerons, les maréchaux, les chamoiseurs, les cordonniers, les boulangers, etc., etc., sont là en société comme dans les autres villes de Devoir. Si on s'y bat moins, c'est parce que l'air d'une capitale civilise tous les rangs de sa population. Les charpentiers et les boulangers se livrent bien encore quelques combats, mais on a l'espoir fondé que la raison les éclairera et qu'ils cesseront de se dégrader aux yeux de ceux qui les observent, soit en souffrant, soit en ricanant.

(2) Il y a bien ici quelque chose d'un peu cru, mais cela tient à la manière de celui qui parle ; on ne doit point s'en formaliser.

franges en or, et le bouquet monstre qui vous cache toute la poitrine? Il y a vraiment de quoi rire de pitié en voyant ce luxe effréné, cette vanité, cet orgueil que vous étalez le jour de vos fêtes, montés en voiture comme de riches négociants ou propriétaires, musique et tambours en tête, exprès pour vous faire regarder; et vos bons Affiliés payant, et à pied par derrière (1). Que d'argent dépensé inutilement dans quelques jours, pour manger du pain et boire de l'eau le reste de l'année!...

La Société de l'Union ne fait pas de si grandes dépenses; ses membres n'ont pas, comme chez vous, une écharpe et un bouquet à donner tous les six mois au premier Compagnon (2); ils n'ont pas de luxe inutile comme vous, par conséquent, ils dépensent moins (3).

(1) Voilà des erreurs! Quand tous les Compagnons vont en voiture, ils se passent de musique, par la raison que le bruit assourdissant des unes détruirait l'harmonie et l'effet de l'autre; de plus, quand les Compagnons vont en voiture, ce qui est rare, les Affiliés ne vont pas à pied.

(2) Après avoir consacré pendant six mois un temps précieux au service d'une Société, on en reçoit, pour toute récompense, une écharpe et un bouquet; on les a, je crois, bien gagnés: pour ma part, je sais ce que cela coûte; mais j'ai eu l'honneur de servir mes frères, honneur dont je suis vraiment fier.

(3) Il ne faut pas être rigoriste, il ne faut pas faire un crime aux Compagnons de faire une ou deux fêtes par an, et de dépenser, à cette occasion, la somme de dix francs chacun, au plus, en musique et en festin. Jeune, j'ai fréquenté leurs Sociétés; j'étais un ami du travail et de l'ordre, et pourtant ces fêtes m'étaient bien douces; elles étaient pour moi une courte halte de bonheur dans le rude sentier de la vie. Les Compagnons qui, sans avoir éprouvé de maladies ou des pertes, fuyaient ces sortes de fêtes de famille, étaient presque toujours les moins laborieux, les plus débauchés, les plus égoïstes et les plus malheureux sous tous les rapports.

Vous dites que chez vous on dépense moins en superfluités: on devrait alors y être plus riche, et y faire une nourriture meilleure et mieux réglée. Mais je crains cependant bien que vous ne fassiez usage ni des chapons délicats du Maine, ni des vins fins de Bordeaux, et que vous ne soyez réellement ni

La Société de l'Union est meilleure, parce que tous les ouvriers de tous les corps d'états peuvent se réunir et fraterniser tous ensemble; par ce moyen ils sont mieux disposés à faire de bons citoyens et à entrer dans la société humanitaire (4).

Votre dernière note : *je livre à l'impression*, est vraiment tout ce qu'il y a de mieux, c'est aussi pour cela que je vous écris, car vous promettez à vos lecteurs de reprendre un jour la plume; moi, pour ma part, je vous y engage de toutes mes forces, mais, je vous en prie en grâce, ne faites plus l'éloge du Compagnonnage ni de Salomon. Vous perdriez votre temps : l'opinion publique les condamne et les rejette comme tous les mystères de la religion catholique. Notre siècle est un siècle de lumière et d'égalité. Écrivez toujours, car vous en avez le talent; mais exercez votre lyre et votre plume comme les Rouget de l'Isle, comme les Béranger, les Altaroche, les Voitelin, les J.-J. Rousseau, les Lamennais, Louis Blanc, Laponneraye, etc.

Unissons nos faibles voix aux voix fortes de la démocratie; marchons d'accord à la conquête de nos droits; que tous nos efforts tendent vers un même but, celui de réunir tous les hommes en un seul intérêt; pour cela, commençons par les ouvriers, formons une Société universelle pour tous les corps, composée d'abord de tous les ouvriers mariés non établis, de tous les célibataires sédentaires et de tous les jeunes ouvriers honnêtes qui voudront se réunir à nous. Que cette Société ait pour base l'égalité, et pour but le bonheur de tous, par un mutuel secours; que tout l'argent déposé en caisse

---

plus riches, ni plus heureux que les Compagnons que vous jetez si bas.

(1) Je sais que les Compagnons rapportent au pays natal bien des préjugés; et vous! n'y rapportez-vous point de scepticisme? Etes-vous vraiment aussi parfait que vous le prétendez? La haine ardente que vous manifestez contre les Compagnons n'est-elle pas inspirée par une sorte de fanatisme? N'auriez-vous pas un peu de ce mal que vous leur reprochez avec quelque raison? Réfléchissez! il est bien difficile d'être parfaitement juste.

par les Sociétaires ne soit absolument que pour le soulagement des malheureux.

S'il se fait quelque banquet, que ce soit cotisé séparément du tribut ordinaire et volontairement. Dans cette Société, instruisons-nous les uns les autres sur nos véritables intérêts; engageons même quelques amis de l'humanité qui ne sont pas ouvriers à venir nous donner quelques lumières; donnons des concours pour exciter l'émulation des arts, du dessin, de la littérature, de la morale, etc., et des prix analogues au travail.

Nous pourrions aussi admettre les apprentis à quelques séances, sans les faire payer aucun tribut. Ce serait seulement pour leur donner les véritables principes de l'association. Ne prêtons qu'un seul serment, celui de maintenir de toutes nos forces notre Société populaire et de lutter sans cesse contre la tyrannie et l'oppression. En faisant cela et nous plaçant sous la protection des journaux démocratiques, nous serons dignes de notre siècle et de l'avenir.

J'ai l'honneur de vous saluer,
Votre dévoué compatriote,
MOREAU (ouvrier serrurier).

Réponse de l'Auteur à M. Moreau.

Paris, 15 mars 1840.

Monsieur,

Je réponds à votre lettre, non pour discuter avec vous, mais pour vous faire savoir que je l'ai reçue; d'ailleurs comment relever toutes les erreurs, les injustices, les exagérations, les jeux de mots, les inconvenances et le rigorisme qu'elle renferme? Il faudrait pour cela beaucoup de pages. Comme je n'ai que de courts instants de loisir, je veux les consacrer à éclairer les ouvriers de bonne foi qui sentent le besoin et le désir de l'être, et non les dépenser en pure perte.

Il faut que je vous le dise, monsieur, vous ne tenez compte ni de ma position, ni des difficultés de tous genres que j'avais à surmonter; vous ne m'avez pas compris. Le médecin qui veut opérer des cures difficiles et nombreuses, étudie attentivement la maladie et l'organisation de ceux qu'il veut traiter et guérir. Quelle que soit d'abord son opinion à leur égard, il ne leur dit pas : *Tous les soins sont pour vous inutiles, il vous faut mourir.* Non, au lieu de les épouvanter il les rassure, les encourage toujours par de douces paroles et approprie les remèdes à leur tempérament, à leur force, à leur mal; c'est ainsi qu'il parvient souvent à soulager ses malades, puis à les guérir.

Les savants qui traitent le moral, comme ceux qui traitent le physique de l'homme, ont besoin d'agir prudemment; autrement ils aigrissent le mal au lieu de le détruire. C'est ce que font beaucoup de nos écrivains démocrates; ils sont hardis, impétueux, mais peu habiles et peu sages : voilà, je crois, une des causes du peu de progrès que font les masses depuis des années. Les procédés violents ne me conviennent pas; vous trouverez bon que je ne m'en serve pas non plus.

Maintenant, s'il faut vous dire la vérité, vous ne m'êtes pas tout à fait étranger; je connaissais déjà votre manière de penser et de vous exprimer; je vous ai lu dans l'*Intelligence* : vous étiez impérieux et peu véridique; vous êtes à présent ce que vous étiez alors. Vous, membre d'une association que vous proclamez seule bonne et digne de vie, vous êtes l'ennemi acharné de toutes celles qui existent à côté de la vôtre; vous appelez sur elles anathème et destruction : vous vous dites homme de liberté, et vous êtes despote; vous vous dites homme de progrès, et vous êtes intolérant; vous parlez sans cesse d'humanité, et vous êtes sans bienveillance pour vos semblables dès qu'ils sont Compagnons. Croyez-moi, si vous aimez vraiment les hommes, ayez quelques ménagements pour eux, lors même que vous attaquez leurs préjugés et leurs vices.

Moi, membre comme vous d'une association, je prêche l'amour et le rapprochement à tous les hommes : si les idées de progrès et de charité que je répands peuvent germer en eux, s'ils se sentent un jour poussés les uns vers les autres et capables de se mêler, de se confondre, et de ne former plus enfin qu'une seule et grande association, qu'ils le fassent : plus leur union sera intime, plus ils seront puissants et heureux; c'est là tout ce que je désire.

Mais, pour le moment, je n'ai pas cru devoir pousser plus avant; je connais les hommes et je ne brusque pas leur susceptibilité.

Enfin, vous ne m'approuvez pas, je ne vous approuve pas non plus ; vous pensez d'une façon, moi d'une autre; vous êtes libre, je le suis aussi ; agissons donc chacun de notre côté, et ne cherchons pas à nous imposer l'un l'autre nos croyances ; nous y perdrions tous les deux notre temps, et comme rien n'est aussi cher que le temps, il faut en perdre le moins possible.

Ne prenez pas, monsieur, ceci en mauvaise part, et veuillez agréer, etc.

AGRICOL PERDIGUIER.

—

M. Moreau a fait paraître, il y a peu de jours, une brochure d'une trentaine de pages; M. Moreau est toujours le même. Sa Société est un modèle de perfection, toutes les autres sont détestables, et pour le prouver, il les peint de couleurs bien noires ; puis il s'adresse aux Affiliés, aux Aspirants, et leur dit : Vos Compagnons achètent des cannes et des rubans avec votre argent, ils vous exploitent indignement ; révoltez-vous, et mettez-vous avec les *Sociétaires*. — Si des Affiliés, si des Aspirants se faisaient recevoir Compagnons dans l'espoir d'avoir des cannes et des rubans aux dépens de ceux qui n'en portent pas encore; s'ils croyaient pouvoir se faire légitimement exploiteurs, ils se tromperaient singulièrement, et, pour qu'ils n'éprouvent aucun mécompte de cette sorte, je crois devoir les avertir que les cannes et les rubans ne coûtent qu'à ceux qui les portent, et que les Compagnons, pour tout ce qui concerne la Société, dépensent davantage que les non-Compagnons.

Il est triste de voir un homme qui se prétend du progrès chercher, par des moyens peu loyaux, à semer partout la haine et la désunion. « La Société de l'Union, dit-il, ne ressemble au Compagnonnage que par le bon côté. Chez elle, dit-il encore, tout découle de ce précepte : « Ne faites pas aux autres ce que vous ne voudriez pas qu'il vous fût fait, » etc. Je venais de parcourir cette brochure, lorsqu'on me remit *le Constitutionnel* (n° du 27 avril 1844). Voici ce que j'y lus : « Le 15 de

« ce mois, une rixe terrible s'est engagée à Grenoble
« entre des garçons boulangers de la Société des *Sociétaires* et d'autres garçons du même état, de la *Compagnie de la Liberté* (1). Quarante Sociétaires, venant
« de faire la conduite à un de leurs camarades, rencon-
« trèrent cinq Compagnons de la Liberté, et les assailli-
« rent sur-le-champ à coups de pierre et de bâton. Un
« de ces derniers se réfugia dans la boutique d'un épi-
« cier ; mais les *Sociétaires* se précipitèrent à sa pour-
« suite, pénétrèrent dans le domicile de l'épicier, mal-
« traitèrent ce commerçant qui voulait défendre le fugitif,
« et portèrent enfin cinq coups de couteau sur la tête
« du malheureux Compagnon de la Liberté. Les blessu-
« res sont tellement graves qu'on désespère de le sauver.
« Huit des Sociétaires ont été arrêtés (*Courrier de l'I-*
« *sère*). »

Ainsi, on le voit, les *Sociétaires* ne sont pas plus sages que les *Compagnons*. Il faut chercher, par tous les moyens pacifiques dont nous pouvons disposer, à les réformer les uns et les autres. La tâche est grande, et pour la remplir avec succès, il faut bien se garder d'adopter le genre de M. Moreau, qui se plaît à récriminer. On a vu, dans sa lettre insérée dans ce volume, les attaques qu'il dirige contre le Compagnonnage en général et contre moi en particulier. Il use dans sa brochure des mêmes procédés, et il deviendrait inutile de les signaler et de faire une seconde édition de ce qu'on a vu.

Seconde Lettre de Vendôme-la-Clef-des-Cœurs à l'Auteur.

Monsieur,

Je vous dois *des remerciments* pour l'envoi que vous m'avez fait de votre livre que vous avez eu la bonté de joindre à votre réponse à ma lettre, car vous avez satisfait au désir que j'avais de le posséder ; *j'espère vous les porter sous peu de jours*, en me rendant à l'honneur de votre invitation. Mais en attendant cette première entrevue

---

(1) Ce doit être plutôt de la Compagnie *du Devoir*; car il n'existe point de boulangers de la Compagnie *de la Liberté*.

qui doit me procurer le plaisir de vous connaître plus particulièrement, permettez-moi, monsieur, d'user de la confiance que vous semblez m'accorder pour vous faire quelques observations relativement à votre notice sur le Compagnonnage que vous auriez pu nous rendre plus favorable par des citations un peu plus discrètes et plus dignes de votre sujet; d'ailleurs, cette notice n'apprend rien aux Compagnons qu'ils ne connaissent déjà, et les erreurs que vous y avez glissées, tout en scandalisant les uns, ne peuvent que servir d'aliment à l'ignorance des autres.

Vous m'objecterez sans doute que lorsqu'il s'agit de signaler des abus, et surtout des abus de cette sorte, il n'est guère possible, quelque ménagement que l'on prenne, de ne pas dépasser les bornes de la circonspection; mais je vous répondrai : soyons satirique s'il le faut, ne craignons point de blesser l'amour-propre de ceux que nous voulons ramener à la raison, lors même qu'ils persistent à s'en éloigner; mais ne couvrons pas de ridicule une institution aussi sublime qu'est celle du Compagnonnage, que la fougue de la jeunesse, les passions et surtout l'ignorance, n'ont déjà que trop avilie aux yeux du vulgaire. Car, monsieur, qu'en pensera-t-il, du Compagnonnage, l'homme sensé qui lira, par exemple, votre conduite de Grenoble? Ce que nous en penserions nous-mêmes si nous y étions étrangers, que tout le reste, dont les Compagnons font tant de mystères, ne doit pas valoir mieux, si c'est ainsi qu'on procède à l'un de ses actes qui doit être considéré comme l'un des plus sérieux; or donc, si cette manière d'exclure d'une Société celui qui s'en est rendu indigne existe réellement quelque part, n'est-ce pas le cas de nous rappeler ce proverbe : que toute vérité n'est pas bonne à dire?

J'avoue pourtant que je suis bien loin de vous soupçonner d'aucune mauvaise intention : les sentiments que vous manifestez dans votre rencontre des deux frères m'en sont un sûr garant; mais songez bien aussi que vous n'écrivez pas pour des hommes qu'on a retirés des colléges pour leur faire apprendre un état; que bien peu vous comprendront, ou ne voudront pas vous comprendre, si la bienveillance et la modération ne dirigent votre plume.

Quant au lecteur sensé, il vous passera facilement ce qu'il y a de défectueux dans votre livre pour ne s'attacher qu'à ce qu'il renferme de bon ; et comprenant le but honorable que vous vous y proposez, dira comme moi : Honneur à celui qui l'a conçu !

Je laisse à votre jugement à suppléer à l'étendue que j'aurais pu donner à ces observations que je vous prie de me pardonner en faveur de l'intérêt que je vous porte, car je me promets bien de vous seconder chaque fois que j'aurai l'occasion de converser avec des hommes sur l'importance de votre sujet.

Quant à l'arrangement que vous me proposez concernant ma chanson, j'ai si bonne opinion de vous, que je vous laisse entièrement le maître d'en agir comme bon vous semblera.

Recevez, etc.

PIRON (Vendôme-la-Clef-des-Cœurs).

Paris, 16 février 1840.

Réponse de l'Auteur à Vendôme-la-Clef-des-Cœurs.

Paris, 28 mars 1840.

Monsieur,

Quand j'ai reçu votre dernière lettre, je pensais que vous étiez sur le point de m'honorer d'une visite ; je croyais donc pouvoir répondre de vive voix aux objections que vous m'adressiez ; je vois que je me suis trompé, que vous comptez sur une réponse écrite, réponse que je vais tâcher de vous faire.

Voici votre première objection : « Votre notice sur le « Compagnonnage n'apprend rien aux Compagnons qu'ils « ne connaissent déjà, et les erreurs que vous y avez « glissées, tout en scandalisant les uns, ne peuvent que « servir d'aliment à l'ignorance des autres. » Réponse : pendant que je travaillais à cette notice j'ai pris des renseignements de divers côtés, d'où il est résulté que j'ai su, après l'avoir écrite, ce que je ne savais pas avant ; ainsi, puisque j'ai appris en l'écrivant, d'autres, j'en suis bien sûr, apprendront en la lisant. Quant aux erreurs que vous m'accusez d'y avoir glissées, je vous invite à me les signaler.

Deuxième objection : « Soyons satirique s'il le faut, « ne craignons pas de blesser l'amour-propre de ceux « que nous voulons ramener à la raison, lors même qu'ils « persistent à s'en éloigner ; mais ne couvrons pas de « ridicule une institution aussi sublime qu'est celle du « Compagnonnage, que la fougue de la jeunesse, les pas- « sions et surtout l'ignorance n'ont déjà que trop avilie « aux yeux du vulgaire. » Réponse : aux satires on répond par des satires, et les questions n'avancent toujours pas ; cependant, sans faire une satire, sans dépasser les bornes de la circonspection, j'ai froissé des amours-propres, j'ai fait des mécontents. L'un m'accuse de ridiculiser le Compagnonnage, l'autre m'accuse d'en faire l'éloge ; celui-là me reproche d'être partial et d'avoir eu des égards pour ma Société, tandis qu'une partie de celle-ci me reproche mon impartialité et me blâme de ne pas lui être assez favorable : que conclure de tout ceci ? qu'il n'était donné à personne de traiter un sujet si délicat et de contenter de prime abord et à fond tout le monde. Pourtant ces plaintes contradictoires qui se croisent et se choquent sont loin de m'affliger ; elles me sont une preuve certaine que le Compagnonnage s'agite, et j'ai l'espoir que de cette agitation naîtra quelque chose de profitable... Relativement à l'avilissement du Compagnonnage par la fougue de la jeunesse, les passions, etc., etc., je ne pense pas comme vous. A mon avis, le Compagnonnage est aujourd'hui ce qu'il était il y a cent ans ; il est resté constant à ses anciennes habitudes, il n'est changé en aucune manière ; c'est le public qui est changé : le public ne voit plus avec les mêmes yeux, ne juge plus avec le même esprit. Autrefois les prêtres catholiques ordonnaient et célébraient les fêtes des ânes et des fous, cérémonies bien singulières que le public trouvait sublimes : si on lui donnait de nos jours les mêmes fêtes, il les trouverait ridicules. Autres temps, autres mœurs, autres goûts. Le clergé, quoique très attaché aux vieux usages, s'est réformé sur plusieurs points ; pourquoi le Compagnonnage n'en ferait-il pas autant ? pourquoi ne chercherait-il pas à se mettre d'accord avec son siècle et avec l'opinion publique ? qu'il y pense, il y va de son intérêt.

Troisième objection : « Qu'en pensera-t-il, du Com-

« pagnonnage, l'homme sensé qui lira, par exemple, vo-
« tre conduite de Grenoble? que tout le reste, dont les
« Compagnons font tant de mystères, ne doit pas valoir
« mieux si c'est ainsi qu'on procède à l'un de ses actes
« qui doit être considéré comme l'un des plus sérieux. »
Réponse : l'exemple est mal choisi ; loin que la conduite
en question nuise au Compagnonnage, elle lui fait honneur ; on voit par elle que les Compagnons savent réprimer les abus et les vices. Ce n'est peut-être pas la conduite par elle-même qui vous paraît mauvaise, mais la manière de procéder à une chose si sérieuse. Oui, la conduite de Grenoble est une chose sérieuse, mais un enterrement l'est davantage. Il faut que je vous le dise, j'ai vu faire à Bordeaux un enterrement par un corps d'état que je pourrais nommer ; il y avait dans cette cérémonie des choses bien singulières ; si j'en avais donné la description dans mon livre j'aurais provoqué d'abord des éclats de rire, ensuite l'indignation. Ainsi ce que des Compagnons font en plein vent, sans crainte du public, il ne faudrait pas le donner par écrit à ce même public. Pourquoi cela? S'il ne faut pas dire de certaines choses quand tout le monde vous écoute, il faut encore moins les faire quand tout le monde vous regarde.

Quatrième objection: « Songez bien aussi que vous
« n'écrivez pas pour des hommes qu'on a retirés des
« colléges pour leur faire apprendre un état ; que bien
« peu vous comprendront, ou ne voudront pas vous
« comprendre, etc., etc. » Réponse: n'ayant moi-même
jamais mis les pieds dans les colléges, je ne peux écrire
pour des collégiens; il ne faut, je crois, pour me comprendre, que du simple bon sens. Quant à ceux qui ne
le voudront pas, je ne puis que les plaindre... Malheur
à ceux qui repoussent toute réforme, toute amélioration !
le peuple qui avance toujours dans la voie du progrès
et de la civilisation ne les entend, ne les comprend plus,
et quand on n'est plus compris du peuple on a une existence bien chétive et bien fragile. Le Compagnonnage se
compromet de gaîté de cœur aux yeux du peuple; il
étale fréquemment avec complaisance, et, qui plus est,
avec orgueil, tout ce qu'il a de mauvais en lui; il n'est
connu que sous un mauvais jour. De là cette réprobation
qui s'étend et l'enveloppe de plus en plus ; de là ces ar-

ticles de journaux provoquant des lois de proscription; de là tant de Compagnons n'osant eux-mêmes plus avouer ce qu'ils sont. Oui, on le connaissait, le Compagnonnage, mais sous son mauvais côté seulement; j'ai voulu le montrer sous toutes ses faces. A-t-il perdu à cela? Non; car des hommes qui, par la parole ou par leurs écrits, le condamnaient radicalement, le jugent à présent d'une manière plus douce et plus favorable. Je l'ai servi, il doit continuer à se servir lui-même; il le peut, étant le maître de sa destinée; il peut rester en arrière, il peut avancer, il peut se perdre, il peut se sauver; je l'engage à avancer, à se faire comprendre et à se sauver dans l'intérêt de toute la classe ouvrière.

Vous promettez, monsieur, de me seconder dans l'œuvre que j'ai entreprise: le concours d'un homme tel que vous n'est pas à dédaigner. Unissons donc nos efforts et travaillons avec persévérance à éclairer nos camarades; nous finirons, je vous l'assure, par obtenir d'heureux résultats.

Je termine ma lettre par une demande: vous m'aviez envoyé un cahier de vos chansons que je montrais à tous mes confrères, et cela pour leur prouver que chaque Société a ses poètes. Ce cahier, auquel je tenais tant, je l'ai perdu. Je vous prie d'avoir la bonté de m'en faire tenir un second.

Rien de plus à vous dire pour le moment qui puisse fixer votre attention.

Agréez, etc.

PERDIGUIER (Avignonnais-la-Vertu).

———

Trois jours après l'envoi de cette lettre, je reçus la visite de Vendôme-la-Clef-des-Cœurs; il me dit: « Vous « avez entrepris là une œuvre bien grande et bien péni- « ble; il vous fallait, pour oser l'entreprendre, beaucoup « de courage; j'aurais reculé devant une telle mission. « Maintenant je vous engage à continuer, à ne vous « lasser jamais. Je ferai tout ce qui dépendra de moi « pour vous seconder. » Nous causâmes longtemps ensemble, et nous nous séparâmes liés d'amitié et d'intentions.

J'avais reçu le 16 mars une seconde lettre de mes confrères de Bordeaux, où les mots les plus blessants étaient largement prodigués. Je vis par elle, j'appris encore d'autre part qu'on cherchait à exciter contre moi les préjugés et les mauvaises passions. Des lettres anonymes et d'autres lettres partaient de Paris et d'ailleurs, se répandaient dans toutes les villes et me présentaient sous un jour détestable. Je recevais souvent des objections, des questions, des interpellations et quelquefois des insultes ignobles. Je vis qu'il était temps de m'adresser à tous mes confrères pour parer les coups que l'on me portait, et leur faire connaître la vérité et le but de mes efforts.

Lettre de l'Auteur aux Compagnons du Tour de France, ses confrères.

Paris, 16 mai 1840.

Mes chers pays,

Je vous envoie trois lettres (1) à la fois, et dans la même feuille; je vous invite à les lire avec soin et à réfléchir, car la démarche que je fais en ce jour n'est pas sans gravité. Je vous rappellerai que j'ai fait tout ce qui dépendait de moi pour la prospérité et pour l'honneur de notre Société; on me dit cependant qu'il s'en faut de beaucoup qu'elle soit reconnaissante. On me dit que le blâme, que les reproches, que des accusations nombreuses tombent sur moi.

Est-il vrai que l'on me reproche d'avoir trop peu fait des chansons nouvelles? Mais lorsque les villes du Tour reçurent mon premier, puis mon deuxième cahier, un très petit nombre d'entre elles prit la peine de me répondre. Eh! peut-on chanter toujours quand ceux pour qui on chante semblent ne point prêter l'oreille et ne donnent aucun signe direct de satisfaction?

Est-il vrai que l'on m'accuse d'avoir dit trop de cho-

(1) J'avais joint à cette lettre les copies des lettres que j'avais reçues de Bourguignon-la-Fidélité et de Nantais-Prêt-à-Bien-Faire. Je voulais montrer que j'avais l'approbation et l'appui des Compagnons les plus estimables.

ses sur notre Société? Mais en ai-je dit une seule que tous les Affiliés ne sachent? Et pourtant les Affiliés sont libres de changer de Société quand bon leur semble, et peuvent dire tout ce qu'ils savent sans se compromettre.

Est-il vrai que l'on me blâme d'avoir parlé du baldaquin des charpentiers, et de n'avoir rien dit de celui de Marseille? Mais le premier de ces ouvrages je l'ai vu, le second, je ne le connais pas; et puis ignore-t-on tout le mal qu'a voulu et veut encore me faire son auteur? D'après sa conduite à mon égard, tout ce que je pouvais faire de mieux, c'était de ne point m'occuper de lui.

Est-il vrai que l'on me reproche d'être trop impartial, de n'être pas assez rigoureux envers les Devoirants? Mais les satires engendrent les satires. Ensuite, pensez combien un livre satirique, signé, approuvé de toute la Société, pouvait nous nuire aux yeux de la justice quand survient un procès, et aux yeux de tous les hommes de bien dans tous les temps. De plus, quelle confiance pourrait-on avoir dans ma parole si je prodiguais l'éloge d'un côté et l'insulte de l'autre? Il faut être juste si l'on veut être cru.

Est-il vrai que l'on me blâme d'avoir rangé des charpentiers parmi les enfants de Salomon? Mais les Devoirants en général repoussent les cordonniers et les boulangers : ce qui ne nous empêche pas de compter ces deux derniers corps d'états parmi les enfants de maître Jacques. Quand nous nous obstinerions à nier les charpentiers de Liberté, on ne verrait pas moins qu'ils existent sous le titre d'enfants de Salomon. J'ai dit néanmoins que nous n'avions point de rapports avec eux.

Est-il vrai que l'on me blâme d'avoir intercalé dans mon livre la chanson *Gavots abominables?* Mais cette chanson était connue dans les villes et dans les campagnes, et faisait croire que les Gavots étaient des espèces de monstres; ceux qui la liront dans mon livre sauront l'apprécier à sa juste valeur.

Est-il vrai que l'on me blâme de ce que je n'ai pas renfermé mon ouvrage dans notre Société seulement? Mais si mes idées, si mes principes ne sont répandus, s'ils ne pénètrent de toutes parts chez les Devoirants, ceux-ci ne pourront en profiter, ils continueront à nous attaquer, il faudra nous défendre et la guerre durera toujours. Dans le cas contraire mes désirs se réaliseront, et chacun pourra un jour voyager sans crainte et sans dangers. Le Tour de France ne sera plus un vaste guet-apens, mais une belle promenade où la jeunesse ira s'instruire et se réjouir.

Les critiques que je viens de citer et auxquelles j'ai répondu n'ont certainement rien de bien flatteur; mais voici la seule chose qui me blesse réellement : on m'accuse d'avoir spéculé, d'avoir exploité la Société; cela est par trop fort et trop injuste. Or, sachez donc comment j'ai spéculé :

En 1834, trente-trois Compagnons de Paris souscrivirent pour deux francs chacun. Je fis tirer cinq cents exemplaires d'un premier cahier; j'en donnai une partie aux souscripteurs, le restant fut envoyé gratis à toutes les villes du Tour de France. Il est vrai qu'à cette époque la ville de Béziers et celle de Toulouse m'envoyèrent l'une quinze francs et l'autre dix. Mais je n'en fus pas moins de douze francs du mien, et de mon temps perdu, qui valait à lui seul beaucoup plus que toute la souscription.

En 1836, soixante-un Compagnons souscrivirent aux mêmes conditions. Je fis tirer treize cents exemplaires d'un second cahier, qui, comme les premiers, furent distribués aux souscripteurs ou envoyés aux villes du Tour gratis, et franc de port. Je ferai remarquer que les souscripteurs ne paient jamais tous; que seul je faisais tout et supportais tous les frais de correspondance et autres frais : j'en fus cette fois de trente francs du mien et de mon temps perdu. Et combien en perd-on, de temps, pour faire de telles choses dans une ville comme Paris, où notre Société n'existe pour ainsi dire pas, où tous ses membres sont isolés et agissent individuellement? Non, on n'a jamais compris toutes les peines que je me donnais, et cela sans intérêt; car je n'ai jamais voulu vendre un seul cahier et retirer la moindre pièce de monnaie; j'aimais mieux tout donner.

Tant de sacrifices et si peu de reconnaissance ne m'avaient point rebuté; je crus, cette fois, pouvoir servir en même temps et ma Société et la cause sainte de l'humanité; je réunis mes deux cahiers auxquels j'ajoutai des chansons et des notes morales, puis des figures de géométrie, un dialogue sur l'architecture, et un raisonnement sur le trait, tout cela pour inspirer le goût du dessin ; puis une notice sur le Compagnonnage, où notre Société se distingue par son organisation supérieure ; puis enfin la rencontre de deux frères, partie morale et raisonnée, qui contribuera sans doute à rétablir la paix sur le Tour de France. Quinze villes me fournissent quatre cent vingt souscripteurs à deux francs, dont chacun recevra deux exemplaires de l'ouvrage. Mais comme une cinquantaine de ces souscripteurs n'ont encore rien déboursé (1) ; comme la plupart des villes n'ont point affranchi leurs lettres, ou ont rogné le montant de leurs souscriptions pour en payer le port, il en résulte que je n'ai guère touché que sept cents francs. J'ai fait imprimer ce livre qui ne devait avoir, d'après ma promesse, que cent cinquante pages, et il en a deux cent cinquante-deux ; de plus, cinq planches que je n'avais pas promises, et une couverture imprimée. Puis, je l'envoie aux villes, et j'envoie des exemplaires au-delà du nombre convenu. Je reçois toujours moins qu'il ne m'est dû, et je donne toujours plus que je ne dois : pauvre calcul ! Enfin les déchets, les correspondances, les frais d'emballage, de commission, compromettent mes intérêts. Après tant de soucis, de soins et de fatigues, six cents francs que je venais de recevoir de mes parents ont disparu. Je n'en ressens aucune peine ; si j'étais un homme riche, ayant l'intention fixe de servir une cause, je sèmerais mon livre partout et pour rien ; mais ne pouvant en user de la sorte, et voulant néanmoins répandre mes idées que je crois bonnes, je suis forcé de vendre les volumes qui me sont restés, et voilà que les Compagnons de Bordeaux me traitent de spéculateur. Si l'on a cru que j'avais bénéficié avec la Société, on s'est trompé ; il ne faut que de la bonne foi pour comprendre que je n'ai fait que des sacrifices.

Oui ; je suis pauvre, mais je n'en suis pas honteux ; le

(1) Depuis que cette lettre a été envoyée, beaucoup d'entre ces cinquante m'ont payé, et si une ville m'a négligé, la faute en est à un fripon qui l'a trompée, et dont la Société de cette même ville a fait justice en le flétrissant.

malheur m'a longtemps accompagné, mais j'ai souffert seul, à l'écart; j'ai beaucoup travaillé pour la Société, mais je n'ai jamais compté sur des récompenses; car je sais que quand on sert les hommes au-delà de leurs souhaits, on doit les mériter et non les obtenir. Je vous ai fréquentés un bon nombre d'années, mais j'ai toujours fait rigoureusement mon devoir, et si un seul de mes confrères peut me reprocher quelque chose, qu'il parle, qu'il s'adresse à moi.

Pourquoi faut-il que des membres de cette Société que j'ai si bien servie soient en ce moment mes plus rudes ennemis? Je sais que des lettres anonymes partent de Paris, et vont semant partout le mensonge et la calomnie; des Compagnons des provinces accueillent ces impostures et les répandent à leur tour. Mais quel est donc mon crime? Qu'ai-je donc fait pour soulever tant de colère? Un livre dont ma Société sera fière un jour, et elle dira avec orgueil: « C'est de mon sein que sont sortis les Compagnons qui les premiers ont prêché la concorde au Tour de France! » Eh bien! ce livre de morale et de paix est aujourd'hui une cause de tourment pour son auteur... C'est donc un crime d'aimer les hommes? Jésus-Christ aimait les hommes, et les hommes l'ont crucifié; Socrate aimait les hommes, et les hommes l'ont empoisonné; Jean-Jacques Rousseau aimait les hommes, et les hommes l'ont poursuivi à coups de cailloux. Moi, qui ne suis presque rien, j'ai voulu pourtant, dans l'obscure condition où le sort m'a placé, faire quelque bien à mes semblables, et mes semblables m'en savent mauvais gré; ils m'en font un crime. Il est donc vrai que les hommes les mieux intentionnés ne trouvent que des tortures ici-bas... Mes pays, ne vous préparez point de regrets, ne vous laissez point entraîner par celui qui a jeté en divers lieux le trouble dans notre Société; il s'en prend toujours aux hommes que vous estimez le plus, il les abaisse par la médisance et la diffamation; puis il se redresse sur la pointe de ses pieds et se présente comme seul digne de vos hommages. Cet être indéfinissable s'est attaqué à moi, il a voulu me ravaler, m'arracher le pain qui me nourrit; je me suis défendu et j'ai triomphé; les preuves sont en mes mains; sous peu je vous les ferai parvenir, et vous aurez reçu ma dernière lettre. J'ai triomphé! mais c'est ce qui l'irrite davantage; aussi pour me perdre tous les moyens lui semblent bons. Défiez-vous des lettres anonymes, œuvres infâmes que notre Société n'avait jamais connues. Ne faites pas comme les Compagnons de Bordeaux qui, s'appuyant sur une de ces lettres partie de Paris, viennent de me salir.

Mes chers pays du Tour de France, je fais un appel à vos sentiments ; n'ayez point de prévention ni contre mon livre, ni contre les intentions qui me l'ont inspiré; lisez-le, faites-le lire à des hommes sages et éclairés ; vous comprendrez facilement ce que je suis, et tout l'intérêt que je vous porte, en cherchant à obtenir que le sang des ouvriers de la France ne soit plus répandu sur la poussière de nos grandes routes et de nos promenades publiques! Je vous ai mis à la tête du Compagnonnage, je vous invite à vous y conserver dignement.

Quand je vous ai envoyé mon livre, je savais que mes idées ne seraient pas admises tout d'un coup: aussi je me suis bien gardé de vous demander une approbation que vous ne deviez m'accorder que plus tard ; mais ces lettres inconcevables, mais ces mots de spéculation, etc., m'ont profondément affligé, et je romps le silence pour me plaindre et me soulager, puissiez-vous me rendre justice!

Recevez, mes chers pays, etc.

PERDIGUIER (Avignonnais la Vertu).

Je fis tirer la lettre ci-dessus par le moyen autographe, et j'en mis un exemplaire à la poste pour chaque ville du Tour de France. Il fallut, quinze jours plus tard, écrire une seconde lettre, plus longue, plus énergique, et prendre Bayonnais-le-flambeau-du-trait à partie, homme de talent, mais d'une immense ambition, qui m'attaquait avec une étrange fureur, qui ne me laissait point de repos et travaillait à me créer des ennemis par toute la France. Les lettres circulaient, se croisaient : l'un envoyait de Chartres à Montpellier une lettre dans laquelle il exhortait un Compagnon influent à mettre la main à la plume pour empêcher de circuler le livre détestable de ce niais d'Avignonnais, un livre, enfin, qui fait tourner en dérision le Compagnonnage. Un autre écrivait de Paris à Nantes une lettre dont voici un extrait: « Cet homme « (Avignonnais) doit être indigne d'exister dans notre So- « ciété; tout Compagnon doit dire en le voyant: Voilà « le plus lâche des hommes..... Que le Tour de France « connaisse le traître qui, jusqu'à ce jour, a grugé les « Compagnons (1). Je crois que, d'après un aprécis pa- « reil, vous serez le premier à Nantes qui dira que ledit « Avignonnais doit être brûlé et rayé du Compagnon- « nage, etc., etc. »

Mes jours semblaient être menacés; mon père, averti je ne sais par qui, peut-être par les Compagnons d'Avignon, m'envoyait des conseils de prudence.

Mon ami Sauvageon, dit Lyonnais-l'Ami-du-Trait, effrayé de la situation où je me trouvais, m'écrivit de Lyon, sa résidence, une lettre dont voici un passage: « Vous dites que vous nous faites votre dernier adieu; « pourtant nous sommes tous vos amis; nous ne vous « oublierons jamais; vous avez fait pour la Société ce « que jamais personne n'eût pu faire. Votre nom ne s'ef- « facera point de notre mémoire.

« Quoique les Compagnons de Lyon ne vous aient, « autant dire, point fait compliment sur votre ouvrage; « quoiqu'ils aient manqué à leur devoir, et moi aussi, « nous sommes tous vos amis, parce que nous savons « que nous possédons en vous l'ami le plus sincère et le « plus fidèle des hommes de notre rang.

« Eh! vous nous faites votre dernier adieu! Je vous « prie de nous écrire, nous recevrons vos lettres avec « plaisir; nous voudrions pouvoir vous posséder dans « notre cité pour vous mettre à l'abri des persécutions. « Je prie l'Éternel de vous donner assez de force pour « pouvoir supporter les persécutions des injustes et des « aveugles. Je vous remercie, au nom de la Société, de « votre ouvrage. Nous aurions dû vous en être recon- « naissants d'une autre manière que par des mauvais « traitements, etc., etc. »

J'eus dans Paris beaucoup de tracas, beaucoup d'agitations et de tourments; je me défendis le mieux que je

---

(1) J'ai dit dans la lettre précédente comment j'ai grugé les Compagnons.

pus : la paix s'ensuivit, tout fut tranquille. Je passerai bien des faits sous silence, afin de ne blesser personne, et de ne provoquer aucun mécontentement. Si, cependant, malgré mes soins à éviter toute personnalité, cette publication m'attirait de nouvelles attaques, je me défendrais à l'avenir comme je me suis défendu dans le passé.

Dans cet intervalle (en mai 1840), un Monsieur, que je ne connaissais point encore, vint me trouver et me dit : « Je viens de la part de madame *George Sand*; elle a lu votre *Livre du Compagnonnage*, et désire vous voir et vous connaître. Auriez-vous la complaisance de venir un jour chez elle? » Je répondis affirmativement. Il ajouta : « Nous vous attendons demain à dîner; venez, vous nous ferez plaisir. » Je promis d'y aller, et j'y fus. Madame Sand m'accueillit on ne peut mieux ; nous causâmes bien longtemps ensemble, puis je la quittai très satisfait de cette entrevue.

Huit jours plus tard le même Monsieur revint me trouver, et me remit, de la part de celle qui avait déjà pensé à moi, quatre jolis volumes et une lettre des plus flatteuses et des plus nobles, dont je transcrirai deux fragments.

Paris, ce 29 mai 1840.

« J'ai lu avec un bien vif intérêt, monsieur, les notes
« que vous m'avez communiquées (1), et je suis tout à
« fait persuadée que le bon droit et la vérité sont de
« votre côté. Persévérez dans la voie vraiment grande et
« généreuse que vous avez embrassée, et soyez sûr que
« votre vertueuse entreprise portera ses fruits. Vous
« triompherez des préjugés et des passions, non pas en-
« tièrement sans doute, car le mal est grand, notre vie
« est courte, et nul de nous ne peut réaliser qu'une très
« faible partie du bien qu'il a conçu. Mais vous aurez ou-
« vert la tranchée ; d'autres champions de cette cause de
« fraternité viendront seconder vos efforts, et vous lais-
« serez un beau nom parmi vos frères. J'ai été vivement
« touchée de la lecture de vos écrits, et votre conversa-

(1) Ces notes étaient les copies des deux dernières lettres que j'avais adressées à mes confrères du tour de France. Une seule de ces lettres est reproduite dans ce volume (Voyez page 55.)

« tion m'a confirmée dans la haute estime que j'avais de
« vous. Cependant, à la joie que j'ai eue de vous enten-
« dre parler si bien des choses que vous sentez, s'est
« jointe une profonde tristesse à cause des épreuves que
« vous avez souffertes et de celles que vous souffrirez
« encore. Tout homme qui se dévoue au culte de la jus-
« tice doit être persécuté, et sa vie est une lutte, une
« angoisse, un péril sans autre terme que la mort. Pui-
« sez donc votre force dans l'idée même de cette souf-
« france à laquelle votre vertu vous a dévoué. . . . . .
. . . .
« Pardonnez-moi ces réflexions que m'inspirent la
« sympathie la plus vive et l'intérêt le plus fraternel. Je
« charge la personne qui vous remettra ma lettre de vous
« dire encore plusieurs choses dictées par les mêmes sen-
« timents.
  « Tout à vous. « GEORGE SAND. »

En effet, cette personne me dit que madame George Sand comprenait mon dévoûment et l'importance de ma mission, et des offres me furent faites en son nom. J'y fus sensible; cependant je me bornai à un remercîment.

Mais peu après mes idées revinrent là-dessus, et je me dis : Tu es pauvre; malgré cela, tu as dépensé au service d'une juste cause ta tranquillité, ton temps, tout l'argent que tes bras t'ont produit, tout celui que ton père t'a donné, et tu es contrarié, et tu souffres de ne pouvoir faire davantage. Dans ce moment une occasion favorable se présente, une femme célèbre par son génie te tend la main ; ne sois pas d'une fierté ridicule, accepte l'offre qu'elle te fait : le bien tombé sur toi se répandra tout aussitôt sur d'autres. Tu iras refaire ton Tour de France, propager tes idées de fraternité, et nouer des relations amicales avec les Compagnons les plus éclairés des Sociétés encore ennemies. Eh! sais-tu que cela peut porter bien loin! Oui. — Et je me rendis à ces raisons ; j'écrivis à madame George Sand une assez longue lettre, par laquelle j'acceptais son offre et lui faisais part de mes projets. Le lendemain je reçus cette réponse :

« Vos projets sont trop nobles pour que je ne fasse
« pas tout ce qui dépendra de moi pour les seconder;

« comptez donc sur moi et sur mes amis. Je n'ai pas le
« temps de vous écrire aujourd'hui, mais venez me voir
« vendredi prochain dans la soirée ou dîner avec nous
« si vous pouvez. Nous causerons de vos projets, vous
« me direz quelle est la somme qui vous est nécessaire
« et nous la trouverons bien.

« Je vous remercie d'avoir accepté mon offre et d'a-
« voir compté sur mon dévoûment à votre cause, sur
« ma haute estime pour votre personne.

« Tout à vous, « GEORGE SAND. »

Moi, qui n'avais jamais rencontré dans la vie qu'injustice ou indifférence, je fus heureux de tels procédés! Cette bonté, cette noblesse m'enchantèrent, me ravirent! Oui, pour sortir d'un monde trop matériel, je lisais quelquefois dans les romans, pour voir au moins en esprit des actions généreuses et grandes; et voilà pourtant que je trouve, dans ce monde si froid, ce que je pensais ne plus y trouver! Au jour indiqué, je me rendis chez l'illustre dame; elle me demanda quelle somme m'était nécessaire, je le lui dis, et huit jours après cette somme me fut apportée à mon domicile par madame George Sand elle-même. Deux personnes dévouées de cœur, madame Marliani, épouse du consul d'Espagne à Paris, et une autre personne d'un grand mérite, participèrent à cette œuvre tout en faveur de la cause du progrès, du progrès lent, si l'on veut, mais réel, mais sûr.

Le 16 juillet, après m'être suffisamment préparé, je me mis en route. Quel bonheur, quand on est resté si longtemps renfermé dans les murs d'une grande ville, de se trouver tout à coup transporté au sein des vastes campagnes, et de voir les coteaux et les vallées, les châteaux et les cabanes, les endroits populeux et les solitudes, les eaux fraîches et limpides, les cieux si brillants et la terre chargée de feuillages, de fleurs et de fruits! Qu'on est heureux de respirer ainsi! comme le cœur se dilate! comme nous sentons alors les joies de l'existence!... Mais il ne s'agit pas ici de décrire des lieux et de dire ses impressions. Il s'agit d'autres choses, et il faut être bref.

Le 17 juillet j'arrivai à Auxerre; je reçus de ma Société un accueil fraternel; j'eus occasion de voir là le serrurier Moreau, auteur de la lettre qu'on a pu lire dans ce volume. Notre entretien fut tout pacifique; je lui conseillai beaucoup de ne pas froisser les Compagnons par ses écrits, s'il voulait leur inspirer de beaux sentiments. Mais M. Moreau, garçon très honnête du reste, ne connaît que sa Société; il est homme de parti, et, malheureusement, ne devait point tenir compte de mes paroles. Je fus à trois lieues de cette ville, à Escamp, voir Bourguignon-La-Fidélité. Il me remit une chanson nouvelle et progressive de sa composition, en promettant d'en produire d'autres. — Le 20 j'arrivai à Dijon, — le 21 à Châlons, — le 23 à Lyon; j'y restai sept jours, et quittai peu mon ami Sauvageon, et d'autres amis bons comme lui. Je fus mis en rapport avec beaucoup de Compagnons des Sociétés les plus opposées de formes et de principes; je passai une longue soirée dans une réunion de tanneurs de maître Jacques, et vraiment ils firent preuve d'un grand sens. — Le 30, en descendant sur le Rhône, je me trouvai assis, sur le bateau, près d'un homme qu'à son accent je reconnus pour un de mes compatriotes. Nous causâmes ensemble; je lui prêtai ensuite, dans l'intention de le distraire un moment, le *Livre du Compagnonnage*, dont je m'avouai l'auteur. Il se retira dans un coin du bateau, où il resta longtemps à lire; il vint enfin à moi en me présentant le livre et en me disant : Voulez-vous me le vendre? — Je vous le donne. — Non, dit-il, je veux vous le payer : ce n'est qu'à cette condition que je le garderai. J'eus beau me défendre de toucher à son argent, il fallut, bon gré mal gré, recevoir ses *vingt-cinq sous*. Alors il me dit : « Je suis Compagnon tourneur, et je vous félicite de votre travail ; vous vous placez à la hauteur du siècle, vous sapez les abus et les vieilleries, vous parlez de paix et d'union : tout cela est fort beau. Je suis établi à Nîmes, j'occupe beaucoup de Compagnons; ils verront votre ouvrage, et je suis bien persuadé qu'ils en seront contents. Quant à moi, je vous engage à persévérer dans votre pénible et noble entreprise. »

Douze heures après avoir quitté Lyon, j'étais dans Avignon, mon pays natal; je recueillis là un poème en beaux vers, intitulé *le Compagnonnage et l'Indépendance*, composé par un Compagnon cordonnier. Je restai plus longtemps dans la ville d'Avignon et dans Morières, bourg où j'ai ma famille et mes amis d'enfance, que dans tout autre pays. — J'arrivai à Marseille le 10 août, — à Toulon le 12; je fis la rencontre de M. Jaume, dit Provençal-la-Fleur-d'Amour, ancien Compagnon de ma Société, qui, indigné des abus et des guerres du Compagnonnage, aurait voulu, vers 1830, l'effacer du Tour de France et le remplacer par une association nouvelle. Il avait rédigé, à cet effet, un projet d'organisation qu'il remit à M. Charles Dupin, alors de passage à Toulon. Le géomètre député, fort du travail du menuisier, fit, dit-on, sur cette matière, un rapport très étendu devant l'assemblée des députés, rapport où le nom de M. Jaume ne trouva, je crois, point de place. Cependant M. Dupin n'oublia pas le Provençal; il lui fit cadeau d'un assortiment de pièces de géométrie, tant en modèles qu'en dessins, et on ne peut que l'en féliciter.

Je fis observer à mon confrère en Société qu'il ne fallait pas détruire le Compagnonnage, lequel pouvait rendre encore de grands services, mais le réformer, et surtout sans l'intervention des députés, car il faut craindre les lois que les riches font expressément pour les pauvres.

M. Jaume s'est toujours occupé de l'amélioration du sort des ouvriers; il sera dans l'avenir ce qu'il fut dans le passé, un homme dévoué. Il promit de me donner de ses nouvelles; il a tenu parole : j'ai reçu avec sa lettre une adresse très flatteuse, signée de trente-cinq ouvriers appartenant aux trois Sociétés, je veux dire à celle du Devoir de Liberté, à celle du Devoir et à celle de l'Union.

Combien de mes volumes j'avais semés jusque-là et combien je devais en semer encore! En toute j'en jetais par la portière de la voiture en traversant les villages; dans les villes où je séjournais je tâchais de les faire arriver chez les mères de Compagnons. Pour moi c'était là le bon grain, et je n'en étais point avare. Le Tour de France devait me coûter 500 volumes. Que ces volumes firent du bien! Dans les *Mémoires d'un ouvrier* je donnerai de plus amples détails.

Le 16 j'arrivai à Nîmes, et je vis avec plaisir beaucoup d'anciens camarades; — le 18 à Saint-Gilles, où je fis quelques remarques ; — le 24 à Montpellier ; je vis là Sommières-le-Dauphin, ancien ami de Nantais-Prêt-à-Bien-Faire, et un des hommes les plus utiles de ma Société ; — le 24 à Cette, où habite Languedoc-Sans-Peur, poëte de quelque mérite, que je vis un instant sans avoir l'avantage de pouvoir lui parler ; — le 25 à Béziers, où le progrès marche sagement ; — le 28 à Toulouse ; — le 31 à Bordeaux. Les Compagnons de Béziers m'avaient conseillé de sauter Toulouse et Bordeaux, parce que, disait-on, les Compagnons m'étaient là fort contraires. Il est vrai que les Compagnons de Toulouse avaient eu un moment la pensée de faire un auto-da-fé du *Livre du Compagnonnage*; mais ils étaient revenus à d'autres sentiments. Il est encore vrai que les Compagnons de Bordeaux m'avaient écrit des lettres peu flatteuses ; mais le temps avait marché, et ceux-ci, comme les autres, m'accueillirent en ami. Il y eut cependant à discuter là et ailleurs ; mais on n'est pas tout à fait sans prévoyance, quand on entreprend un tel voyage on sait déjà de quoi il s'agit. — Le 5 septembre j'étais placé dans un bateau dont les grandes roues nous poussaient rapidement sur la Gironde ; nous faisions route pour Royan. Je vis un Compagnon avec une gourde au côté gauche, suspendue à un cordon rouge qui lui passait sur l'épaule droite. Il avait aussi une grande et belle canne : je m'approche de lui, et lui demande s'il n'était pas exposé, quand il voyageait à pied, à être topé sur la route. Il me répondit qu'en allant de Toulouse à Bordeaux il l'avait été plusieurs fois. « Les premiers qui me topèrent, dit-il, furent raisonnables ; ils burent à ma gourde, et je bus à la leur. Mais trois charpentiers vinrent ensuite : quand ils eurent appris que j'étais boulanger, ils me dirent : Passe au large. Je répondis qu'il fallait bien céder, puisque j'étais seul et qu'ils étaient trois. Alors un des charpentiers se posa devant moi en agitant sa canne, et me dit : En garde. Nous commençâmes à nous battre ; j'avais le dessus ; les deux autres s'empressèrent de se mettre de la partie ; je fus vaincu et meurtri. — Les charpentiers sont vos ennemis, je le sais ; mais ne pourriez-vous en aucune manière vous réconcilier ? — Ce serait facile si nous voulions subir les conditions qu'ils veulent nous imposer. — Quelles sont ces conditions ? — Il faudrait leur payer d'abord un tribut, et puis nous abstenir de porter la canne pendant sept ans. — Et vous refusez? — Nous aimerions mieux nous battre jusqu'à la mort que d'obtenir la paix au prix de telles lâchetés : une paix achetée ne valut jamais rien. — N'est-ce pas pénible d'être forcé de se battre contre des jeunes gens qu'on n'a jamais vus? ne déplorez-vous pas ces fatales luttes? — Je les déplore assurément, et je vous avouerai que nous avons eu à Lyon, il n'y a pas encore bien longtemps, une nombreuse assemblée au sujet du *Livre du Compagnonnage*, qu'un de nos frères venait de recevoir de Paris. Ce livre fut lu devant tous nos Compagnons, et approuvé sans réserve; nous partageons les doctrines d'Avignonnais-la-Vertu ; comme lui nous voulons la paix. — Eh ! le connaissez-vous, cet Avignonnais? — Non. — C'est celui à qui vous parlez en ce moment. » Le boulanger fut surpris, et si son visage se colora, ce ne fut pas d'une basse honte.

J'ai eu dans mon voyage, soit dans les villes, soit sur les routes, beaucoup d'entretiens intéressants avec des Compagnons de toutes les Sociétés, entretiens que je suis forcé de taire par discrétion, ou pour ne pas être trop long dans ce récit. Le 5, au soir, je suis arrivé à Rochefort; — le 6 à La Rochelle; — le 9 à Nantes. Je trouvai là plusieurs Compagnons qui avaient défendu mes principes avec chaleur, entre autres Albigeois-l'Estime-des-Vertus. J'y trouvai aussi Parisien-l'Ami-des-Arts, qui les avait combattus. Je ne vis point en lui, comme je l'avais craint, un ennemi, mais un ami dévoué. Parisien veut la paix dans le Compagnonnage et le progrès partout; et, il faut le dire, son intelligence, son activité, sa parole facile, son dévoûment à ses frères, dont il vient de donner des preuves dans les débats du tarif entre les Compagnons et les maîtres, lui ont mérité l'estime de tous, je veux dire, des Gavots, des Dévorants et des maîtres ; ses qualités lui ont acquis une juste influence dont il use en faveur de la bonne cause. Je partis de Nantes bien malade, j'arrivai à Tours le 13; je ne vis point Bénardeau, duquel on lira plus loin une lettre et des chansons. Je devais de là aller à Beaugency, puis à Avaray, faire visite à Percheron-le-Chapiteau et à Nantais-Prêt-à Bien-Faire. Mais je ne le pus pas ; ma santé étant dérangée, il fallait suivre la route la plus directe. J'arrivai le 17 à Chartres, ville où j'ai composé ma première chanson, et rentrai dans Paris le 20, deux mois quatre jours après l'avoir quitté.

Je me plais à le répéter, mes frères m'ont fait, dans tout le cours de mon voyage, l'accueil le plus cordial. Je n'en conclus cependant pas que mon œuvre soit achevée ; je sais qu'elle est jugée diversement et qu'il me reste beaucoup à faire. Des Compagnons pensent que le Compagnonnage ne peut se modifier en aucune manière, qu'on s'est toujours battu et qu'on se battra toujours ; d'autres pensent tout différemment, et ne se gênent plus pour le dire.

Dans le commencement de 1840, des Compagnons ont opiné pour que mon livre fût brûlé ; d'autres lui ont arraché des pages ou collé du papier blanc sur des lignes qui leur soulevaient le cœur ; d'autres l'ont caché soigneusement ; d'autres l'ont accueilli avec bonté, et ajoutons que tous répètent aujourd'hui qu'il n'est pas si dangereux qu'on l'avait cru d'abord ; qu'en le lisant plusieurs fois on finit par s'y habituer et le trouver bien.

Voilà déjà un changement dans l'esprit compagnonnal. Mais ce changement ne se fera ainsi que je le désire qu'avec le temps.

Je rappellerai que lorsqu'en 1826 je composai ma première chanson, je n'avais jamais entendu un Compagnon prononcer les mots de tolérance et de paix. Je rompais brusquement avec le passé, et marchais seul vers l'avenir. Les chansonniers mes prédécesseurs avaient chanté les combats et la haine ; ils avaient aigri les esprits et endurci les cœurs. Et je venais, tout jeune, sans aucun appui, entreprendre une tâche radicalement opposée à la leur. Il ne faut donc pas être surpris des obstacles que j'ai pu rencontrer. Dans toute autre Société que dans celle du Devoir de Liberté, ces obstacles eussent été encore plus grands. Les Compagnons du Devoir eux-mêmes pourront convenir de ce que j'avance : aussi je ne veux aucun mal à ceux qui m'ont d'abord opposé des entraves, et je sais un gré infini à ceux qui reviennent aux idées de justice qui doivent un jour rendre le peuple plus grand et plus heureux.

Oui, que le *Livre du Compagnonnage* se répande de plus en plus ; qu'il pénètre dans toutes les villes et dans les campagnes les plus obscures ; que ceux qui, après avoir voyagé, se retirent dans leurs foyers et s'établissent, le fassent lire à leurs ouvriers, à leurs apprentis, à leurs enfants ; et les jeunes gens actuellement sur le Tour de France seront remplacés par des jeunes hommes mieux disposés à s'éclairer. Ceux-ci seront remplacés à leur tour par une jeunesse encore plus avancée du côté du progrès, et insensiblement les préjugés disparaîtront, et les grandes réformes auront lieu sur le Tour de France.

J'avais achevé depuis quelques mois ce second Tour de France ; ma santé s'était un peu améliorée ; je me consolais de mes peines au souvenir de mon action, quand des journaux, je ne sais dans quel intérêt, n'ont pas craint de venir troubler mon repos. Ils ont mis mes parents en cause d'une manière très scandaleuse ; ils ont fait de moi une sorte d'instrument, ils m'ont fait jouer, et cela peut-être avec le seul désir de produire un feuilleton à effet, un rôle passif et des plus ridicules.

Ah ! Messieurs des journaux, puissiez-vous ne plus accueillir à la légère des fables qui froissent le cœur d'un homme, et peuvent nuire à une cause que tous les gens de bien désirent voir triompher ! Laissez à chacun ses œuvres !

Pendant que j'étais en course, plusieurs lettres arrivèrent à mon adresse ; guère après mon retour à Paris j'en reçus plusieurs autres. Je vais en reproduire quelques-unes seulement.

Lettre de Beau-Désir-le-Gascon à l'Auteur.

Paris, le 11 octobre 1840.

Monsieur,

J'ai lu avec intérêt votre livre du Compagnonnage ; il y a cependant des passages peu flatteurs pour les Compagnons du Devoir. A la page 138, dans des réflexions que vous faites à propos d'un couplet de l'une de vos chansons, je trouve ceci : « Je crois pouvoir me dispenser de nommer les Sociétés où sont cumulés l'ignorance, les abus, les absurdités, je veux même ne point parler de leur fanatisme, etc. » Mais vous parlez de leur despotisme, vous signalez des Aspirants qui se sont séparés d'avec leurs Compagnons ; certes, ces séparations peuvent arriver au corps d'état le plus modéré, le plus juste, le plus sage. Des Aspirants qui s'oublient par leur conduite ou par leurs actions doivent être rappelés à l'ordre ; des Compagnons leur feront des remontrances dans leurs propres intérêts ; ils s'en trouvent blessés s'ils sont vicieux ; et s'ils sont malhabiles, s'ils désespèrent de pouvoir être un jour Compagnons, ils en ressentent aussi du mécontentement et de la jalousie. Ils s'excitent alors les uns les autres et se séparent des Compagnons sans que pour cela les Compagnons aient provoqué la séparation. Pour les abus, l'ignorance, etc., je pense qu'il y a des hommes justes et des hommes éclairés dans toutes les Sociétés, et je crois que vous le pensez également.

Dans la notice sur le Compagnonnage, page 30, on prendrait facilement pour une satire la citation que vous faites des corps d'états. Je suis loin de douter de votre franchise et de vos bonnes intentions ; mais vous avez omis des corps d'états qui auraient dû y trouver place, et mentionné d'autres corps que vous auriez dû en écarter dans l'intérêt même de la cause que vous défendez.

J'espère que vous voudrez bien m'excuser de la liberté que je prends de vous écrire ; mais ayant vu une erreur dans votre ouvrage concernant la Société à laquelle j'ai l'honneur d'appartenir, j'ai cru de mon devoir de vous la signaler : page 50, en parlant des cloutiers, vous dites que nous commandons nos assemblées en culotte courte et chapeau monté, vous avez été mal informé : il y a plus de trente ans que nous ne commandons plus nos assemblées en culotte courte et chapeau monté. Nos cheveux, nous les avons conservés pour des raisons personnelles et par respect pour nos ancêtres ; mais nous avons compris qu'il y avait des choses qui devenaient ridicules et qu'il fallait marcher avec le temps. Nous avons compris le progrès comme tous les Compagnons l'ont compris. Le mal est que chaque corps d'état marche individuellement, tandis que nous devrions marcher collectivement. Cependant j'ai la conviction que les Compagnons du Devoir s'uniront, et que cette antipathie qui existe entre quelques corps d'états disparaîtra devant la raison des hommes sages et éclairés.

Je ne puis qu'admirer vos nobles sentiments et vous remercier au nom de l'humanité de votre travail ; mais il y a beaucoup de notices qui n'apprennent rien à personne de bien important : vous auriez, ce me semble, dû les taire ; elles ne peuvent être que nuisibles.

Vous attaquez le topage, les hurlements. Dans son origine, le topage était tout fraternel. On n'élevait pas la voix pour toper, on ne se mettait point en garde devant un adversaire pour le braver ; aujourd'hui c'est déplorable, car il est souvent le prélude d'un combat.

L'origine du nom de Chiens que vous donnez aux Compagnons du Devoir, est une erreur ou une satire ; mais en considérant votre position, l'on peut vous trouver moins partial ; vous écrivez en face de votre Société, à laquelle vous devez sans doute quelque sacrifice.

Je dois rendre justice au talent que vous déployez dans la rencontre des deux frères : ce morceau est fait avec autant de savoir que de bon goût. Il est vraiment moral, exemplaire, sublime, selon moi, et je vous en félicite.

Vendôme-la-Clef-des-Cœurs, Compagnon blancher-chamoiseur, m'a procuré votre ouvrage, et je lui en sais bon gré ; je le ferai voir à mes amis.

Je n'ai plus rien à vous marquer qui puisse vous intéresser.

Daignez recevoir mes respects.

VARNIER, *dit* Beau-Désir-le-Gascon, Compagnon cloutier du Devoir.

Réponse de l'Auteur à Beau-Désir-le-Gascon.

Paris, 14 octobre 1846.

J'ai reçu, monsieur, la lettre que vous m'avez fait l'honneur de m'écrire, et j'ai peu à réfuter ; cependant nous différons sur quelques points. Vous jetez un blâme formel sur tous les révoltés sans exception. Voici mon opinion à ce sujet :

Les Compagnons qui gouvernent une Société sont quelquefois bien jeunes et un peu trop fiers. Ils peuvent avoir un tort, commettre une faute envers les Aspirants. Il peut se trouver parmi ces derniers des hommes instruits, sensibles et souffrant de leur dignité avilie. Ils portent une réclamation aux Compagnons qui, cela s'est vu plus d'une fois, au lieu de les écouter avec bonté, les repoussent impérieusement : les Aspirants s'excitent alors les uns les autres et la révolte se fait. Il y a toujours parmi les chefs des révoltés des Aspirants qui auraient pu faire de bons Compagnons. Je sais qu'il y en a aussi de peu délicats, qui profitent d'un désordre pour esquiver leurs dettes ou pour se venger des justes réprimandes qu'on leur a souvent faites. Mais si les révoltes sont fréquentes, si les révoltés établissent des associations basées sur de justes lois, il faut supposer alors que tous les révoltés n'étaient pas mus par de mauvais sentiments, qu'il y en avait même parmi eux de fort respectables ; car il n'appartient qu'aux hommes sages et bien intentionnés de fonder des associations régulières et durables. Il faut donc étudier avec soin, il faut rechercher les causes de désordre et d'affaiblissement, il faut examiner s'il n'y a rien dans nos Sociétés particulières qui se trouve en désaccord avec l'esprit et les mœurs de la Société générale, il faut faire un retour sur nous-mêmes ; nous pouvons avoir raison, nous pouvons aussi avoir quelques torts. — Lorsque dans un empire le peuple se soulève et crie contre ses chefs, demandez à ceux-ci quels sont les griefs du peuple ; ils répondront qu'il n'en a pas, que le peuple se plaît dans la sédition et dans le tumulte ; les gouvernants ont toujours raison, les gouvernés ont toujours tort. Arrive ensuite une catastrophe, un bouleversement, et tout le contraire est prouvé, les plaintes du peuple étaient fondées et légitimes. — Ainsi étudions attentivement les causes de révoltes et faisons en sorte que les révoltes ne se renouvellent plus.

Ce n'est cependant pas que je conseille aux Compagnons la mollesse et la lâcheté ; mais pour être respectés il faut être respectables. Presque toutes les révoltes, je ne crains pas de le dire, sont provoquées par leur orgueil ou leur imprévoyance. Compagnons, soyez sévères, justes et bons ; soutenez, encouragez le jeune homme laborieux et bien intentionné, détournez du mal celui qui, par faiblesse, pourrait quelquefois s'y livrer ; mais si parmi les Affiliés, si parmi les Aspirants il s'en trouve quelques-uns qui n'aient ni cœur ni âme, et fuient le travail et l'honneur ; s'ils sont sous l'empire du plus vil égoïsme et n'ont de plaisir que dans de sales orgies ; s'ils refusent obstinément de prêter l'oreille aux conseils de la raison et de l'amitié, chassez-les promptement de votre sein ; n'attendez pas que le vice ait exercé son influence mauvaise sur les jeunes gens les plus purs, mais faibles encore, le mal est contagieux. Soyez justes, soyez clairvoyants, et les choses dont vous vous plaignez sans cesse n'arriveront plus, car elles arrivent presque toujours par votre manque de sagesse.

Pour les abus, l'ignorance, etc., vous en conviendrez, beaucoup de Sociétés en ont un fonds considérable, et c'est précisément ce qui déverse un certain mépris sur le Compagnonnage. De mon côté je reconnais comme vous qu'il y a dans chaque état des hommes d'intelligence et de cœur, qui, je crois, feront tout ce qui dépendra d'eux pour jeter un esprit nouveau et des mœurs nouvelles au sein de nos vieilles Sociétés ; de ces Sociétés qui ont traversé tant de siècles en donnant toujours la force, la puissance aux ouvriers, et protégeant ainsi leur présent et leur avenir.

Si j'ai omis, à la page 30, quelques corps d'états, vous n'aurez qu'à me les signaler, et nous réparerons facilement cette omission.

Vous me dites que les Compagnons cloutiers portent encore de longs cheveux par respect pour leurs ancêtres, mais qu'ils ne portent plus de culotte courte, etc.; à cela je peux répondre que j'ai vu moi-même, à Nantes, en 1826, des cloutiers faire une cérémonie funèbre en culotte courte; des Compagnons récemment arrivés de Bordeaux et de Nantes m'assurent avoir vu les cloutiers dans leur antique tenue. Nous prendrons d'autres informations, et s'il en est autrement, nous le dirons sans détours.

Vous dites qu'autrefois le topage était tout fraternel ; je le crois, car les fondateurs du Compagnonnage étaient les amis des ouvriers, et ils se seraient bien gardés de leur dire : Battez-vous, repoussez-vous les uns les autres. Vous reconnaissez, monsieur, que le topage a dégénéré, qu'il n'est plus aujourd'hui une chose fraternelle, mais une chose déplorable et le prélude de beaucoup de combats. S'il en est ainsi, si d'un bien il s'est transformé en un mal, il faut le supprimer tout à fait et le remplacer par quelque chose de meilleur et de plus en harmonie avec les mœurs présentes.

En parlant du nom de Chien attribué aux Compagnons du Devoir, je n'ai ni commis une erreur ni prétendu faire une satire : j'ai tout bonnement suivi la tradition telle qu'elle est admise par les menuisiers du Devoir. Quant à cette histoire d'Hiram, je ne la regarde que comme une fable assez ingénieuse, mais dont les conséquences sont horribles, car elle tend à diviser ceux qui la prennent au sérieux. La Bible, seul livre d'une autorité réelle sur les constructeurs du temple de Salomon, ne dit rien du meurtre d'Hiram, et pour ma part je n'y crois pas. Les Compagnons étrangers et ceux de la Liberté n'ont aucun détail authentique sur cette fable toute nouvelle pour eux, et je pense que les Compagnons des autres Sociétés ne sont guère plus avancés ; je la regarde donc comme une invention toute maçonnique et introduite dans le Compagnonnage par des hommes initiés aux deux Sociétés secrètes (1).

Je suis au reste très content de voir que mes idées de paix et de conciliation vous sourient; je vous remercie de vos bons sentiments pour moi, et je suis bien persuadé que l'ami de Vendôme-la-Clef-des Cœurs, de ce Compagnon poète d'un si grand mérite, usera de

(1) La franc-maçonnerie, d'après les historiens les plus zélés pour elle, et M. Bazot est de ce nombre, ne fut introduite en France qu'en 1715. Le Compagnonnage l'a incontestablement de beaucoup devancée ; néanmoins, dès qu'elle fut établie dans ce pays, des Compagnons la fréquentèrent et puisèrent dans son sein, avec des vérités utiles, de nombreuses erreurs. Presque tous les francs-maçons des ordres inférieurs prennent au grand sérieux le meurtre d'Hiram, puis ils se livrent à des arguties, à des disputes sans fin. Cette fable, très inoffensive dans la Maçonnerie, pourrait avoir dans le Compagnonnage des résultats funestes. Il serait à souhaiter que les chefs des sociétés maçonniques voulussent bien prendre la peine d'ouvrir à ce sujet les yeux de leurs frères des grades inférieurs, ils feraient un grand bien.

toute son influence pour faire le bien, en faisant comprendre aux jeunes gens combien nous nous nuisons, combien nous nous attirons de mépris en nous battant, en nous déchirant les uns les autres sans pitié et sans miséricorde; car le monde a les yeux sur nous.

En attendant, monsieur, que j'aie le plaisir de vous voir, recevez, etc.

PERDIGUIER (Avignonnais-la-Vertu).

Lettre de Bien-Décidé-le-Briard à l'Auteur.

Paris, le 28 octobre 1840.

Monsieur,

J'ai sous les yeux votre ouvrage intitulé *le Livre du Compagnonnage* : partisan zélé de la destruction des préjugés, je m'associe de tous mes vœux à votre tâche ; si comme vous je savais m'exprimer, je vous servirais de levier pour l'accomplissement de cette belle œuvre. Cette idée avait déjà germé dans bien des cœurs, mais il fallait le talent et du courage pour oser l'entreprendre ; vous, vous avez réuni ces deux qualités, vous y joindrez, je l'espère, la persévérance. C'est au foyer du fanatisme que se trempent ordinairement des âmes si fortes, et pourtant vous en êtes l'adversaire le plus redoutable. Compatriote de Raspail, vous êtes digne de la noble mission que vous vous êtes imposée. En faisant triompher une si sainte cause, vous aurez bien mérité du Compagnonnage et de la patrie.

Il y a quelques erreurs dans votre livre, permettez-moi de les rectifier :

Au cinquième paragraphe des adjonctions, page 50, vous dites : « Les Compagnons tisserands sont peu anciens, un menuisier, traître à sa Société, leur vendit le Devoir. » Le fait est tout à fait controuvé ; voici une petite historiette que je vous donne comme certaine :

En 1775, il se trouvait à Narbonne, en Languedoc, deux corps d'une union parfaite ; le premier, menuisier, jouissant du titre de Compagnon ; le second, tisserand, n'ayant pas le même avantage, quoique partageant souvent les mêmes dangers. Une occasion fortuite se présenta, elle fut saisie avec avidité par les derniers. Dans une rixe, les Compagnons furent appréhendés au corps par le guet, il s'ensuivit procédure et amende : les mêmes Compagnons vinrent encore réclamer de leurs acolytes des secours, mais cette fois ils étaient pécuniaires. Après avoir vingt fois versé leur sang pour une cause dont ils ne jouissaient que d'illusion, cela demandait réflexion ; cependant la réponse ne se fit pas longtemps attendre, l'occasion était belle, ils voulurent en profiter. L'un des tisserands leur dit ces paroles pleines de convenance et de justice : « Les pays, si nous partageons vos malheurs, il est juste que nous prenions part à vos félicités. » On ne put combattre de pareilles raisons. Il fut donc arrêté en chambre que les tisserands feraient partie de la grande famille, et il leur fut délivré un brevet, sous le titre de Compagnons toiliers.

Au huitième paragraphe des adjonctions, page 53, je vois les vanniers, les sabotiers, les cordiers vivant dans l'isolement le plus complet ; je vous ferai observer que les sabotiers doivent figurer dans le paragraphe suivant, en remplacement des tisserands que je nommerai dorénavant toiliers, car ils furent reconnus Compagnons sous ce nom. Mais je continue leur historique :

Les toiliers firent mère avec les menuisiers pendant plusieurs années, et ils n'avaient point d'adversaires. Ils rompirent avec eux et pour cause, et passèrent en tutelle chez les Compagnons Passants tailleurs de pierre, qui achevèrent leur instruction ; ils poussèrent la chose jusqu'à vouloir qu'une partie de leurs élèves portât les noms comme eux. Ce n'est que lorsque les toiliers voulurent reconnaître les Compagnons maréchaux que les forgerons les abandonnèrent, se joignirent aux menuisiers et furent de ce moment les uns et les autres leurs ennemis ; il est encore vrai que, depuis, les chapeliers leur ont créé beaucoup d'embarras pour n'avoir pas voulu cesser de porter le surnom comme eux, car les Compagnons toiliers le font passer devant le nom de pays, et ne hurlent pas (comme vous appelez cela) ; le mot *vous* est usité chez eux.

J'aurais passé sous silence un fait sur le topage, consigné dans la rencontre de deux frères, si cela n'eût pas fait dire que vos personnages sont des personnages de paille, ou, pour mieux dire, supposés. Pour moi, je trouve que tous les moyens sont bons, pourvu qu'on arrive au but. Du reste, comme les Compagnons de Liberté ne topent pas, vous pouviez ignorer comment on tope. Mais vous dites être à peu de distance de la route à vous reposer, et avoir entendu dire tope pays, quelle vocation ; cela n'est pas possible, voici comment ils ont dû s'exprimer :

Le premier : tope ? — Le second : tope.

Le premier : quelle vocation ? — Le second : maréchal-ferrant.

Le premier : Compagnon ? — Le second : dans l'âme et dans les bras, etc. Et vous le pays ? — Le premier : cordonnier-bottier. — Le second : ça te servira ; ou passe au large, etc. Notez que c'est toujours pour ne pas demander si l'on est Compagnon que l'affaire s'engage, et la canne est le trophée du vainqueur.

Recevez mes salutations, etc.

BRAULT (dit Bien-Décidé-le-Briard.)

Comme la lettre que l'on vient de voir était suivie d'une chanson sur le tissage du même auteur, je vais en reproduire deux couplets :

    Si l'on a pu marcher sur l'onde,
    Vers tant de pays inconnus,
    Christophe alla au Nouveau-Monde
    Par des moyens fort ingénus.
    Vous auriez vu ce beau courage
    Succomber dans les vastes mers,
    Mais le secours de notre ouvrage
    Lui fit parcourir l'univers.

    La colonne est faite à la gloire
    De nos soldats victorieux :
    A qui doivent-ils la victoire
    Dans des moments si périlleux ?
    Au drapeau, le noble tissage
    Qui sut toujours les réunir.
    Vous comprenez qu'à notre ouvrage
    S'attachent de beaux souvenirs.

Réponse de l'Auteur à Bien-Décidé-le-Briard.

Paris, 29 octobre 1840.

Monsieur,

J'ai reçu avant-hier au soir votre lettre et je suis très content de l'approbation que vous me donnez; il faut, dans un temps comme celui où nous sommes, temps de corruption, d'égoïsme et de misère, que les hommes généreux se dévouent : combattons le mal sans relâche, et répandons de toutes parts des germes de morale, de paix et d'union. Voyageurs d'un jour sur la terre, ne nous attachons pas à des choses frivoles, soyons les champions de la justice et de la fraternité, et, quels que soient les résultats que nous obtenons, ne désespérons jamais de l'avenir : vous êtes homme, je compte sur vous.

Avant même que vous m'en eussiez parlé, je savais que mon livre renfermait quelques erreurs. Celui qui, le premier, osait entreprendre une œuvre aussi périlleuse, ne pouvait échapper à toutes sortes d'inconvénients. Il y a cependant des choses qui paraissent des vérités aux uns, des erreurs aux autres; elles sont donc contestables, car chaque Société les donne et les explique à sa manière.

Il est difficile, à travers tant de dires contradictoires, de bien reconnaître la vérité et d'arrêter sa pensée d'une manière invariable; nous tâcherons pourtant de le faire.

Je ne puis que vous remercier de l'historique que vous me donnez sur votre Société; ces détails m'ont vivement intéressé. J'y vois que les Compagnons Passants tailleurs de pierre ont achevé votre éducation compagnonnale et exigé que vous portassiez les surnoms comme eux. Je sais cependant que si vous les avez portés autrefois, vous ne les portez plus aujourd'hui exactement pareils : un tailleur de pierre né à Lyon s'appellerait, je suppose, la Rose de Lyon; un toilier né dans la même ville devrait s'appeler la Rose le Lyonnais. Il y a donc là une différence : est-ce vous qui avez modifié l'arrangement de vos noms, ou sont-ce les tailleurs de pierre ? Je pense que ce sont ces derniers, et voici sur quoi mon jugement se fonde : j'ai passé, cette année, dans le courant du mois d'août, par la petite ville de Saint-Gilles, en Languedoc ; je suis entré dans sa vieille tour, j'ai monté, en tournant toujours sur ma gauche, l'escalier célèbre sous le nom de Vis-Saint-Gilles ; j'ai remarqué dans le haut de cet escalier, à ma droite, sur la paroi du mur en tour creuse, des marteaux-taillants, des compas, des équerres, des niveaux, des noms et des millésimes, dessinés et gravés profondément dans la pierre rongée par les ans. Voici quelques-uns de ces noms que j'ai recueillis : *Joli Cœur de Laudun*, 1640 ; *l'Invention de Nanci*, 1646 ; *l'Espérance le Bérichon*, 1655 ; *la Verdure le Picard*, 1656. Les noms que je viens de reproduire sont inscrits dans l'intérieur d'une tour depuis deux cents ans (1), et appartiennent probablement à des Compagnons qui l'auront réparée ou élevée de quelques pieds à ces époques éloignées de nous. Ce monument, commencé depuis six siècles, ne fut, je crois, jamais couvert ni garanti intérieurement des eaux du ciel. Les Etrangers et les Passants durent travailler là tour à tour ; les deux premiers noms que l'on a vus appartiennent à des Compagnons Etrangers, les deux derniers à des Compagnons Passants ; on peut donc voir que les Compagnons Passants tailleurs de pierre portaient autrefois les noms comme vous les portez aujourd'hui, et que du moment que votre amitié se refroidit, ils voulurent se distinguer. Ainsi, en s'éloignant de vous sous le rapport des noms, ils se rapprochèrent des Compagnons Etrangers. Les inscriptions de la tour de Saint-Gilles étaient pour moi un problème dont votre lettre me donne la solution. Vous dites donc une chose que je crois vraie en avançant que vous tenez vos noms des Compagnons Passants tailleurs de pierre.

Dans la rencontre de deux frères j'ai abrégé le topage volontairement, et afin que l'action marchât plus vite ; mais je crois l'avoir décrit à la page 62 tel qu'il se pratique ; si j'ai commis quelque erreur, je suis toujours

(1) On pourrait peut-être trouver dans les cathédrales de Paris, de Strasbourg, etc., d'autres inscriptions encore plus intéressantes sur les Compagnons : il faudrait avoir le loisir de faire de telles recherches.

prêt à la rectifier. Je tiens à conserver dans mon livre les paroles du topage telles qu'elles se prononcent depuis des siècles ; elles peignent des mœurs fort originales, auxquelles on donnera un jour quelque attention ; mais si je tiens à conserver des paroles, je tiens davantage à faire cesser toutes actions coupables : celle du topage est de ce nombre, et n'est ni de notre temps, ni de notre pays. Supposons qu'un voyageur arrivé récemment d'une longue course nous tient ce propos : « Dans l'un des pays lointains que j'ai parcourus, étant un jour dans un lieu presque désert, je vis tout à coup apparaître d'un côté une centaine de jeunes gens ; ils étaient parés de rubans, armés de grandes cannes ferrées, et l'écho répétait leurs chansons énergiques ; je vis venir aussitôt, d'un côté opposé, une autre troupe de même force ; les jeunes gens qui la composaient avaient aussi des rubans et des cannes, et chantaient avec la même énergie que les premiers. Quand les deux troupes furent en présence, elles échangèrent quelques paroles de convention, puis des paroles plus dures, et se précipitèrent enfin l'une sur l'autre ; il y eut une horrible mêlée, on entendit des cris affreux, on vit le sang couler abondamment, et des blessés et des morts roulèrent sur la poussière. Le carnage se serait prolongé encore longtemps, mais les soldats du pays arrivèrent à la hâte et y mirent un terme. J'appris ensuite que les combattants des deux partis n'étaient autres que des ouvriers honnêtes et laborieux qui n'appartenaient ni au même métier, ni à la même association industrielle ; qu'ils se détestaient à cause de cela, et se battaient chaque fois qu'ils pouvaient se rencontrer soit en troupe, soit différemment ; qu'ils se battaient ainsi depuis un temps immémorial, sans que ni les spectateurs, ni les combattants sussent vraiment pourquoi. » Que diriez-vous des ouvriers du pays lointain qui se comporteraient de la sorte ? qu'ils sont des sauvages, des barbares, etc., etc. Eh bien ! ce que les sauvages et les barbares ne font pas, nous, les enfants d'une nation qui répand des lumières sur toutes les nations, nous, les enfants de cette noble France, nous le faisons. Et des Compagnons, dans le but de justifier ce qui n'est pas justifiable, ont cru pouvoir comparer notre rivalité à celle qui existe entre les royalistes et les républicains :

4.

mauvaise comparaison! Si les royalistes s'emparent du pouvoir, ils organisent un gouvernement auquel les républicains doivent nécessairement se soumettre; si ces derniers l'emportent, ils imposent à leur tour la forme gouvernementale, la constitution et les lois qui leur conviennent : dans les deux cas, le parti vainqueur établit son gouvernement qui doit être aussi le gouvernement du parti vaincu. Mais quelle est notre prétention à nous, Compagnons? Est-ce que les charpentiers voudraient étendre leur empire sur les tanneurs, les forgerons sur les maréchaux, les Dévorants sur les Gavots, les Gavots sur les Dévorants? pouvons-nous faire quelque conquête, acquérir quelques droits les uns sur les autres? Non. Chacun sait que chaque corps de métier est indépendant et que rien ne peut changer cet état de choses; pourquoi nous battons-nous donc? pour quelle cause? dans quel but? personne ne peut me répondre; notre brutalité est donc une espèce de folie qui nous nuit à tous également. A-t-on jamais vu les royalistes et les républicains se toper sur la route, se demander leur opinion pour avoir ensuite le plaisir de se quereller et de se battre? Non; cela n'a lieu que chez nous; on se tope, et si le topé répond qu'il est cordonnier-bottier, on lui dira galamment : ça te servira, ou passe au large, etc., et le plus souvent la canne sera le trophée du vainqueur. Mais savez-vous que ceux qui agissent ainsi tiennent un peu du fameux don Quichotte de la Manche cherchant des aventures par toute l'Espagne; encore don Quichotte, lors même qu'il commettait les plus grosses sottises, se prétendait-il le redresseur des torts, ce qui ne le rendait que ridicule. Le Compagnon qui attaque le passant sur la route mérite d'être qualifié plus énergiquement.

Toutes les fautes des Compagnons sont retombées sur le Compagnonnage, qui renferme cependant de si belles choses; aussi, malgré les qualités qui l'ont fait vivre et passer à travers tant de décombres, n'est-il plus vénéré de nos jours comme il le fut jadis; les jeunes gens des grandes villes, ceux surtout qui ont reçu le plus d'instruction, le fuient avec quelque dédain; on a vu des corps d'états réunis en de fortes Sociétés qui se réduisent aujourd'hui à quelques membres qui marchent à leur ruine sans vouloir seulement en être avertis. Il est temps, cependant, d'ouvrir les yeux à la lumière, de prêter l'oreille à la raison. Cessons toutes nos batailles, n'ayons plus de haine les uns pour les autres; jetons de côté des usages surannés qui répugnent à la jeunesse et l'éloignent de nous. Soyons les amis de tous les travailleurs honnêtes; excitons les ouvriers, à quelque état qu'ils appartiennent, à se former en Société, et soit qu'ils se parent du nom de Compagnon ou de tout autre nom, qu'ils soient les bien-venus. Regagnons, avec le nombre, les sympathies et la puissance que nous avons perdues. Veuillez, et nous le pouvons.

Le présent peut inspirer quelque dégoût, mais, je le répète, ayons foi dans l'avenir; j'ai fait un appel aux sentiments généreux, et mille voix m'ont répondu; beaucoup de Compagnons comprennent que le titre d'homme est le plus grand de tous les titres, et agissent sagement. Qu'ils persévèrent, qu'ils répandent sans cesse la lumière et des paroles de paix, d'union et de fraternité; les plus aveugles verront, les plus sourds entendront, et un temps meilleur viendra.

Vous m'exhortez à la persévérance; oh! oui, je saurai persévérer; je comprends toute l'importance de la cause que j'ai embrassée, et je la servirai sans relâche; et vous, secondez-moi de toutes vos forces, soit par des chansons, soit par d'autres moyens, et faites en sorte que vos amis vous suivent de près.

J'espère avoir le plaisir de vous voir bientôt, etc.

PERDIGUIER (Avignonnais-la-Vertu).

Peu après avoir fait réponse au tisserand, je reçus la visite d'un jeune Bourguignon qui arrivait de Toulon; il me conta qu'il avait été topé près d'Avignon par quatre cordonniers: « Quand ils eurent appris, dit-il, que j'étais Affilié menuisier, ils me crièrent: Passe au large. Je répondis que la route était assez grande, et que nous pouvions tous passer sans nous déranger de notre ligne : ils persistèrent à vouloir me faire détourner, je m'obstinai à marcher droit devant moi; il fallut se battre. Comme un seul ne pouvait me résister, ils se mirent plusieurs de la partie. Je fus vaincu ; regardez ma joue, elle porte une cicatrice qui ne s'effacera jamais. » En effet, cette cicatrice était fort large. Le topage occasionne chaque jour des affaires semblables. Je sais que, dans son origine, il n'avait pas ce caractère agressif ; il a été pris dans un mauvais sens, et rien ne pourra jamais le rendre ce qu'il fut. C'est pour cela que je persiste à dire qu'il faut l'abolir complétement, car beaucoup de gens ne l'entendraient jamais que comme une insulte. Le topage a fait son temps ; il faut adopter des paroles qui soient fraternelles pour tout le monde.

Lettre de Tourangeau, Affilié menuisier, à l'Auteur.

Tours, 29 octobre 1840.

Accueillez, cher cosociétaire, les faibles vers où, rimailleur inhabile, je m'évertue à faire preuve sinon de talent, du moins de zèle à la cause dont vous vous êtes honorablement prononcé le champion.

Je réclame préalablement l'indulgence, car c'est au bruit strident des scies et des marteaux, pendant de rares moments de loisir, sans notions aucunes de versification, que, d'un crayon habile tout au plus à tracer quelques plans techniques, j'essaie quelquefois même l'alexandrin ; il se peut que, sans guide poétique, je me sois écarté grossièrement de la route difficile qu'on doit suivre, obligé que je suis, pour satisfaire à la fois à l'exigence de la mesure et à la difficulté de la rime, de chercher des rapports et des comparaisons dans quelques vers qui sont restés dans ma mémoire ; j'ai besoin, je le répète, de beaucoup d'indulgence.

J'ai l'honneur d'être, etc.

BÉNARDEAU, *dit* Tourangeau,
Affilié menuisier du Devoir de Liberté.

Hommage à toi que le ciel a fait naître
Dans l'humble caste à laquelle je tiens,
Fervent apôtre, en te faisant connaître
Ton auréole honore aussi les tiens.

Poursuis, ami, ta généreuse idée.
D'heureux succès naîtront avec le temps.
Vrai sectateur du sage de Judée,
Courage, instruis, moralise en chantant.

Tel qu'un rubis que la poudre recèle,
Cher Perdiguier, tu restais ignoré,
Lorsque la presse aux mille voix révèle
Parmi nous tous ton nom, frère adoré.
Aux saints devoirs, par tes leçons, Tyrtée,
Le cœur n'est plus incrédule, inconstant;
Vrai sectateur du sage de Judée,
Courage, instruis, moralise en chantant.

Aux doux accords de ton luth, ô poète,
Egaie encor l'âme du travailleur;
Lève la voix, enfant des cieux, prophète,
Dans l'avenir annonce un jour meilleur;
Prédis à tous... la réforme éludée
Viendra guérir le plébéien souffrant.
Vrai sectateur du sage de Judée,
Courage, instruis, moralise en chantant.

Fronde ce siècle exploité des perfides,
Où le travail incessant, triste sort!
Devient pour nous l'œuvre des Danaïdes (1);
Car qui n'a rien ne s'assied qu'à la mort.
De l'éternel ta juste cause aidée
Va triompher, éclore! ô frère, attends.
Vrai sectateur du sage de Judée,
Courage, instruis, moralise en chantant.

(1) J'ai besoin de dire, pour l'intelligence de beaucoup de mes lecteurs, que, d'après la Mythologie, les Danaïdes étaient cinquante sœurs qui épousèrent cinquante frères. Dans une seule nuit, quarante-neuf d'entre elles égorgèrent chacune son mari. En punition de ce crime, elles furent condamnées dans les enfers à remplir d'eau, avec des paniers d'osier, un tonneau percé. Un tel travail ne pouvait finir, et notre ami Tourangeau compare les ouvriers aux Danaïdes, par la raison que le travail des uns et des autres n'a point de fin.

Réponse de l'Auteur à Tourangeau.

Paris, 10 novembre 1840.

J'ai reçu, mon cher Tourangeau, votre lettre et votre chanson, où je trouve des pensées et des vers excellents, et des louanges à mon adresse un peu trop exagérées. Je ne suis ni un Tyrtée, ni un prophète, je ne suis qu'un simple Compagnon dévoué aux réformes utiles et au bien de tous. Cependant je vous remercie de votre travail et de vos bons sentiments pour moi; je vous prie de me les continuer. Il faudra pourtant à l'avenir vous occuper moins de l'homme, et plus de la cause. Chantez la paix, l'union, la fraternité, le rapprochement général et tous les nobles sentiments trop souvent méconnus.

Plusieurs Compagnons de notre Société, plusieurs Compagnons du Devoir, ont déjà composé, dans le sens de la réforme compagnonnale, des chansons fort jolies qu'ils m'ont adressées; je vous invite à concourir avec eux, à produire comme eux quelque chose de neuf et de bon, vous le pouvez, vous en avez le talent. Dans trois ou quatre mois, au plus, vos productions nouvelles et celles de vos concurrents, concurrents fort respectables, seront imprimées à côté les unes des autres.

Allons, bon courage, ami Tourangeau, et donnez-moi de vos nouvelles.

Tout à vous.

PERDIGUIER (Avignonnais-la-Vertu).

Lettre d'Antoine le Provençal à l'Auteur.

Barcelonnette, le 15 de février 1841.

Monsieur,

C'est dans les montagnes des Alpes que votre livre du Compagnonnage vient, par hasard, s'offrir à ma vue, et je vous assure que j'en ressens une joie bien vive; il est doux au cœur d'un vieux Compagnon, retiré depuis trente ans dans une solitude, d'être ainsi tout à coup mis en rapport avec le Tour de France, avec les Compagnons qu'on a tant aimés et qu'on aime encore malgré l'éloignement.

Vous le dirais-je? je fus autrefois un Compagnon turbulent, un ennemi ardent des Compagnons de Liberté, vos confrères; mais les années ont produit en moi un notable changement; oui, si dans le sens physique ma vue s'est affaiblie, elle a acquis dans le sens intellectuel et moral une portée qu'elle n'avait jamais eue; les préjugés, les erreurs ne la fascinent plus, et je suis devenu l'ami de toutes les Sociétés, de celles surtout qui admettent dans leur sein la raison et le progrès; je vous félicite de vos nobles sentiments, allez, persévérez!

Vous m'excuserez si, après vous avoir donné des éloges mérités, je vous présente quelques observations peu fondées peut-être : ne pourriez-vous pas, tout en prêchant la fraternité, éviter d'exposer aux yeux du public des habitudes vieillies et des faits peu honorables pour le Compagnonnage? Ne craignez-vous pas que des ennemis du peuple ne puisent là des armes pour nous combattre et nous salir? Il est des gens qui, par principes et par nature, ne veulent voir les choses populaires que d'un seul côté, et disent ensuite qu'elles sont détestables sur toutes les faces. Défions-nous de ces gens-là, car ils sont méchants.

Je trouve aussi que votre Société est un peu mieux servie que les autres. Bien que je sache qu'elle s'appuie sur un fond démocratique, je sais également qu'elle n'est pas sans défaut; oui, vous penchez d'un côté, vous trahissez une certaine sollicitude; je suis cependant bien loin de vous en faire un crime, vous deviez nécessairement la flatter un peu; vous deviez vous montrer son ami fidèle et vous faire apprécier comme tel afin de pouvoir mettre votre livre en évidence, et surtout en vente. Vous le voyez, je comprends votre position et les difficultés dont elle est hérissée, et à cause de cela je me garderai bien de vous chercher une misérable querelle de mots.

Je connais maintes Sociétés qui, pour prix de vos généreux efforts, vous eussent qualifié de traître et banni de leur sein avec des cris de rage; elles se fussent déshonorées, il est vrai, mais leur aveuglement eût-il été de la plus courte durée, aurait rendu votre tâche encore plus difficile. Si donc votre Société, quoique assez bien partagée, a reçu votre livre favorablement, si elle vous donne son assentiment et se sent capable de mettre vos leçons en pratique, je la félicite du plus profond de mon cœur. Mais n'aurait-elle pas agi d'une manière tout à fait conforme à vos désirs, ne vous en alarmez pas : si le présent n'est pas pour vous, espérez, l'avenir vous bénira !

Recevez, monsieur, mes félicitations bien sincères, et comptez-moi au rang de vos amis les plus dévoués.

VALETTE, *dit* Antoine le Provençal,
Compagnon menuisier du Devoir.

Réponse de l'Auteur à Antoine le Provençal.

Paris, 25 février 1841.

Habitant des montagnes et des solitudes que j'aime et que je voudrais pouvoir parcourir à loisir et en tous sens, j'ai reçu votre aimable lettre. Je vous remercie des encouragements que vous me donnez. Je vous remercie encore des observations que vous me faites au sujet de quelques détails de mon livre et de certaines gens peu charitables qui ne veulent voir, comme vous le dites, des choses populaires, que le mauvais côté.

Ces gens-là, croyez-le, n'avaient pas attendu la publication du *Livre du Compagnonnage* pour nous jeter de la boue ; ce livre n'est certainement pas aussi dangereux que vous le prétendez ; il nous a fait plus d'amis que d'ennemis : plusieurs journaux l'accueillirent on ne peut mieux ; d'autres journaux le virent, mais, craignant d'appuyer ou de constater un progrès dans les classes ouvrières qu'ils affectent de croire d'une nature inférieure, dégradée et dépourvue de sens et de raison, gardèrent soigneusement le silence. Mais ce silence obstiné sur la matière que j'avais traitée a été rompu, et voici à quelle occasion : Madame George Sand, un des grands écrivains de la France, voulant me seconder dans la réalisation de l'œuvre qui m'occupe, vient de mettre au jour : *le Compagnon du Tour de France*, roman tout populaire ; elle n'a pas fait, selon l'usage, de l'ouvrier une ignoble caricature ; elle l'a présenté sous un jour assez favorable, sachant bien qu'il ne faut pas humilier les gens quand on veut s'en faire comprendre et les servir. Sa généreuse idée n'a pas été goûtée de la presse ; si quelques journaux lui sont favorables, un plus grand nombre lui est contraire et lui crie : Votre talent vous fait défaut, vous n'êtes plus que l'ombre de vous-même, vous servez une mauvaise cause, les ouvriers ne sont pas aussi éclairés que vous le prétendez follement, etc. Mais je crois que le meilleur sera, mon cher monsieur Valette, de faire passer sous vos yeux des extraits de quelques journaux. Voici d'abord ce que j'emprunte au feuilleton du *Constitutionnel* (n° du 2 février 1841), lisez et jugez :

« Evidemment, *en poétisant* ces scènes du Compa-
« gnonnage, le romancier a voulu en faire quelque chose
« *digne d'attention et d'intérêt*. Ces vagues idées de
« charte industrielle, ces appels à *l'harmonie* entre *les*
« *Devoirs*, tendraient à *insinuer* qu'il y a *quelques*
« *efforts à tenter dans cette voie*, et que la partie in-
« telligente des classes ouvrières jette les yeux de ce
« côté. *C'est là une erreur qu'il importe de détruire* (1).
« Le Compagnonnage est un legs sauvage des époques
« barbares, une association à l'état défensif, farouche,
« turbulente, haineuse, exclusive. *Repoussé désormais*
« *des professions éclairées, il s'est réfugié dans les*
« *métiers les plus grossiers* (2), et y perpétue des
« mœurs qui ne sont plus de notre siècle. Ni parmi *les*
« *typographes*, qui sont en contact direct avec les tra-
« vaux de l'esprit, ni parmi les ouvriers mécaniciens,
« tailleurs, *bottiers* (3) et autres corps nombreux (4), qui
« vivent dans les grands centres de population, on ne
« retrouve rien des habitudes du Compagnonnage. Ces
« hommes laborieux ont compris que ces promenades

(1) Il n'y a rien à reprendre à cela et à tout ce qui précède, tant c'est noble et bien exprimé !

(2) Trente-un corps de métiers font aujourd'hui partie du Compagnonnage; on voit que les métiers *grossiers* sont très nombreux.

(3) Les bottiers font partie du Compagnonnage, et une partie des typographes tend à se constituer en Compagnonnage.

(4) Je ne sais quels sont ces *autres corps nombreux* dont on veut parler, je ne les connais pas.

« hors barrières, où le bâton joue un si grand rôle, *que*
« *ces stations dans les cabarets, que ces cérémonies,*
« *que ces combats n'étaient guère que des prétextes*
« *offerts à la débauche, à la fainéantise, à la vio-*
« *lence* (1), *ils y ont renoncé.* Les tailleurs de pierre,
« les charpentiers, les menuisiers, les maçons (2), con-
« servent encore la tradition des *Devoirs*, et le seul bé-
« néfice qu'ils en retirent consiste en quelques yeux
« pochés et quelques membres luxés sur d'ignobles
« champs de bataille (3). Le romancier aurait donc pu se
« dispenser de mettre son coloris au service d'une cause
« qui en est peu digne, et surtout de raconter l'Odyssée
« du topage dont toute la vertu se résume en assauts de
« bâtonistes le long des chemins. Incontestablement il
« pouvait mieux placer son style. » D'après W. W., auteur des lignes ci-dessus, le Compagnonnage se renferme dans quelques états grossiers ; les Compagnons
sont des débauchés, des fainéants, etc. ; et puis, après
avoir dit à l'auteur auquel il s'attaque : Vous n'avez plus
de talent, il lui dit encore : « Vous auriez pu vous dis-
« penser de mettre votre coloris au service d'une cause
« qui en est peu digne, vous pouviez incontestablement
« mieux placer votre style. » Que de contradictions ! que
de bévues chez le feuilletoniste ! et pourtant vous allez
voir comment il aime à se hausser sur la pointe de ses
pieds.

Pierre Huguenin, le héros du roman, est un Compagnon menuisier, qui sait raisonner politique, philosophie, morale ; ce qui ne l'empêche pas d'être très habile

(1) Voici venir maintenant *des stations dans les cabarets qui
sont des prétextes offerts à la débauche ; des combats qui sont des
prétextes offerts à la violence,* etc., etc. ; je ne savais pas que le
prétexte fût la chose elle-même, mais un savant nous éclaire
toujours sur quelque point.

(2) Les maçons ne font point partie du Compagnonnage, et
si j'en fais l'observation, c'est pour que l'on sache qu'un auteur n'a pas besoin d'avoir étudié une chose pour en parler
sur un ton de maître.

(3) Il est étonnant qu'une association qui ne donne que de
tels bénéfices ait pu se soutenir tant de siècles : c'est un phé-
nomène qui mérite d'être étudié.

dans son métier : il s'entend mieux à faire un escalier en bois que l'employé des ponts et chaussées qui lui en a présenté un plan reconnu défectueux. Cela blesse le feuilletoniste, et le voilà qu'il s'écrie de dépit : « Nous « ne le trouvons pas davantage (le progrès) dans *le privilége que s'attribue le menuisier Huguenin de se lancer dans les espaces philosophiques* (1)*, et de pérorer dans la même chaire qu'il a rabotée de ses mains. Evidemment il y a là conflit d'attributions, confusion de compétence. On veut bien consentir à ce que* Pierre *sache le dessin linéaire sans l'avoir appris* (2)*, et soit plus ingénieur par intuition qu'un élève de l'École polytechnique par éducation, etc., etc.* » O fameux docteur W. W. ! vous êtes un drôle d'homme ! Pourquoi ne voulez-vous pas que ceux qui fatiguent des bras sachent aussi penser et remuer la langue ? Pourquoi ne voulez-vous pas, malgré vos concessions hypocrites, qu'un ouvrier puisse étudier et comprendre la théorie et les principes les plus rigoureux d'un métier qui est tout à fait le sien ? Je suis menuisier, et je ne pense pas qu'un ingénieur des ponts et chaussées,

(1) Un ouvrier qui, sans le savoir, parle philosophie, usurpe *un privilége* qui ne doit appartenir qu'à ceux qui philosophent à tant la ligne : c'est entendu !

(2) Concéder que nous *sachions* le dessin linéaire sans l'avoir *appris*, que nous soyons plus ingénieur par *intuition* qu'un élève de l'Ecole polytechnique par *éducation !* tout cela est si méchant et si absurde, que, raisonnablement, on ne peut y répondre ; que signifie cette confusion entre l'ouvrier et l'ingénieur ? Nous n'irons certainement pas faire les travaux des ingénieurs des ponts et chaussées ; mais ceux-ci ne viendront pas, je crois, faire les nôtres. Ce n'est pas sur les routes que l'on fait des escaliers, mais bien dans les ateliers des menuisiers et des charpentiers, et c'est là que nous travaillons. Au reste, quels sont ceux qui ont fait les meilleurs Traités de menuiserie? Roubo le menuisier, Conlon le menuisier, et non des ingénieurs. Quel est celui qui a fait le meilleur Traité de charpenterie? Fourneau le charpentier, et non un ingénieur. Mais dans un temps comme celui-ci, où l'on prend à tâche de salir l'ouvrier, nous aurons à défendre nos camarades, et tout n'est pas dit.

quelque savant qu'il soit, puisse m'en montrer bien long sur le dessin linéaire qui se rapporte aux travaux de ma profession : et des milliers de menuisiers pourraient vous dire pour leur compte ce que je vous dis pour moi-même. Je serais donc bien aise que le docteur W. W. entendît nos réclamations, afin qu'il cessât à l'avenir, et cela dans son seul intérêt, d'outrager, avec une impudence pareille, la vérité, le bon sens, et les ouvriers qui certes le valent bien. Mais passons à un autre journal.

Le *Courrier Français* renferme, dans son numéro du 16 janvier 1844, un feuilleton signé *Hippolyte Lucas*. M. Lucas, après avoir donné quelques éloges au talent de l'auteur du *Compagnon du Tour de France*, ajoute : « Madame Sand ne se serait pas trop égarée de « son chemin, si, tout en parlant du Compagnonnage, « elle en avait fait voir davantage les qualités et les dé- « fauts, car, quelle que soit celle des deux sociétés à « laquelle on s'adresse, il y a autant d'absurdités dans « l'une que dans l'autre, etc. » Madame George Sand offre dans son roman une scène de topage, puis un combat entre les menuisiers et les charpentiers, où le sang coule à flots; elle fait ressortir l'orgueil, la fureur, la haine des Compagnons; mais tout cela ne suffit pas à M. Lucas, qui, d'exagération en exagération, arrive à ceci : « Un jeune « homme arrive-t-il dans une ville, *il faut* qu'il aille « chez la Mère des Compagnons, *privilége* (1) *obtenu* la « plupart du temps *en arrosant le gosier du rôleur*, ou- « vrier chargé de l'embauchage. *En arrivant*, il faut « qu'il remette *trois francs* aux Compagnons du De- « voir ou aux Gavots, pour payer un déjeuner dit d'em- « bauchage (2). Tous les mois il remet encore à ces So- « ciétés une somme de vingt à trente sous, dont l'em- « ploi reste inconnu comme celui des fonds secrets. Un « autre exemple d'ouvrier à maître suffira pour faire voir « combien peu, malgré ce qu'en dit l'auteur, le Com- « pagnonnage est estimé en province. *Si un maître a un « ou plusieurs ouvriers appartenant à l'une des deux « Sociétés, sa boutique est connue pour appartenir à*

(1) S'il *le faut* absolument, ce n'est pas un *privilége*.
(2) Voyez l'article embauchage, tome I, page 56.

« *cette Société, et il ne peut pas employer d'autres ou-*
« *vriers d'un parti contraire, à moins de voir sa bou-*
« *tique mise à l'index* (1) : *peu importe que l'ouvrier*
« *qui est de la secte opposée fasse mieux son affaire*
« *que l'autre, il n'a pas le droit de le prendre.* Heu-
« reux souvent lui-même, s'il échappe, lui et ses
« outils, a la fureur du parti qui lui dicte la loi. »
Convenons que M. Hippolyte Lucas pourrait être très entendu en littérature, mais qu'assurément il l'est très peu sur le fait des Associations.

Un Compagnon qui conduit un de ses confrères chez un patron et l'embauche, en recevra, en échange de son temps perdu, la somme de deux francs ou un léger repas. Cela n'est que légitime; pourquoi donc récriminer de la sorte, et exagérer les choses pour les faire paraître mauvaises? Le Rouleur, n'étant qu'un simple ouvrier, ne peut donner tout son temps, à moins qu'il ne veuille contracter de fortes dettes et se voir contraint de faire des dupes.

Il y a dans Paris des maisons de placements; allez demander à ceux qui les tiennent une place quelconque, il faudra d'abord donner au moins trois francs pour vous faire inscrire, et si l'on parvient à vous placer, ce qui n'arrive pas toujours, il faudra compter encore une somme considérable, quelquefois la douzième partie des gages d'une année; et, après vous avoir rançonné de la sorte, ces placeurs seront-ils vos appuis, vos défenseurs auprès de vos *maîtres*, si ces maîtres sont injustes envers vous? Non, au contraire; les Compagnons agissent différemment.

Les membres d'une Société versent chaque mois leur quotité pour solder les frais communs, et cela ne devrait point étonner. On a une salle d'assemblée, il faut en payer le loyer; — des maîtres viennent quelquefois chez la Mère, soit pour demander des ouvriers, soit pour autres choses, il faut les recevoir comme les gens du peuple reçoivent ordinairement leur monde, je veux dire cordialement. — On a des arrivants à accueillir, des partants à accompagner, et ni les uns ni les autres ne *rin-*

---

(1) Un maître n'a qu'à être honnête homme, et il peut changer de Société quand bon lui semble.

cent le gosier de qui que ce soit, comme M. Lucas l'a gentiment avancé. — Il faut soutenir des correspondances, — soulager des infortunes, — payer pour ceux qui ne paient pas, car malheureusement il est des lâches, il est des hommes de mauvaise foi, cancer des sociétés, qui pèsent à plaisir sur les épaules de leurs frères, aussi pauvres, aussi faibles qu'eux.

Si M. Lucas connaît le moyen de former et de régir une Association où chacun de ses membres puisse n'avoir que des bénéfices et point de charges, où tout le monde puisse être soulagé sans qu'il en coûte rien à personne, il doit, sans retard, révéler un secret si important, et il ne peut manquer d'être proclamé le législateur par excellence : Moïse, Jésus, Mahomet, seront détrônés, car leurs miracles seront bien petits auprès de ceux que nous attendons du nouveau législateur, le plus chéri des enfants de Dieu.

Mais, en attendant que la révélation se fasse, disons qu'en critiquant l'embauchage et les frais de mois, M. Lucas a critiqué des choses auxquelles il n'a point réfléchi. Il fait pis encore quand il traite à sa manière des rapports des Compagnons avec les maîtres ; quand il parle de la fureur des premiers et des dangers que courent, en certains cas, les seconds et leurs outils ! il fait preuve, en parlant ainsi, ou de beaucoup d'ignorance, ou de beaucoup de mauvaise foi. Pourquoi présenter les Compagnons comme des voleurs, comme des brigands ? Quel plaisir trouve-t-on à abaisser toujours l'ouvrier dans l'intérêt mal compris de celui qui l'occupe ? Ne peut-on faire de la critique sans tomber dans des extrémités si blâmables ?

« Ces sociétés, dit le même auteur, sont bien tombées
« depuis 1830 (1), époque où chacun a mieux compris
« ses devoirs et ses droits ; et l'ouvrier lui-même a été
« le premier à abandonner ces rivalités qui ne lui ame-
« naient souvent que des coups ou la misère. Du reste,

(1) Les ferrandiniers ou tisseurs en soie se sont formés en Société compagnonnale en 1832, et cette Société compte au moins trois mille membres actifs. Il est d'autres Sociétés qui se forment aussi, dont on pourra parler plus tard. L'isolement est funeste aux ouvriers : ils le sentent.

« les journées sont si modiques en province que les ou-
« vriers cherchent, autant que possible, à atteindre la
« capitale, où ils jouissent de plus de liberté, et où ils
« sont mieux rétribués ; et il arrive souvent que tous ces
« dignitaires, qui veulent singer la franc-maçonnerie, ne
« sont que de bien faibles ouvriers dans la capitale. »
Peut-on entasser ainsi sottise sur sottise ? Quoi ! actuellement les ouvriers quittent de toutes parts la province pour se diriger en masse sur Paris ! Quoi ! la population ouvrière d'un grand Etat tendrait à se renfermer dans les murs d'une seule ville, parce qu'on y gagne, dit-on, de bonnes journées ! On voit encore là combien M. Lucas étudie savamment le mouvement de la population de la France, et de plus, combien il est sensible à la misère des travailleurs parisiens, misère qui va toujours croissant. Il attaque ensuite les dignitaires, qu'il place bien bas : ceux donc qui auront mérité l'estime de leurs co-associés, et qu'on aura portés, par élection, à la tête de la Société dont ils font partie, sous la dénomination de Dignitaire, de premier Compagnon, de Capitaine ou de Président, ne seront plus, à cause même de la considération dont on les aura honorés, que de bien faibles ouvriers ! En province, ils étaient quelque chose ; mais dans la capitale, avec les autres ouvriers de la province, rentrés là comme eux, ils ne seront plus rien. Je me trouve quelque peu enveloppé dans ce jugement rigoureux, car j'ai eu l'honneur, je l'avoue, de marcher une moitié d'année à la tête de mes confrères, et je ne pensais pas que l'exercice de cette fonction eût pu nuire à ma capacité comme ouvrier menuisier. D'après le feuilletoniste, j'étais dans l'erreur, et je dois être déchu.

Ah ! M. Hippolyte Lucas, faites des biographies sur Régnard, d'Ancourt et autres ; jugez, en littérature, les vivants et les morts, mais ne sortez pas de ce domaine, déjà bien vaste ! Laissez en paix les ouvriers que vous ne connaissez pas, et que vous traitez horriblement, sans avoir, je crois, l'intelligence bien claire de ce que vous faites. Avant d'expliquer et de juger un objet, quelque mesquin qu'il vous paraisse d'abord, étudiez-le attentivement, vous vous en trouverez bien et nous aussi.

Le *National*, lui qui autrefois me fut si favorable et me seconderait encore au besoin, renferme, dans son numéro du 18 janvier 1844, un article tout à fait opposé à ses doctrines radicales. De cet article, signé Léon Durocher, et que je ne fais peser que sur son auteur, je ne citerai que de courts passages ; commençons par celui-ci : « Pierre Huguenin, un simple menuisier ! on ne le « croira jamais ! c'est un membre de la Société des gens « de lettres, un rédacteur de revues, un candidat à l'A-« cadémie des sciences morales, un professeur au Col-« lége de France, un saint-simonien, un phalanstérien, « tout ce que vous voudrez, excepté un ouvrier. Quand « on manie la plume ainsi, on jette là promptement la « varlope. » M. Léon Durocher, homme de lettres, rédacteur de revues, n'admet pas qu'un ouvrier puisse lui ressembler sous le rapport de l'intelligence ; un ouvrier n'est pas un homme, il ne peut être ni saint-simonien, ni phalanstérien ; et, par la même raison, ni légitimiste, ni républicain (1), ni juste-milieu ; il est trop brut, trop borné pour être raisonnablement d'une opinion quelconque. Aussi M. Durocher ajoute-t-il, à propos de Pierre Huguenin, qui, d'un bout à l'autre du roman, parle beaucoup et n'écrit pas une ligne, cette profonde réflexion : « Quand on manie la plume ainsi, on jette là « promptement la varlope. » Le critique vient de constater, dans le même article, la décadence littéraire de George Sand ; puis il reconnaît, sans en avoir la moindre intention, que ce talent est toujours des plus puissants. Il veut abaisser à la fois le romancier et le menuisier, son héros ; il ne fait que se contredire et s'abaisse lui-même.

Répondons maintenant à cette même phrase : *quand on*

(1) Le saint-simonisme, le fouriérisme sont des systèmes sociaux ; il est pourtant des ouvriers assez éclairés pour les comprendre, et les approuver ou les rejeter. Le républicanisme est un système aussi ; il demande à ses partisans le sacrifice de leurs intérêts individuels à l'intérêt de tous. De nos jours, peu sont capables de tels sacrifices, et cependant beaucoup d'hommes se disent républicains, sans que ce titre leur soit contesté : si l'on croit qu'il y ait des ouvriers républicains, on doit croire qu'il y a des ouvriers saint-simoniens et des ouvriers fouriéristes : pour ma part, j'en connais que je ferai connaître à M. Durocher s'il le désire vraiment.

manie la *plume ainsi, on jette là promptement la varlope*, d'une autre manière. Faisons remarquer qu'un ouvrier, eût-il reçu de Dieu le don du génie, sortirait difficilement de l'obscurité. Ayant ordinairement à travailler de six heures du matin à huit heures du soir, et quelquefois plus, il ne peut écrire durant le jour ; et, après la journée, fatigué de travaux ingrats auxquels il s'est livré trop longtemps, il a bien du mal à tenir ses yeux ouverts et son esprit éveillé ; rapetissé de la sorte, il produit avec une grande peine. Mais admettons qu'un ouvrage de quelque importance soit né de ses veilles, trouvera-t-il un éditeur qui veuille s'en charger ? Un éditeur n'achète ordinairement ni le manuscrit, ni l'esprit qu'il renferme, mais le nom de l'auteur, et un nom d'ouvrier promet peu de retentissement et peu de gain (1).

Si l'ouvrier, à défaut d'un éditeur, peut rassembler assez de fonds pour se faire lui-même l'éditeur de son ouvrage, la presse l'aidera-t-elle à en tirer parti, et à rentrer au moins dans ses frais ? Hégésippe Moreau, l'ouvrier imprimeur, le poète du peuple, est mort misérablement dans un hospice, et on ne lui a adressé louanges sur louanges que quand il n'a plus été de ce monde ! La jalousie, l'orgueil, les folles prétentions étouffent trop souvent la justice ; et les talents modestes, les inspirations généreuses, les hommes les plus dignes succombent sous le poids des iniquités, si la fortune ne les seconde. Quel malheur que la presse, ce grand levier, ne comprenne pas mieux sa véritable mission, son noble apostolat ! que de biens ! que de progrès pourrait-elle réaliser !

M. Léon Durocher reproche à George Sand de prêter à ses personnages un langage qu'ils ne peuvent

---

(1) Au sujet du gain des ouvrages littéraires et savants, on pourrait faire d'autres réflexions. Comment Jean-Jacques Rousseau aurait-il vécu et tant écrit si des riches comme on n'en voit plus dans les temps où nous sommes ne l'eussent soutenu ? car ses ouvrages lui rapportaient peu. Qu'ont-elles produit à leurs auteurs les œuvres de Saint-Simon et de Fourier ? Celui qui a fait l'article auquel je réponds, ayant consacré de nombreuses pages à ces réformateurs, doit le savoir aussi bien que qui que ce soit.

avoir; s'il s'agit de la forme, je le veux bien; aucun ouvrier, aucun homme de lettres même ne peut parler comme elle écrit; elle a trop de poésie! trop de perfection! Quel malheur! — Dans nos tragédies tous les personnages parlent en vers; je pense que ce langage n'est pas plus naturel aux princes qu'aux moindres valets; et je ne sache pourtant pas que M. Durocher ait formulé une protestation en forme à ce sujet. — On a parlé de la forme, mais voici venir le fond; le critique dit au romancier: « Qu'à personnifier le peuple, il fallait « l'éloigner de la controverse anticipée, des questions « qui sont confuses pour tout le monde, etc., etc. (1). » Le romancier n'a nullement prétendu personnifier le peuple dans un seul homme, qui, au milieu de tous les personnages du roman, se trouve une exception, un homme à part; il a voulu donner un type, très élevé sans doute, mais vrai malgré cela; car les hommes du peuple, les pauvres, je veux dire, soit qu'ils parlent, soit qu'ils écrivent, vont au fond des choses (2). Je ne parlerai pas des auteurs les plus célèbres que la misère a toujours accompagnés; mais qu'on lise l'*Atelier*, qu'on lise *la Ruche Populaire*, journaux rédigés par des ouvriers de toutes professions, on trouvera des articles d'un grand sens et d'une portée peu commune. Quand des ouvriers se mettent à écrire, c'est que quelque chose les tourmente et les pousse là. Non, ce n'est pas pour faire des phrases plus ou moins spirituelles qu'ils prennent la plume, mais pour se plaindre, mais pour trouver ou indiquer un arrangement qui promette plus de bien-être à la masse du peuple que celui dont

---

(1) C'est précisément quand les questions sont confuses qu'il faut faire appel à un plus grand nombre d'intelligences, afin de les résoudre.

(2) Les riches ont vu quelquefois des pauvres de près, et pourtant ils ne les connaissent pas: la misère rend timide; les pauvres devant les riches, qui souvent les dédaignent, parlent peu; ils craindraient de mal dire et de faire ce qu'ils appellent *des cuirs*; cette crainte les paralyse, et ce n'est vraiment qu'avec leurs égaux qu'ils ont de l'esprit et qu'ils se livrent à l'élan de leur cœur. Je le répète, les riches ne connaissent pas les pauvres; ils ne peuvent pas les connaître.

ils subissent les plus tristes conséquences; le présent ne les satisfaisant pas, ils se font hommes à systèmes, réformateurs, utopistes, et cela se conçoit.

Les écrivains riches et bien élevés agissent autrement, et cela se conçoit aussi. Ils discutent beaucoup sur des personnes, sur des formes, sur des vieux textes; ils se livrent journellement des batailles de mots bien ronflants, cela les fait connaître et les pousse aussi loin qu'ils peuvent aller sans rien déranger à la scène pourtant bien fragile construite tout exprès pour eux. La plupart de ces écrivains, placés dans une région toute particulière, peuvent à peine voir le peuple, et ne comprennent ni sa nature ni ses besoins; et si quelques ouvriers, porte-voix de leurs camarades, un moment libres, expriment fortement des vérités accablantes, on traite ces vérités-là d'absurdités, de chimères, d'impertinences; on les dénature pour mieux les flétrir, et l'ouvrier, n'ayant autant dire point de tribune, ne pouvant pas obtenir la parole à son gré pour répondre à ceux qui l'accusent et l'injurient, perd sa cause, et souffre à l'écart. Il arrive parfois que des âmes d'élite, âmes généreuses, mais trop rares, se font les interprètes, les défenseurs des ouvriers; on leur crie alors, avec un concert de voix infernal, épouvantable, qu'elles flattent trop leurs héros, et, en définitive, qu'elles servent une mauvaise cause...

M. Léon Durocher prétend que les ouvriers sont très indifférents en fait de choses publiques, et il les en félicite; il dit, en parlant du Corinthien : « Il y a dans « l'allure insouciante du jeune ouvrier quelque chose « de plus vrai, de mieux observé que dans la mélancolie « raisonneuse de Pierre. Le Corinthien est plus sobre « de digressions philosophiques ou sociales; il a l'air « plus artisan, moins gentilhomme, moins nourri des « spéculations de Saint-Simon et de M. Pierre Leroux : « cela fait son éloge, il a su se tenir dans le cercle des « idées pratiques (1); sa tête ne court pas les champs en « quête de chimères, etc., etc. » Et plus loin, ayant

---

(1) C'est-à-dire qu'il ne pense qu'à son métier, à la sculpture et aux plaisirs; il est ambitieux, égoïste et libertin; voilà tout.

cru devoir, à l'occasion d'un ouvrier qui raisonne, tant cela lui paraît extraordinaire, mettre la multitude en cause, il dit : « Le peuple a plutôt le sentiment des cho- « ses qu'il n'en a le raisonnement. » Puis, voulant le flatter un peu, il le flatte par ces mots : « Quand il parle, « c'est Dieu qui parle. » Le peuple parle comme Dieu, mais il ne raisonne pas ; puis il conclut : « En temps « ordinaire il juge, et quand le moment est venu, il exé- « cute. » Voilà donc le peuple juge, et bon juge surtout, d'après M. Durocher, d'une chose qu'il ne peut comprendre et raisonner. Quoi qu'on en dise, des jugements qu'on ne raisonne pas doivent être de pauvres jugements. Notre critique dit encore : « Monter sur les « cimes de la pensée où la foule des Titans a été fou- « droyée, à quoi bon ; le peuple fait mieux, il assiste à « leur chute et recueille le fruit le plus net de leurs « efforts, etc., etc. » Si ceux qui font les affaires du peuple s'acquittent si bien de leur mission, pourquoi vouloir changer quelque chose à ce qui est? Pourquoi vouloir remplacer des colosses par d'autres colosses et peut-être par des nains? que sais-je ! — Mais loin que le peuple recueille les fruits des efforts des Titans, comme on les appelle, il ne recueille que des déceptions, que des misères, ce que M. Léon Durocher, vivant dans sa sphère privilégiée, ignore complétement. J'ai bien lu son article, article très littéraire, je le veux bien, mais gonflé d'excessives prétentions, et pourtant dépourvu de toute philosophie et de toute logique ; cet article, disons la vérité, m'a paru perfidement dirigé contre la réforme électorale, par la raison qu'il deviendrait absurde de conférer des droits à ceux dont les Titans s'occupent avec tant de sollicitude, et qu'on a peints d'ailleurs comme tout à fait incapables de les exercer.

Non, ce n'est vraiment pas par sentiment que nous devons donner notre suffrage à tel ou tel candidat, mais par raisonnement ; notre opinion, notre jugement, si nous sommes sincères, sont toujours l'effet d'un raisonnement intime ou parlé. Or donc, si le peuple manquait de raisonnement et par conséquent de discernement et de jugement dans les affaires publiques, il faudrait le traiter encore en enfant, mais l'instruire, et ne point l'abuser.

Ce qui m'a le plus étonné de l'article de M. Léon Durocher (1), ce n'est pas qu'il ait pu sortir de sa plume, vu que je ne le connais pas ; ce ne sont pas non plus les choses les plus choquantes qu'il renferme, vu que tous les jours on en écrit de plus choquantes encore : ce qui m'a donc le plus étonné, c'est qu'il ait pu se glisser dans *le National*.

Bien d'autres journaux ont publié, à propos du même roman, des articles dont ce qui vient de passer sous vos yeux peut vous donner une idée suffisante.

Je me suis trop étendu sans doute, on pourrait dire que j'ai oublié la personne à laquelle j'écris; mais non, je voulais vous montrer, monsieur, jusqu'où va le mépris que l'on professe pour nous et pour tout ouvrage qui sort de la voie commune, et après avoir reproduit des paroles blessantes, je répondais à l'instant ce que mon cœur m'inspirait; j'y étais entraîné naturellement et presque malgré moi. Ne craignez donc plus, mon cher Valette, que notre livre nous nuise aux yeux de qui que ce soit ; on croit l'ouvrier bien plus inepte, bien plus dégradé qu'il ne l'est réellement. Cessons désormais de nous effrayer de ce qu'on pourra dire de nous ; découvrons nos plaies physiques et morales, car nous en avons ; soyons nos médecins nous-mêmes, soignons-nous réciproquement, nous grandirons en santé, en force, en intelligence, en sagesse ; et nos yeux, plus pénétrants, verront un jour avec surprise des hommes parés de riches vêtements, et affectant l'état le plus robuste et le plus sain, être vraiment plus pauvres et plus malades que nous ne le fûmes jamais. Réformons-nous ! voilà ce qu'il faut aujourd'hui crier bien haut. Plus tard nous pourrons crier sur le même ton : réformez-vous ! réformez-vous !

Vous me parlez de ma Société ; je n'ai pas à m'en plaindre ; elle a été pour moi ce qu'elle devait être. Les enfants de maître Jacques et ceux du père Soubise, je l'espère, vivront un jour unis avec ceux de Salomon ;

---

(1) M. Louis Raybeaud est le Léon Durocher du *National*, et j'ai appris de M. Beaune, au moment où je corrigeais l'épreuve de cette feuille, qu'il était aussi le W. W. du *Constitutionnel*.

5.

déjà plusieurs poètes, membres de Sociétés qui ont été trop longtemps ennemies, me secondent avec un saint dévoûment, et cela promet beaucoup.

Je ne vous en dis pas davantage pour le moment, vous connaîtrez, avant trois mois, par le second volume que je prépare, des détails que je ne puis donner ici, étant d'une longueur qu'une lettre ne comporte pas.

Adieu, monsieur, et soyez persuadé que je suis sensible à votre approbation et à l'amitié que vous m'offrez et que j'accepte avec reconnaissance.

    Perdiguier (Avignonnais-la-Vertu).

Je ne savais si je devais reproduire dans ce volume ma réponse à la lettre d'Antoine le Provençal; je m'y suis pourtant décidé, et ma pensée n'a rien de mauvais. Puissent les hommes de lettres qui ne veulent pas donner la main aux réformes ouvrières garder au moins le silence, et ne point les entraver par des paroles peu réfléchies que les ouvriers regardent comme des bravades indécentes. Leur critique n'est utile que lorsqu'elle est juste. Et vous, Compagnons, mes frères, puissiez-vous lire avec le plus grand soin les articles nombreux que l'on vous consacre, et ne répondre aux calomnies qui vous touchent qu'en vous réformant, qu'en cherchant à devenir chaque jour meilleurs! Nous avons donné beaucoup d'armes contre nous; nous ne sommes pas encore ce que nous devons être. Réformons-nous! réformons-nous!

Au moment de livrer mon manuscrit à l'éditeur, quelque chose de nouveau passe sous mes yeux, et je m'empresse d'en faire part à mes lecteurs.

Le *Messager*, journal ministériel rédigé sous l'influence de M. Guizot, renferme, dans son numéro du 24 mai 1841, toujours à propos du *Compagnon du Tour de France*, un feuilleton des plus extraordinaires. Son auteur, M. Ch. Rabou, est en arrière de trois mille ans, et je ne sais quoi détacher de son galimatias philosophique. En voici cependant un échantillon : « Au moyen de ce « type (il s'agit de Pierre Huguenin), revêtu à plaisir de « toutes les perfections, et qu'on présente aux classes « ouvrières comme un reflet d'elles-mêmes, on leur ap-

« prend qu'elles ont par-dessus toutes les classes de la
« société l'intelligence, la probité, la noblesse des senti-
« ments ; on va même, sublime de la flatterie, jusqu'à
« leur dire qu'elles ont l'élégance des formes et la beauté
« physique. » M. Ch. Rabou doit être un noble et beau
dandy ; mais, assurément, ses paroles sont très mal-
adroites. Tout le monde sait que les hommes laborieux
ne sont pas plus boiteux, borgnes, bossus, tortus, laids
enfin de visage et de corps que les hommes des classes
privilégiées, dont M. Rabou doit être le fleuron le plus
brillant et le plus remarquable. Les ouvriers comprend-
dront facilement ici que les jaloux ridicules qui vont
jusqu'à leur contester la beauté physique, doivent nécessairement leur contester toutes les autres qualités.

Je ne suivrai point M. Ch. Rabou dans ses nombreuses divagations. On saura néanmoins qu'il parle de Platon ; qu'il en fait une citation qu'il loue beaucoup, et
cela faute d'en comprendre le sens. Si l'on suivait à la
lettre les paroles de Platon citées et approuvées par
M. Rabou, toute hérédité serait abolie. Ce n'est cependant pas là ce que désire M. Rabou.

Anciennement l'esclavage existait en principe, et l'es-
clave était regardé comme une bête de somme : de là vient
que Platon, quoique très grand par le génie, a pu diviser les hommes en trois races : la race d'or, la race d'argent et la race de fer. Mais il reconnaît aussitôt qu'il
naît quelquefois dans la race de fer des enfants avec des
âmes d'or, qu'il naît également dans la race d'or des enfants avec des âmes de fer. « Or, dit Platon, Dieu or-
« donne *principalement* aux magistrats de prendre
« garde, *sur toutes choses*, au métal dont l'âme de cha-
« que enfant est composée. Et si leurs propres enfants
« ont quelque mélange de fer ou d'airain, il ne veut pas
« qu'ils leur fassent grâce, mais qu'ils les relèguent
« dans l'état qui leur convient, soit d'artisan, soit de
« laboureur : il veut aussi que, si ces derniers ont des
« enfants qui viennent de l'or ou de l'argent, on les
« élève, ceux-ci à la condition de guerriers, ceux-là à
« la dignité de magistrats, parce qu'il y a un oracle qui
« dit *que la république périra lorsqu'elle sera gou-*
« *vernée par le fer ou l'airain.* » Les paroles du philosophe Platon que j'emprunte au *Messager* sont claires,

et je veux bien qu'elles nous soient applicables; mais je n'ai jamais entendu, jamais vu dans notre Société les magistrats chargés du *triage* des âmes. Les enfants d'or de la race de fer continuent la rude tâche de leurs pères; les enfants de fer de la race d'or ne descendent point à la condition d'artisan ou de laboureur, ils héritent toujours des hautes fonctions. Nous courons donc grand risque d'être un jour gouvernés par le fer ou l'airain, et l'on sait, d'après Platon et M. Rabou, ce qui doit en arriver. Je ne pousserai pas plus loin mes réflexions à ce sujet. Je dois cependant reconnaître que si M. Rabou approuve Platon, il le fait fort innocemment; il comprend de la manière la plus lourde l'allégorie sous laquelle Platon insinue, comme il le dit lui-même, une dure vérité. Cette vérité est très dure en effet, mais M. Rabou ne sait pas pour qui, il ne s'en doute pas. M. Rabou croit matériellement aux trois races d'or, d'argent et de fer; et il sait très bien, lui, que les ouvriers sont de cette dernière; il pourra même le leur persuader, car les *ouvriers croient*, dit-il, *tout ce qui est imprimé*. Son feuilleton était imprimé, c'est ainsi que je l'ai lu; il a produit sur moi, comme on voit, un effet puissant, et il ne manquera pas d'agir de même sur tous les ouvriers, mes camarades.

« La règle commune veut, dit M. Rabou, que les enfants ressemblent aux pères; » puis il ajoute en note : « Cette ressemblance n'est pas le fait de la naissance seulement. » Oh! certes, non, M. Rabou, et nous pouvons avancer, sans crainte d'être démenti par des hommes de bon sens, que la naissance ne fait absolument rien. — Un morceau d'acier façonné est plus brillant qu'un morceau du même métal qui ne l'est pas, quoiqu'ils aient en nature les mêmes qualités. Un homme cultivé a quelque chose de supérieur à l'homme sans culture, et pourtant ce dernier peut posséder en germe des qualités plus éminentes que le premier; il ne faut que les développer. — Il faudrait être aveugle pour ne pas le voir : il est, de nos jours, des lumières comme des préjugés dans tous les rangs de la société : l'inégalité d'intelligence s'efface de plus en plus. Je connais un simple ouvrier vidangeur qui possède le don d'écrire à un degré supérieur à M. Rabou (1), et pourtant M. Rabou, si nous voulons l'en croire, *est un fils de famille*. Mais en voilà assez! Ce n'est pas en 1841, et en France surtout, que nous devrions avoir à discuter sur une telle matière.

Moïse a dit : « Tous les hommes sont sortis du même couple ; » et ces paroles sont préférables à toutes les catégories inventées par les savants. Jésus a dit : « Tous les hommes sont frères, ils sont tous également composés de chair et d'os. » Voilà ce qui est encore beau. Et quand des hommes viendront me dire : il y a une race d'or, une race d'argent et une race de fer, je leur répondrai : Vous n'êtes pas chrétiens! non, monsieur Rabou, fussiez-vous tous les jours prosterné au pied de nos autels, fissiez-vous même vos prières en latin, non, non, vous n'êtes pas chrétien, et tous ceux qui partagent vos idées, quelles que soient leurs prétentions et leurs grimaces, ne sont pas plus chrétiens que vous.

---

(1) Et Magu le tisserand, Jasmin le perruquier, Durand le menuisier, Lebreton l'imprimeur sur indiennes, Beuzeville le potier d'étain, Reboul le boulanger, et cent autres que nous pourrions nommer, mais que le manque d'argent et de protection force à ne point faire imprimer leurs productions; tous ces gens-là ne valent-ils pas bien M. Rabou? Et si nous voulions nommer tous les ouvriers qui écrivent sur les questions politiques et sociales, la liste serait certes bien longue. Mais à quoi bon offrir aux yeux des gens ce qu'ils s'obstinent à ne point voir.

CHANSONS DE RÉGÉNÉRATION

PAR

DES COMPAGNONS DE DEVOIRS OPPOSÉS

———

Dans la préface de la première édition du *Livre du Compagnonnage*, je disais :

« Quelquefois les rédacteurs des journaux, avec de très bonnes intentions sans doute, ont voulu nous éclairer; mais, vivant loin de nous, ignorant nos habitudes et notre manière de sentir, ils ont pu nous choquer, et leurs meilleures paroles ont cessé d'avoir de l'empire sur nous.

« C'est aux Compagnons qu'appartient vraiment de se faire comprendre des Compagnons. Que ceux qui sont plus avancés appellent à eux ceux qui le sont moins. Depuis quelques années nous avons marché, vous le voyez, et nous n'en sommes nullement fatigués : que les Compagnons du Devoir en fassent autant que nous; qu'ils répandent des écrits salutaires, des idées de progrès dans leurs sociétés. Il ne s'agit pas d'aller vite; mais nous sommes dans un temps qui ne permet pas de s'arrêter. Il faut donc nécessairement avancer, ou s'attendre, dans un avenir plus ou moins reculé, à une chute complète. »

Ma première tentative importante ayant provoqué des objections, je répondais à celles de Vendôme-la-Clef-des-Cœurs, Compagnon du Devoir :

« Je continue à croire que mes efforts ne seront pas vains. Il y a dans chaque Société des hommes qui ont des yeux, des oreilles et un noble cœur; ils m'entendront, ils s'adresseront à leur tour à leurs Sociétés, etc. »

Je ne me suis pas trompé; j'ai été compris, on peut lire ici les chansons qui m'ont été adressées par des

Compagnons de différentes Sociétés ; elles sont toutes inspirées par les sentiments les plus nobles, et constituent, dans le Compagnonnage, un genre nouveau et tout à fait à part. Ce ne sont plus des chansons de sectes, mais des chansons dont le Compagnonnage en masse peut et doit faire un heureux usage.

Le grand drapeau humain est arboré : ces chansons, dont quelques-unes ont été remarquées à la suite de certaines lettres, proviennent de Nantais-Prêt-à-Bien-Faire, de Bourguignon-La-Fidélité, de Vendôme-La-Clef-des-Cœurs, de Bien-Décidé-Le-Briard, de Tourangeau-Bernardeau ; au reste, chaque chanson portera le nom de son auteur. De nouveaux auteurs prennent part à cette édition de 1857. Nous avançons.

LE DEVOIR DES COMPAGNONS.

Air : Ma chaumière et mon troupeau.

Fiers pèlerins du tour de France,
Pourrons-nous enfin concevoir
Que la douceur, la tolérance
Sont les attributs du Devoir !
Pensons que la force brutale
Renverse et détruit l'union,
Les vertus et la morale,
Le Devoir des Compagnons. (*bis.*)

A nos statuts, à nos mystères
Mélant des sentiments plus doux,
Cessons ces pitoyables guerres
Qui nous sont funestes à tous.
Que la douce philanthropie
Nous guide dans nos actions,
Préservons de fourberie
Le Devoir des Compagnons. (*bis.*)

D'une ridicule bravoure
Ne nous vantons plus désormais,
Que chaque Compagnon savoure
Le doux plaisir de vivre en paix ;

Appliquons-nous à la science,
Aux arts, à nos professions,
Et faisons fleurir en France
Le Devoir des Compagnons. (*bis.*)

Thévenot, dit *Bourguignon-la-Fidélité*, Compa-
gnon menuisier du Devoir de Liberté.

A L'AMITIÉ.

Air :

Fille du ciel, entends ma voix,
A mes accents daigne sourire,
Douce amitié, reprends tes droits,
Sur nos cœurs double ton empire;
Que le parfum de tes bienfaits
S'exhale sur le tour de France,
Là que ton culte désormais
Soit observé sans dissidence.

Au nom de frères généreux
Déplorant toutes nos querelles,
Je t'invoque, fais que mes vœux
Touchent les cœurs des plus rebelles ;
Fais que ton céleste flambeau,
Guide sacré de l'homme sage,
Réunisse en un seul faisceau
Tous les fils du Compagnonnage.

Fais que chacun des corps divers,
Voyageant sous ta loi divine,
Rejette au loin les fruits amers
Que la Discorde nous destine ;
Fais que par ton souffle divin
La torche de cette furie
S'éteigne, et qu'entre nous enfin
Règnent la paix et l'harmonie.

O vous, Compagnons, mes amis,
Il n'est nul d'entre vous, je gage,
Qui ne se rende à mon avis
Pour l'honneur du Compagnonnage,

Oublions nos ressentiments
Et les querelles de nos pères,
Et mus par d'autres sentiments
Devenons un peuple de frères.

Membre d'un corps ami de tous,
L'auteur de ces couplets, mes frères,
D'un meilleur accord entre nous
Rêve les effets salutaires.
Vendôme *dit* la Clef-des-Cœurs
Désire sur le Tour de France
Que tous les corps sur leurs couleurs
Jurent une sainte alliance.

PIRON, dit *Vendôme-la-Clef-des-Cœurs*, Compagnon Blancher-Chamoiseur du Devoir.

ORDRE DU JOUR DES COMPAGNONS.

DÉDIÉ A MON AMI PERDIGUIER.

AIR du Destrier.

Amis, un nouveau jour doit luire
Sur le sol où nous voyageons,
Du moins j'ose vous le prédire
Si j'en crois mes prévisions.
Ah! pour cette noble espérance
La raison est un ferme appui,
Grâce à son heureuse influence,
Quand le siècle à grands pas s'avance,
Nous devons marcher avec lui.

Si dans nos castes différentes
Les sentiments sont partagés,
Par des maximes tolérantes
Dissipons de vieux préjugés;
Entre nous plus d'antipathie,
Plus de querelles, de combats,
Que la douce paix nous rallie,
Que la plus parfaite harmonie
Règne entre tous les corps d'états.

Autrefois si le fanatisme
Déchirait l'Église en tous sens,
Si contre le christianisme
Se déchaînaient les Musulmans,
Faut-il que ce funeste exemple
Se propage encor parmi nous?
Non, devant l'œil qui nous contemple,
De la Concorde ouvrons le temple,
Désormais notre rendez-vous.

C'est là qu'aux pieds de la déesse,
Nous devons, ô chers Compagnons,
Entre les mains de la sagesse
Abjurer nos dissensions;
C'est là que les fils de Soubise,
De Jacques et de Salomon,
En prenant la même devise
Doivent signer avec franchise
Le pacte de leur union.

Jadis, quand un vain privilége
Accordait le pas à tel corps,
Tel autre à l'église, en cortége,
Devait suivre son rang alors;
Quatre-vingt-neuf de cet usage
Détruisit les derniers fragments.
Quoi! comme aux temps du vasselage,
Offririons-nous encor l'image
De l'inégalité des rangs?

Topons (1) sur le commun passage,
Mais de celui qui nous répond,
Quel que soit son Compagnonnage,
Respectons la vocation.
Compagnons de toute nuance,
Ne nous abordons désormais
Sur la route du Tour de France

(1) Vendôme n'entendait pas par toper s'attaquer et se battre, mais se parler et sympathiser sur la route; comme je lui fis observer que le mot *topons* pouvait être très mal interprété, il devait l'effacer et faire quelques changements au couplet : le malheur le plus grand nous a privé de cet avantage.

Qu'avec l'œil de la bienveillance,
Ou bien l'olivier de la paix.

O toi qui sur le Tour de France
As répandu par tes écrits
Le germe de cette alliance
Qui doit faire un peuple d'amis,
Perdiguier, avec toi j'espère
Pour nos frères des jours meilleurs ;
Tel est du moins le vœu sincère
Que ne cessera point de faire
Vendôme *dit* la Clef-des-Cœurs.

Vendome la Clef-des-Cœurs, Blancher-Chamoiseur.

LES CONSEILS DE LA RAISON.

Air : Elle aime à rire, elle aime à boire.

Mes amis, j'entrevois l'aurore
D'un jour pour nous plus radieux,
Chers Compagnons, à ses beaux feux
Nous refuserions-nous encore ?
Non, cessons d'être désunis,
Notre beau siècle s'en offense,
Désormais que le Tour de France
Ne comporte que des amis.

Mettons fin à toutes ces haines
Qu'enfantent nos rivalités,
Respectons mieux nos libertés,
Et si le Devoir a ses chaînes,
De ces liens soyons épris,
Qu'ils soient ceux de notre alliance !
Désormais que le Tour de France
Ne comporte que des amis.

Jouissons mieux de notre vie,
Compagnons de tout corps d'état,
Joignons nos couleurs à l'éclat
Des couleurs de notre patrie !

N'entravons plus les dons chéris
Qu'à tous la liberté dispense ;
Désormais que le Tour de France
Ne comporte que des amis.

Accueillons-nous avec franchise
Et que ces trois mots : amitié,
Egalité, fraternité,
Désormais soient notre devise :
Les arts par nos mains embellis
Nous applaudiront en silence ;
Désormais que le Tour de France
Ne comporte que des amis.

Puisque l'union fait la force,
Ne formons plus qu'un seul faisceau,
Qu'entre nous l'accord le plus beau
Dans nos retraites nous renforce.
Si nous avons des ennemis,
Ils connaîtront leur impuissance ;
Désormais que le Tour de France
Ne comporte que des amis.

Nos fondateurs dans leurs synodes,
Jacques, Soubise et Salomon,
Pensaient de la même façon
Quand ils écrivirent leurs Codes.
Si donc aux mêmes lois soumis
Nous sommes tous en conscience ;
Désormais que le Tour de France
Ne comporte que des amis.

J'ai lu dans un petit ouvrage
Tout exprès pour nous composé,
Et par l'auteur intitulé :
Le Livre du Compagnonnage ;
J'y ai lu, je vous le redis,
De ces paroles la substance :
Désormais que le Tour de France
Ne comporte que des amis.

Enfin désormais soyons frères,
De Vendôme-la-Clef-des-Cœurs,
Comme il vous le redit ailleurs,
Ce sont les vœux les plus sincères ;

Frères, soyons de son avis,
Répétons avec confiance :
Désormais que le Tour de France
Ne comporte que des amis.

Vendome-la-Clef-des-Coeurs, Blancher-Chamoiseur.

LES SOBRIQUETS.

Air de la Catacoua.

Je ris de maintes épithètes
Que dans maintes occasions,
Surtout quand ils sont en goguettes
S'entredonnent les Compagnons :
Mais je déplore avec le sage
Ces sobriquets plus qu'outrageants
  Dignes du temps
  Où les manants
S'entredonnaient ces noms insignifiants
Dont héritait chaque village
Pour désigner ses habitants.

Autrefois si cette manie
Naquit de nos rivalités,
Si par la haine elle est nourrie
Ou par d'autres absurdités,
Aujourd'hui le bon sens réclame
Devant ces noms injurieux
  Que nos aïeux
  Jadis entre eux
S'entredonnaient comme font leurs neveux,
Sans penser que ce ridicule
Prête une arme à nos envieux.

Mais du siècle rendons-nous dignes
En proscrivant ces vilains noms
Qui déshonorent nos insignes
Et le titre que nous portons.
Compagnons, de par la nature,
Entre nous plus de noirs gamins,

Plus de lapins,
Plus de bouquins,
Plus de renards, plus de loups, plus de chiens;
Ces noms qui font au ciel injure
Ne sont pas faits pour des humains.

Effaçons de notre langage
Ces termes : Cambuis, Paillassons,
Ces sobriquets, fils de l'outrage,
Tels que Biscornets, Guenillons,
Sobriquets que je voudrais taire
Pour l'honneur de tout corps d'état :
Pointus, Culs-Plats,
Et cetera.
Pour l'avenir supprimons ces noms-là,
L'honneur sera notre salaire
Et la raison applaudira.

A ces épithètes cruelles,
A ces pitoyables surnoms,
Moteurs de toutes ces querelles
Qu'enfantent nos divisions,
Par nos maximes tutélaires,
Chers Compagnons, opposons-leur
Ces noms flatteurs
Acquis d'ailleurs
Par la vertu, la sagesse et les mœurs;
Tel est le sentiment, mes frères,
De Vendôme-la-Clef-des-Cœurs.

VENDOME-LA-CLEF-DES-CŒURS, Blancher-Chamoiseur.

MOI.

Air du Cabaret.

Dans le noble Compagnonnage
Des blanchers et des chamoiseurs,
D'être reçu j'eus l'avantage,
Sous le nom de La-Clef-des-Cœurs;
Dans l'excès de ma jouissance,

Dès ce jour même aux Compagnons
J'en marquai ma reconnaissance
   Par mes chansons.

Admirant la haute sagesse
Qui régnait dans notre Devoir,
Qu'alors je méditais sans cesse,
En lui je mis tout mon espoir.
Lors je devins du Tour de France
L'un des plus zélés Compagnons,
Et j'ai prouvé ce que j'avance
   Par mes chansons.

De Momus partisan fidèle,
Je dus fixer l'attention ;
Car d'augmenter sa clientèle
J'avais aussi l'intention.
Bientôt aux accords de ma lyre
Vous applaudissez, Compagnons ;
Je vous excite à boire, à rire
   Par mes chansons.

Mais si parfois un peu légère
Elle vous met de bonne humeur,
ma muse n'est point étrangère
Aux vrais sentiments de l'honneur.
Contre le vice qui cabale
Pour vous subjuguer, Compagnons,
Je vous prêche aussi la morale
   Par mes chansons.

Des abus déplorant l'usage,
Je fais connaître dans mes vers
Que je désire avec le sage
Voir s'unir tous les corps divers.
Content je quitterais la vie,
Si je savais, chers Compagnons,
Qu'un jour la raison vous rallie
   Par mes chansons.

  Amis, enfin pour l'autre monde
  Si je devais bientôt partir,
  Promettez-moi tous à la ronde
  De ne jamais vous désunir.

Et quand pour passer l'onde noire
Je serai prêt, chers Compagnons,
Chantez tous les refrains à boire
De mes chansons.

Vendome-la-Clef-des-Cœurs, Blanchet-Chamoiseur.

VOYAGE DANS L'AUTRE MONDE.

Dédié à mon ami Perdiguier, Compagnon du Devoir de Liberté.

Air : Tout comme a fait son père.

L'autre jour je fus transporté
En esprit chez les ombres,
Ces lieux, que l'on dit sombres,
Brillaient d'une vive clarté.
Dans ces contrées
Tant redoutées
Des sots vivants craignant leurs destinées,
Je ne vis que des gens heureux,
Parfait accord régnait entre eux.
Je me disais, en parcourant ces lieux :
Ah ! qu'ils sont fous sur terre
De se faire la guerre,
Tandis qu'ici chacun se traite en frère.

Mais, ce qui me frappa le plus,
Ce fut une guinguette
Où chacun, en goguette,
Déclamait contre les abus
Du Tour de France.
Dieu ! quand j'y pense,
Tous les acteurs, dans une salle immense,
Bénissant l'arrêt du destin,
Chantaient, en se donnant la main,
Tous les Devoirs et ce sage refrain :
Ah ! qu'ils, etc.

Les Maréchaux et les Charrons
Y buvaient sans rancune,
Dans la tasse commune,

Aux Bourreliers, aux Forgerons,
　　Un tendre hommage
　　Etait le gage
D'un saint respect pour tout Compagnonnage.
　Jacques, Soubise et Salomon
　Présidaient la réunion ;
Tous trois aussi chantaient à l'unisson :
　　Ah ! qu'ils, etc.

　Les Serruriers, les Menuisiers,
　　Devoirants, adversaires,
　　Passants Tailleurs de pierres,
　Et les Compagnons étrangers,
　　Chantaient la gloire
　　Du vieux Grégoire,
Qui leur versait à tous gaîment à boire.
　Les Charpentiers, les Corroyeurs,
　Ombragés des mêmes couleurs,
S'entredisaient, dans l'élan de leurs cœurs :
　　Ah ! qu'ils, etc.

　Là, chacun y portait son nom,
　　Ses couleurs à sa guise,
　　Et prenait pour devise :
　Liberté pour tout Compagnon.
　　Droits de naissance,
　　De préséance
N'y étaient point disputés d'importance ;
　Là se confondaient tous les rangs ;
　Tous disaient, en hommes galants,
Offrant le pas aux derniers arrivants :
　　Ah ! qu'ils, etc.

　J'allais sortir, lorsque soudain
　　(Jugez de ma surprise)
　　Un des fils de Soubise
　Me reconnaît, me tend la main.
　　— La Coterie ?
　　Dans l'autre vie,
Dis-moi, dit-il, Vendôme, je te prie,
　　Si les fils de nos fondateurs
　　Sont entre eux toujours querelleurs.

—Sans doute. — Hélas! mon cher la-Clef-des-Cœurs,
　　Ah! qu'ils sont fous sur terre
　　De se faire la guerre,
　Tandis qu'ici chacun se traite en frère.

Vendome-la-Clef-des-Coeurs, Blancher-Chamoiseur.

On vient de lire le voyage dans l'autre monde ; cette chanson me fut remise, le 15 avril 1841, par Vendôme-la-Clef-des-Cœurs que de tristes pressentiments devaient avertir, car huit jours plus tard nous avions fait une grande perte ; je l'accompagnai jusqu'à sa tombe ; il n'était plus qu'un cadavre. Mais il a bien rempli sa vie, et sa mémoire restera parmi nous. Le bon Vendôme voulait voir la concorde s'établir entre toutes les Sociétés, et il travaillait à la réalisation de ce qu'il désirait. O vous, qui connaissiez Vendôme et ne pouviez moins faire que de l'estimer, lisez et relisez encore ses dernières chansons, et rappelez-vous bien surtout qu'elles renferment ses dernières pensées, ses derniers vœux.

NE FORMONS QU'UN FAISCEAU.

　　Air de Cambrone, *ou* Je m'en souviens.

La liberté, cette vierge si pure,
De son flambeau vient dessiller nos yeux.
Oh! quelle est belle en sa simple parure,
Comme son front est noble et radieux !
Par son aspect elle fait fuir la haine
Et la discorde avec son noir drapeau,
Puis elle dit : pour briser votre chaîne,
Chers Compagnons, ne formez qu'un faisceau.

De Salomon on vante la sagesse,
Des Compagnons c'est un digne régent,
De maître Jacques on connut la tendresse
Et de Soubise on sut le sentiment.
Oui, qui comprend leurs profondes maximes
Doit être fier de leur riche cadeau ;

Si nous voulons jouir de leur estime,
Chers Compagnons, ne formons qu'un faisceau.

De quels propos ornez-vous vos langages,
Vous méditez, et sur les grands chemins
Pour déployer vos aveugles courages,
Vous vous rendez souvent trop inhumains.
Des Compagnons pour porter la bannière,
De vos deux yeux retirez ce bandeau,
Et répétez jusqu'à l'heure dernière :
Chers Compagnons, ne formons qu'un faisceau.

Avec bonté soulageons l'indigence,
Que tous états soient égaux à nos yeux ;
Du bien d'autrui Dieu nous a fait défense,
De l'envier c'est être malheureux.
Car qui produit mérite notre estime.
Nous sommes tous sur le même tableau
Dont la légende nous exprime :
Chers Compagnons, ne formez qu'un faisceau.

Des faux amis, nous poussant à l'outrage,
Auraient fini par nous anéantir ;
Aux nœuds sacrés du beau Compagnonnage
Méditons tous un meilleur avenir ;
Mais aujourd'hui, forts par l'expérience,
Nous débattant contre un cruel fléau,
Introduisons chez nous la tolérance,
Chers Compagnons, ne formons qu'un faisceau.

Pauvres mortels, tant de haine vous lasse,
Du temps passé détournez le regard ;
De l'avenir mesurez mieux l'espace,
Croyez-en Bien-Décidé-le-Briard.
Chacun de nous, telle est mon espérance,
Mettra ces mots sur le Code nouveau :
Quand il s'agit des enfants de la France,
Chers Compagnons, ne formons qu'un faisceau.

BRAULT, dit *Bien-Décidé-le-Briard*,
Compagnon Toilier du Devoir.

L'ALLIANCE DES CORPS.

AIR : Si le vin.

Liberté (*bis*), sur le Tour de France
De nos Compagnons protége la sainte alliance,
Et nos cœurs (*bis*), par reconnaissance,
  Auront à jamais
Le souvenir de tes bienfaits.

Il faut qu'enfin cette terre
Soit le céleste jardin ;
Que tout Compagnon soit frère
Et l'appui de l'orphelin.
Nous viendrait-il d'Allemagne,
Nous n'en serons point jaloux ;
  D'Italie ou d'Espagne,
   Qu'il s'attable avec nous.
    Liberté, etc.

Amis, redoublons de zèle
Pour réformer nos abus :
Bourguignon-le-Cœur-Fidèle
Vaut la Rose-de-Tournus ;
Ne soyons plus rigoristes,
Qu'on se nomme désormais
  Bon-Soutien-le-Dombiste
   Ou Jean-le-Béarnais.
    Liberté, etc.

Que la discorde et l'envie
S'échappent de notre sein ;
Bannissons la jalousie
Et son infernal venin.
Aujourd'hui qu'on s'humanise
Dans chaque profession,
   Ayons tous pour devise,
    Sans ostentation :
     Liberté, etc.

Des auteurs des plus beaux codes
On admire la raison.

J'en rappelle l'épisode
Par ces mots : paix, union.
Ils veulent dans leur empire,
Ces augustes souverains,
   Que tous y puissent dire
  En se tendant les mains :
    Liberté, etc.

A l'Auteur du Livre du Compagnonnage.

Ne perdez pas l'espérance ;
Agissez matin et soir.
J'ai dans votre expérience
Déjà mis tout mon espoir ;
Pour seconder votre flamme
Bien-Décidé-le-Briard
  Vous jure sur son âme
  De dire avec Panard :

Liberté (*bis*), sur le Tour de France
De nos Compagnons protége la sainte alliance,
  Et nos cœurs (*bis*), par reconnaissance,
    Auront à jamais
  Le souvenir de tes bienfaits.

BIEN-DÉCIDÉ-LE-BRIAD, toilier.

LE SERGENT COMPAGNON (1).

AIR : Je ne suis pas curieux.

Depuis vingt ans, paisible ici j'habite
Tout glorieux de mes anciens exploits ;
Mais aujourd'hui, quel bruit soudain m'agite ?
De Perdiguier je reconnais la voix...
Je comprends bien sa mission divine.
Je suis confus, et vais pour mes erreurs
  Vite cacher ma vieille carabine,
Mes vieux galons, ma canne et mes couleurs.

(1) L'auteur de cette chanson est en effet un ancien maréchal-des-logis.

A dix-huit ans commença ma carrière.
Je fus vainqueur chez l'antique Germain :
Le sort changea, l'arbitre de la guerre
Nous accabla de son affreux dédain.
Ainsi trahis, le Devoir me fascine ;
Je dus, hélas! en proie à mes douleurs,
Abandonner ma vieille carabine,
Mes vieux galons, pour porter les couleurs.

Comme soldat j'ai bravé la mitraille,
En défendant l'honneur de mon pays.
Mais, Compagnon, usant de représailles,
Combien j'ai dû m'attirer de mépris!
D'Avignonnais j'écoute la doctrine,
Et je conçois qu'il faut des temps meilleurs,
Et bien soigner sa vieille carabine,
Ses vieux galons, sa canne et ses couleurs.

Chers Compagnons, pour dissiper l'orage,
De la Vertu recevez les avis,
Et du sergent le modeste héritage
Tout aussitôt reprendra de son prix.
Si vous cessez votre guerre intestine,
Vous vous serez concilié des cœurs,
Qui chanteront la vieille carabine,
Les vieux galons, la canne et les couleurs.

Pour le banquet la déesse Minerve
A préparé son brillant étendard.
Le vieux sergent tient toujours en réserve
Celui de Bien-Décidé-le-Briard ;
Et dans sa joie il tient sa mandoline,
Et fait entendre à ses bons auditeurs
Qu'il peut encor chanter sa carabine,
Ses vieux galons, sa canne et ses couleurs.

Bien-Décidé-le-Briard, Toilier.

LA RÉFORME.

Air : Giroflée au printemps.

Règne d'Astrée chez nous tu dois paraître,
Car le bandeau ne couvre plus nos yeux,

Grâce au progrès la paix va donc renaître,
Et ce beau jour comblera tous nos vœux.
Si parmi nous le farouche désordre
Voulait encore allumer son brandon,
Présentons-lui d'Avignonnais l'exorde.
  Liberté, sous tes lois,
   Nous pourrons sur la terre
   De la vieille mégère
  Écraser le carquois.

. . . .
. . . .

Lorsqu'au banquet le dieu de la vendange
Apparaîtra pour nous dicter ses lois,
Tâchons, amis, de lui donner le change,
Et, sans colère, disons au vieux grivois :
Oui, ta liqueur alimente la verve,
Mais son excès peut rendre furieux ;
Désormais donc la tasse de Minerve
Nous règlera dans nos repas joyeux.
  Liberté, etc.

Amis des vers, le Devoir nous convie,
En ce beau jour partagez mes transports ;
Que près de nous la docte Polymnie
Mêle sa lyre à nos joyeux accords.
Pour compléter ici ce manifeste,
Bien-Décidé vient vous dire à l'instant
Que l'amitié, cette vertu céleste,
Rend les Devoirs partout indépendants.
  Liberté, etc.

  BIEN-DÉCIDÉ-LE-BRIARD, Toilier.

L'ALIÉNÉ.

Depuis un an le souffle aigu d'Éole
Fait de l'écho son messager constant ;
Nous entendons chaque jour la parole
De Perdiguier, que l'on dit si savant.
Et l'un de nous, reluquant son ouvrage,

Dit : quoi! Soubise, et Jacque, et Salomon
Feront la paix dans le Compagnonnage!
Ah! mes amis! il n'a plus sa raison.

En proclamant la moderne doctrine,
Il a, dit-on, trouvé des sectateurs;
Par son projet, que déjà je devine,
Il veut changer notre esprit et nos mœurs.
Quand du Devoir nous vantons le topage,
Ce bien acquis, ce droit du Compagnon,
Il le flétrit, il l'appelle sauvage.
Ah! mes amis, il n'a plus sa raison.

Il a déjà, pour nous donner l'exemple,
Fait de grands frais de paroles en vain;
Mais nous avons notre dieu, notre temple :
Pourquoi rêver un bonheur moins certain?
Il veut, je crois, ce fier Aristophane,
De l'incendie éteindre le tison;
Pour le prouver il a rogné sa canne.
Ah! mes amis, il n'a plus sa raison.

« Réformons-nous, mes amis, le temps presse. »
Vous l'entendez répéter ce refrain.
« Des préjugés, dit-il, brisons la lesse,
Et qu'entre nous l'amour soit pur et sain. »
A son avis il faut sur nos bannières
Inscrire en gros, en signe de blason :
Fraternité chez tous les prolétaires!!!
Ah! mes amis, il n'a plus sa raison.

Et du Briard, du soldat de l'empire,
Du Compagnon si fougueux à trente ans,
Eût-on bien pu en ses beaux jours prédire
Qu'il changerait de si beaux sentiments?
On consulta sur lui maint Esculape,
Car on voulait qu'il entre à Charenton,
L'oracle dit, tout en riant sous cape :
C'est vous, c'est vous, qui perdez la raison.

BIEN-DÉCIDÉ-LE-BRIARD, Toilier.

LE BON VIVANT.

Air : *Lon la lanla dérirette.*

La déesse la Fortune
Ne m'a point favorisé;
Quoique je sois sans pécune,
Je conserve ma gaîté.
Servez-vous de ma recette,
Elle vous réussira,
C'est un lon la lanla dérirette
C'est un lon la lanla dérira.

Je souris à la morale
Que me fait un vieux Crésus,
Je suis enfant de la balle,
Vrai disciple de Bacchus.
Je réponds à la sornette
Que me fait ce bon papa,
Par un lon la lanla dérirette,
Par un lon la lanla dérira.

J'ai de mon pèlerinage
Proscrit le pesant fardeau,
Point de sac, et je voyage
Sans valise ni manteau.
J'ai ma gourde en escopette,
J'ai ma canne que voilà,
Et mon lon la lanla dérirette,
Et mon lon la lanla dérira.

Qu'on me parle de batailles,
D'assaut sur le grand chemin,
Pour user de représailles
Je dirais : Mon cher voisin,
Laissez là votre tapette,
Changez-moi ce refrain là
Pour un lon la lanla dérirette,
Pour un lon la lanla dérira.

. . . .

A la fin de sa carrière,
Pour y fixer le regard,
Gravez : Cit gît, sous la pierre,
Bien-Décidé-le-Briard.
Passants, pour notre poète,
Ne donnez pour *libera*
Que des lon la lanla dérirette,
Que des lon la lanla dérira.

Bien-Décidé-le-Briard, Toilier.

LA PAIX.

Air : de ma Bretagne.

« Barde du travailleur, viens, me dit l'Espérance ;
« Chante aux faibles lueurs du crépuscule éteint :
« La nuit s'est endormie, et l'aurore s'avance
« Sur son char, et la paix auprès d'elle revient.
« L'horizon se colore
« De ce feu précurseur ;
« Un beau jour doit éclore
« Sur ce sol de douleur. »
Ah ! ma voix vous implore,
Accourez, messagers du bonheur !
Il en est temps encore,
Dissipez notre erreur. (*bis*.)

Par la douce pitié tout à coup éveillée,
Notre âme, souriant au progrès qui l'instruit,
S'émeut au jour naissant, contemple, émerveillée,
Les faveurs de la paix qu'enfin elle comprit.
Plus de sanglante arène,
D'exécrable renom ;
Plus de lutte inhumaine
Dégradant notre nom.
Toi, seule souveraine,
Guide-nous, immuable raison,
Sous tes règles entraîne
L'honnête Compagnon.

Oublions nos discords : de sa brûlante haleine
L'aveugle préjugé, sombre enfant de la nuit,
Guidé par le vieux temps, attisa cette haine,
Dont l'amour fraternel trop longtemps a gémi.
   Reste impur du vieil âge,
   Notre lucide esprit
   Désormais se dégage
   De ton lien maudit ;
   A la paix notre hommage !
  Compagnons, frères, Français, amis,
   Serrons-nous, car l'orage
   Menace le pays.

Par la voix du passé, les mânes de nos frères,
Au culte de l'erreur en cent lieux immolés :
« Repoussez, disent-ils, ces Caïns sanguinaires,
Fiers à bras trop fameux dans des temps reculés :
   Cette séve de vie,
   Dans vos corps vigoureux
   Stimulant l'énergie,
   Les élans généreux,
   Est sacrée, et l'impie
   Qui la verse est coupable, odieux ;
   Gardez pour la patrie
   Votre sang précieux. »

L'humanité grandit, le jeune âge la berce,
D'un visage serein semble apaiser son cri ;
Dans ses bras caressants, les larmes qu'elle verse
Ne tombent pas en vain sur son cœur attendri.
   Quand la presse ensemence
   Dans ce sillon nouveau,
   Préparant l'abondance,
   Un avenir plus beau ;
   D'utiles connaissances.....
  De nos maux font échapper le sceau.
   Arrière, ignorance,
   Fuis avec ton bandeau.

Sur nos pas égarés la raison illumine ;
Loin de nous, Compagnons, sottes préventions ;
Aimons-nous ici-bas, suivons la loi divine :
Nos plus grands ennemis, ce sont nos passions.

Fraternelle tendresse,
Assainis à jamais
Le cœur de la jeunesse
Par ton baume parfait ;
Qu'une sainte allégresse,
Don du ciel, et régnant désormais,
Nous présente sans cesse
L'asile de la paix.

BENARDEAU, dit *Tourangeau*,
Affilié menuisier du Devoir de Liberté.

MON RÊVE.

AIR : Le long de la rivière, *ou* des Cent louis d'or.

Ennemi de toute critique,
Partisan d'un accord parfait,
Amis, permettez que j'explique
Un charmant rêve que j'ai fait.
A peine dessus mes paupières
La nuit eut versé ses pavots,
Que je me vis parmi mes frères
Les Devoirants, Loups et Gavots.
Là la paix n'étant point troublée,
Tour à tour au pied d'un autel,
Qui dominait cette assemblée,
Chaque corps pose son cartel.

Avec respect quittant leurs places,
Les sympathiques maréchaux
Vont voir mettre des mains des grâces
Leur : Oui !... sur nos codes nouveaux.
Les vitriers, tailleurs de pierre,
Les bourreliers et les tourneurs,
Les charpentiers, tous vrais confrères,
Présentent la palme aux tanneurs.
Les cordonniers viennent ensuite
Suivis des toiliers, des charrons ;
Avec plaisir je vis la suite
Formée de braves forgerons.

Les ferrandiniers, dont l'ouvrage
Semble défier tous les arts,
Et dont l'admirable tissage
Se déploie dans nos étendards;
Mus par l'amour de la concorde,
Vanniers, sabotiers et tondeurs,
Foulent sous leurs pas la discorde,
Vont de pair avec les fondeurs.
Alors, oh! bonheur indicible!
Les chamoiseurs, les ferblantiers,
D'un élan tout irrésistible
Signent avec les serruriers.

Le front coloré d'allégresse,
Les selliers et les chapeliers,
Entrent aussi avec noblesse,
Suivis des cloutiers, des poêliers.
Les menuisiers, de qui la France
Possède de tant beaux travaux,
Les teinturiers, dont la science
Fait partout surgir des rivaux;
Enfin, dans ce banquet de braves,
Plâtriers, couteliers et couvreurs,
Ayant brisé toutes entraves,
S'inscrivent avec les doleurs.

Le congrès touchait à son terme,
Lorsque les trois grands fondateurs
S'embrassent, et d'une voix ferme
Commandent l'union des cœurs.
A travers la masse compacte,
Des trois beaux Devoirs étrangers,
Nous avançons signer le pacte,
Nous les cordiers, eux boulangers;
Déjà, d'une joie ineffable,
Je célébrais cette fusion,
Mais la chose la plus aimable,
Hélas! ne fut qu'une illusion.

Collomp, dit l'Estimable-le-Provençal,
Compagnon Cordier du Devoir.

DEVOIR DES COMPAGNONS.

Air du Vigneron.

Sur le sol où nous voyageons,
Et où de droit chacun respire,
Amis, laissons aux Compagnons
La place que chacun désire.
Dissipons de vieux préjugés,
Plus de sentiments divisés ;
   Concorde entre nous,
    Et puis chantons tous :
     Non, plus d'aigreur,
Et que chacun répète en chœur
Cette chanson des Compagnons ;
Unis par l'accord, l'union,
Chantons ensemble à l'unisson
Cette chanson des Compagnons.

Respect à la vocation,
Honneur à tout Compagnonnage,
Et sur la route, amis, laissons
A tous le plus libre passage ;
Plus de guerre, plus de combats.
Qu'en ce jour tous les corps d'états
   Signent l'union
   Et fassent fusion.
     Non, plus d'aigreur, etc.

Plus d'inégalité de rangs,
Plus de révoltant privilége ;
Laissons dans l'oubli des vieux temps
La haine et son hideux cortége ;
Ayons tout commun entre nous,
Nos fardeaux en seront plus doux.
   Et tous bien d'accord,
   Répétons en corps :
     Non, plus d'aigreur, etc.

N'admettons dans nos chants joyeux
Que Bacchus, l'honneur et la gloire,

Que la satire, jeunes et vieux,
Soit rayée jusque dans l'histoire.
Soubise, Jacques, Salomon,
En vos noms plus de dissension.
   Sachons être heureux,
   Mieux que nos vieux.
    Non, plus d'aigreur, etc.

Chantons la paix, et ce refrain
Fera couler gaîment la vie ;
Ensemble buvons ce bon vin,
Ce doux père de la folie.
Gloire au patron du rouge-bord,
Que nos Sociétés soient d'accord ;
   Toutes chanteront
   Et répéteront :
    Non, plus d'aigreur, etc.

EUGÈNE-FRANÇOIS (dit *Deblois*), l'*Enfant du génie*,
   Compagnon Charpentier du Devoir de Liberté.

EMBRASSEZ-VOUS ET DONNEZ-VOUS LA MAIN.

AIR de l'*Orphelin polonais*.

Réfléchissant dans une nuit profonde,
Je regardais la majesté des cieux,
Lorsque soudain il m'apparut une ombre,
Ombre chérie au nom majestueux.
Le fondateur de nos sacrés mystères
Me redisait ce précepte divin :
Dieu vous a dit : Tous les mortels sont frères,
Embrassez-vous et donnez-vous la main.

Lorsque jadis, en flétrissant le vice,
Je vous donnai ma première leçon,
Les fondements de mon grand édifice
Furent les arts, l'honneur et la raison.
Vous déviez de routes aussi chères,
Ah ! revenez dans votre bon chemin.
   Dieu vous a dit, etc.

Pour vous aimer, vous servir, vous connaître,
Je vous donnai des signes et des lois ;
Vous divisant, vous servirez le maître
Qui chaque jour empiète sur vos droits.
De l'ouvrier soulagez la misère,
Pour qu'à son tour il vous fasse du bien.
  Dieu vous a dit, etc.

Vous, Compagnons, qui travaillez la pierre,
Pourquoi vouloir vous arroger des droits ?
Vous croyez-vous faits d'une autre matière
Que votre ami qui travaille le bois ?
Vous escomptez, comme des mercenaires,
Votre talent contre un morceau de pain.
  Dieu vous a dit, etc.

Plus de ces riens, plus de ces bagatelles,
Alimentés par un fatal orgueil ;
Plus de combats, trop sanglantes querelles
Qui trop souvent vous ont couverts de deuil.
Dessus le Tour ralliez vos bannières
Pour en former un immortel lien.
  Dieu vous a dit, etc.

Dans le repos, à l'ombre de vos treilles,
Riez, chantez comme un peuple d'amis ;
Ne jetez plus le produit de vos veilles
Dans l'antre obscur de l'aveugle Thémis.
Retenez bien ces conseils salutaires,
Et répétez ce fraternel refrain :
  Dieu vous a dit, etc.

LYON, dit *Parisien-Bien-Aimé*, Compagnon
Cordonnier-Bottier du Devoir.

A L'AUTEUR DU LIVRE DU COMPAGNONNAGE.

Obscur comme la nuit, sans talent ni génie,
Je tente de rimer, heureux si l'harmonie
  Se trouve dans mes vers.
Moi, ne connaissant rien, pas même la cadence,
Ma plume ne saurait bien écrire une stance
  En rimant de travers...

Je viens de parcourir avec plaisir l'ouvrage
Créé par votre plume, et dont le titre sage
  Charme le Compagnon :
Ce livre est le reflet de votre âme candide,
Et des principes saints poussant au sol aride
  Comme le champignon.

Je ne réfute point ces nombreuses missives
Dont le venin amer déborde en invectives;
  L'appréciation
Vous donne large part à l'œuvre fraternelle.
Votre nom restera gravé comme un modèle
  De la sainte union.

Pardon de fatiguer votre mansuétude,
De venir vous troubler dans votre solitude
  Par des vers ennuyeux.
Je manque, je le sais, de sens et d'éloquence;
Je demande pour moi toute votre indulgence,
  Là se bornent mes vœux.

Quelle tâche pour vous! quelle entreprise immense!
Quel amour pour le bien! et qu'il faut de constance
  Quand la détraction
Insulte l'équité paisible en son domaine,
Troublant partout la paix, cherchant partout la haine
  Et l'agitation....

Blâmons avec douceur l'ordre inqualifiable
Qui le premier osa toucher à l'équitable...
  Faisons comme Jésus...
Vengeons-nous du soufflet qu'on nous jette à la face
En tendant l'autre joue, et sachons faire grâce
  A ces faux Spartacus.

Plus de dissensions, et surtout plus de haine;
Invoquons de Thémis et de sa fille Irène
  Le sublime étendard;
Tournons à la vertu la discorde vaincue;
Que la juste raison, si longtemps méconnue,
  Nous serve de rempart.

Un jour, un jour viendra couronner le mérite
Du noble Perdiguier; que tout sage l'imite!
  Marchons vers le progrès...

Que les Sociétés, n'importe leur devise,
Invoquant Salomon, maître Jacque ou Soubise,
    Chantent en chœur la paix.

Du fond de votre exil ne cessez pas d'écrire,
Les jaloux et les sots, laissez-les rire et dire,
    Propagez l'équité;
Avec la même ardeur répandez la semence;
Qu'un jour les Compagnons aient pour reconnaissance
    Ce mot : fraternité!

Je vous envoie ci-joint trois chansons bien modiques,
Leurs couplets, je le sais, sont très peu poétiques;
    Mais je serais content
S'ils méritaient de vous quelques mots de réponse,
Fussent-ils simplement une rude semonce
    De l'ex-représentant.

    Escolle, dit *Joli-Cœur-de-Salernes* (Var),
Compagnon Tailleur de pierre du Devoir étranger.

FRATERNITÉ COMPAGNONNIQUE.

Air : J'ai des balles, j'ai de la poudre.

Compagnons de tous les Devoirs,
Puisqu'un même accord nous rallie,
Réunissons tous nos pouvoirs,
Fuyons la discorde et l'envie;
Des siècles se sont écoulés
Dans les mépris et dans les haines,
Mais quel sang coulait dans nos veines?
Oublions, ces jours sont passés.

Suivons le sentier des lumières,
Allumons le flambeau des arts,
Portons vers lui tous nos regards,
Soyons unis et soyons frères.

Oh! vous qui gardez un remord,
Que la raison soit votre guide;
Pensez quel serait votre tort
Si vous deveniez fratricide;

Celui qui n'est pas de votre art,
Comme vous, il a son génie ;
Pourquoi le blâmer, quelle envie !
De talent n'a-t-il pas sa part ?
    Suivons, etc.

Respectons chaque Société,
Si nous voulons qu'on nous respecte ;
Que partout la fraternité
Soit parmi nous l'unique secte ;
Que maître Jacques, Salomon
Soient nos deux héros pour devise,
Sans oublier maître Soubise ;
Plus de scrupule pour un nom.
    Suivons, etc.

Phœbus, épands tes doux rayons
Sur l'univers qui te contemple ;
Thémis, va dire aux Compagnons
Qu'Irène vient d'ouvrir son temple ;
Avec la pointe d'un compas
Apollon grave au frontispice
Ces mots : vertu, talent, justice,
Que le temps n'effacera pas.
    Suivons, etc.

    Joli-Cœur-de-Salernes, Tailleur de pierre.

L'UNION DU COMPAGNONNAGE.

Air de la Marseillaise.

Coteries, sous la même bannière,
Réunissons-nous sans retard ;
Que la plus ardente lumière
Nous éclaire de toute part. (*bis*.)
Plus de haine, plus de discorde !
Ces mots retentissent partout ;
La liberté se met debout
Et nous proclame la concorde.
    Union, fraternité !
    Sagesse et probité !

D'un même accord soyons unis,
Compagnons réunis.

Nous avons franchi la barrière,
Et le flambeau de l'unité
Nous montre sa douce lumière
A la voix de la liberté.
Coteries, oublions la rancune,
Qu'elle disparaisse en lambeaux
Et se cache au fond des tombeaux ;
Car nos Sociétés n'en font qu'une.
  Union, etc.

Nous avons vu tomber un frère
Sous la canne d'un Compagnon,
Préférant mordre la poussière
Que ne pas révéler son nom.
Nous contemplions notre victime
Comme des lions furieux.
Vainqueurs ! étions-nous plus heureux ?
Non ! c'était tomber dans l'abîme.
  Union, etc.

Coteries, marchons vers la bonne œuvre,
C'est le plus grand de nos devoirs...
Pour nous tous c'est un beau chef-d'œuvre
Que de réunir nos Devoirs.
Quand sur le noble Tour de France
Des Compagnons se toperont,
La même gourde ils videront
En l'honneur de notre alliance.
  Union, etc.

Sublime leçon pour nos pères !
Tous les Compagnons sont égaux ;
Chaque Société sera fière
De ne plus avoir de rivaux.
Enfants de tout Compagnonnage,
Chantez en chœur notre unité ;
La paix et la fraternité
Font le bonheur de l'homme sage.
  Union, etc.

Si quelqu'un de nous, par bassesse,
Refusait d'être notre ami,
Sachons respecter sa faiblesse,
N'agissons pas en ennemi.
Que la sagesse nous devance,
Soyons doux envers l'ignorant,
Et plus tard ce terrible enfant
Embrassera la tolérance.
  Union, etc.

JOLI-CŒUR-DE-SALERNES, Tailleur de pierre.

MARIONS NOS COULEURS !

AIR: *Mes bons amis, ne troublez pas mon rêve; ou de Vive Paris.*

Non, désormais chez nous plus de discorde,
Le temps n'est plus, le siècle en est passé,
De toute part on chante la concorde,
Et nous haïr, ce serait insensé...
De nous grouper sous la même bannière,
C'était le vœu des trois grands fondateurs;
L'heure a sonné, franchissons la barrière, } *bis.*
Chers Compagnons, marions nos couleurs.

Admirons cette belle nature
Quand le printemps a chassé les glaçons;
Les prés, les champs reprennent leur verdure,
Et les oiseaux chantent dans les buissons;
On ne voit pas s'y disputer l'insecte,
Vivant en paix et des mêmes faveurs !
Serions-nous moins ? Ne formons qu'une secte,
Chers Compagnons, etc.

Nous construisons ici pour la patrie
Ce monument où l'univers entier
Apportera son art, son industrie,
Trésors sortis des mains de l'ouvrier.
Allons poser le bouquet unitaire;
Sur le sommet, montons, appareilleurs !
Que le progrès dise à toute la terre
Que nous avons marié nos couleurs.

N'imitons pas l'œuvre des Danaïdes,
Soyons utiles à tout le genre humain ;
Se repousser, c'est être fraticides,
Quand Dieu nous dit... Donnez-vous tous la main !
L'humanité nous montre la justice,
Pour les abus soyons des moissonneurs,
Et que l'amour du prochain nous unisse.
  Chers Compagnons, etc.

A l'ignorance on doit le fanatisme,
L'intolérance et la brutalité ;
Le vrai savoir détruit le scepticisme
Et nous apprend la douce charité ;
Étudions ensemble le principe
Conduisant l'homme à des sentiers meilleurs,
Et puis du Christ suivons le prototype.
  Chers Compagnons, etc.

Ainsi que nous, frères du Tour de France,
Foulez aux pieds toutes dissensions :
Plus de dédain, de sotte répugnance,
Et dans vos chants trêve aux vexations ;
Lorsqu'il nous faut construire un édifice,
On a besoin de tous les travailleurs ;
Si vous aimez la paix et la justice,
  Chers Compagnons, mariez vos couleurs.

Pour cimenter l'union désirable,
L'instruction peut seule la donner,
A tout jamais elle sera durable ;
Nous comprendrons le bonheur de s'aimer ;
Pour nos enfants nivelons cette arène
Où l'égoïsme a semé les erreurs...
C'est aujourd'hui qu'il faut rompre la chaîne,
  Chers Compagnons, etc.

En ce grand jour de joie où la paix brille,
Si nos aïeux sortaient de leur tombeau,
Voyant en nous une seule famille,
Tous éclairés par le même flambeau,
Heureux et fiers de cette œuvre sublime,
Ils béniraient les jeunes novateurs,
En s'écriant d'une voix unanime :
  Chers Compagnons, etc.

Pour obtenir l'estime populaire,
Il faut savoir vaincre les préjugés ;
Chacun de nous doit se traiter en frère,
Qu'en un faisceau nos Devoirs soient rangés.
Donnons la main au faible sans ouvrage,
Et nous serons chéris de tous les cœurs !
Pour professer le vrai Compagnonnage,
Chers Compagnons, marions nos couleurs.

JOLI-CŒUR-DE-SALERNES, Tailleur de pierre.

AU TOUR DE FRANCE.

Dédiée à mon ami Perdiguier, auteur du Livre du Compagnonnage.

AIR : Laissez les roses au rosier.

Compagnons de toute nuance,
Qui voyagez remplis d'espoir
D'acquérir par l'intelligence
Du renom dans votre Devoir ;
Aux chants joyeux de la colline } *bis.*
Succèdent ceux de l'atelier..... }
Pour connaître votre origine, } *bis.*
Lisez le livre à Perdiguier, }
Lisez le livre à Perdiguier.

Semblable à Socrate le sage,
Ses principes sont des meilleurs ;
Il veut par le Compagnonnage
Rendre amis tous les travailleurs.
On trouve chez toutes les *mères* } *bis.*
Cette bible de l'ouvrier. }
Pour apprendre à s'aimer en frères } *bis.*
Lisez le livre à Perdiguier, }
Lisez le livre à Perdiguier.

Pourquoi ces terribles batailles,
Ce sang horriblement versé ?
Jadis les pavés, les murailles,
En furent trop éclaboussés.

Ce temps est perdu dans l'espace, } *bis.*
Le plomb seul reste meurtrier.
Au progrès il faut faire place, } *bis.*
Lisez le livre à Perdiguier,
Lisez le livre à Perdiguier.

En voyageant de ville en ville,
Si vous rencontrez en chemin
Un adversaire au pas agile,
Vous topant la canne à la main,
Votre mot de reconnaissance } *bis.*
Doit être : *paix à l'ouvrier.*
Pour faire une sainte alliance, } *bis.*
Lisez le livre à Perdiguier,
Lisez le livre à Perdiguier! »

Joli-Cœur-de-Salernes, Tailleur de pierre.

L'ÉDIFICE COMPAGNONNIQUE.

Air : *Petits oiseaux de la nature.*

La base de notre édifice
Nous menace d'un abandon,
Evitons ce grand sacrifice,
Oublions nos dissensions.
Que notre antique bienfaisance
Répande ses soins généreux,
Car bientôt sur le Tour de France (*bis.*)
Vont renaître des jours heureux.

Dans le temple de la concorde,
Où doit s'opérer la fusion,
Eloignons l'infâme discorde
Pour ne former qu'une union.
Plus de privilége éphémère,
Tous les corps, sans distinction,
Signeront l'acte du mystère (*bis.*)
Qui doit unir les Compagnons.

A l'œuvre, enfants du Tour de France,
Cimentons le nœud fraternel,
Unissant notre intelligence

Pour un Devoir universel.
La fusion nous sera prospère,
Pour notre bien, pour notre honneur,
Car elle nous rendra tous frères, (*bis*.)
Compagnons, c'est là le bonheur.

Tenant le glaive de justice,
Et le flambeau de la raison,
Nous détruirons l'abus, le vice,
Qui sapent nos institutions.
Les vertus du Compagnonnage
Seront dans nos réunions,
Elles formeront l'apanage (*bis*.)
Et le titre des Compagnons.

Dans cette marche aussi féconde,
Le Dieu des arts nous guidera
Vers l'avenir d'un nouveau monde,
Par l'entente des corps d'états.
O Salomon ! Jacques ! Soubise !
Vos ordres seront un doux lien,
Car vos enfants ont pour devise : (*bis*.)
Vertus, talents, amour du bien.

BONNET, dit *Lyonnais-la-Franchise*, Compagnon
Blancher-Chamoiseur du Devoir.

LES VOEUX D'UN COMPAGNON.

A chaque année, c'est là l'usage,
Dans le noble Compagnonnage,
Des voeux, des toasts sont portés
A nos amis, êtres aimés.
Chacun de vous, sans artifices,
Viens pour y goûter les délices
De l'amitié, de l'union.
Voilà le Compagnon, voilà le Compagnon.

Suppôts de la philanthropie,
Sachons diriger notre vie
Dans la justice et la vertu,
Dont notre coeur doit être imbu.

Oublions toutes les querelles
Des corps d'états les plus rebelles ;
Formons une sainte union ;
Voià le Compagnon, voilà le Compagnon.

Amis, le siècle nous condamne,
Sur nos préjugés il nous blâme,
Gémit sur nos dissensions
Qui violent nos institutions.
Entrons dans un autre hémisphère,
Suivons l'éclatante lumière
Qui luit aux yeux des nations.
Voilà le Compagnon, voilà le Compagnon.

L'hydre des temps mauvais, mes frères,
Disparaîtra de cette terre
Par notre accord perpétuel
Et notre dogme universel.
Admis dans l'arche d'alliance
Les corps de toutes les nuances
Seront beaux d'abnégation.
Voilà le Compagnon, voilà le Compagnon.

Appuyés sur un grand prinpipe,
L'intelligence s'émancipe,
Et prend pour but l'humanité
Et la douce fraternité.
Que l'amour des belles maximes
Chasse l'erreur de nos doctrines,
Et de nos ruches les frelons ;
Voilà le Compagnon, voilà le Compagnon.

Amis, Lyonnais-la-Franchise,
A tous les enfants de Soubise
De maître Jacque et Salomon,
Prêche une bien prompte fusion ;
Le monde enfin dans son attente
Va voir inscrit sur notre temple :
Travail, industrie, union.
Voilà le Compagnon, voilà le Compagnon.

LYONNAIS-LA-FRANCHISE, Blancher-Chamoiseur.

L'ALLIANCE DES COMPAGNONS DE TOUS LES DEVOIRS.

Air du chœur des Girondins.

Compagnons de tous les mystères,
Devoirants, Passants, Etrangers,
Aujourd'hui nous devenons frères,
Gardons-nous des serments légers.
 Sur le beau Tour de France (*bis*.)
  Chantons l'égalité
  Et la fraternité ;
  Vive notre alliance !

Enfants de tout Compagnonnage,
Au saint nom de l'humanité,
Que notre union soit le gage
De la paix et de l'unité.
 Sur le beau Tour de France, etc.

Que maître Jacque ait sa famille,
Que Salomon ait ses enfants ;
Mais qu'à toujours l'unité brille
Entre Etrangers et Devoirants.
 Sur le beau Tour de France, etc.

Jamais les ciseaux de la Parque
Ne nous trouveront désunis ;
De Caron en passant la barque
Nous ne verrons que des amis.
 Sur le beau Tour de France, etc.

Signons au livre de l'histoire
Ce pacte saint de fusion,
Nos fils y liront notre gloire
Et béniront notre union.
 Sur le beau Tour de France, etc.

DENAT, dit *La-Franchise-de-Castelnaudary*, Compagnon
 Tailleur de pierre du Devoir étranger.

ESPOIR DANS L'AVENIR.

Dédié à Agricol Perdiguier.

Air des Trois Couleurs.

A tous les corps du beau Compagnonnage
Je viens prédire un avenir heureux ;
O Perdiguier ! ami de ton ouvrage,
Je dois mêler mon espoir à tes vœux,
De ton esprit la plus vive lumière
Sur tous les corps jettera ses rayons,
A sa clarté on verra, je l'espère,
Le vrai bonheur (*bis*) de tous les Compagnons.

Au désaccord qui souvent nous divise
Succédera l'union et la paix,
Et dans le lieu où l'homme fraternise
Les Compagnons s'uniront pour jamais.
De Salomon respectons les lois sages ;
Jacques, Soubise ont suivi ses leçons ;
Honorons-les dans le Compagnonnage,
Pour le bonheur de tous nos Compagnons.

Les corroyeurs, par un aveu sincère,
Des charpentiers obtiendront la faveur
De se parer, à leur juste manière,
De la livrée insigne de l'honneur.
Les chapeliers céderont l'avantage
Dû aux toiliers, qui honorent leurs noms,
Et les cloutiers au droit rendront hommage,
Pour le bonheur de tous les Compagnons.

Du beau progrès nous vivons en arrière,
Mais l'avenir verra nos devanciers
Les Compagnons passants tailleurs de pierre,
Céder un jour le pas aux chapeliers.
Les imitant, chacun par politesse,
Dira : passez, en frères nous vivons ;
Les plus anciens cèdent à la jeunesse,
Pour le bonheur de tous les Compagnons.

Oui, le besoin un beau jour fera naître
L'égalité parmi les ouvriers.
Par tous les corps on verra reconnaître
Les Compagnons tisseurs-ferrandiniers.
Pour mieux jouir de cette union si chère,
Pour les sept corps, on verra les charrons
Aux maréchaux tendre une main de frère,
Pour le bonheur de tous les Compagnons.

Ceux qui jadis du feu de la discorde
Alimentaient les effets désastreux,
Par leur sagesse, au sein de la concorde,
Se placeront pour vivre plus heureux.
Les cordonniers, des tondeurs les adeptes,
Vivront en paix, selon mes prévisions ;
Les boulangers recevront nos préceptes,
Pour le bonheur de tous les Compagnons.

Lorsque ma muse sera embarrassée,
Oh ! Perdiguier ! pour émettre mes vœux,
Tu donneras sans doute une pensée
A Angoumois nommé le Courageux.
Des chamoiseurs j'étudie les mystères,
De la vertu j'observe les leçons :
Formons la chaîne qui doit lier nos frères,
Pour le bonheur de tous les Compagnons.

    Pissot, dit *Angoumois-le-Courageux*, Compagnon
  Blancher-Chamoiseur du Devoir.

LA RENCONTRE DE DEUX FRÈRES.

Air de la fin du Roman.

De l'union vous qui formez le temple,
A ce récit prêtez attention ;
Du désaccord consultez cet exemple,
Et vous serez plus parfaits Compagnons.
Que votre cœur soit le juge sévère,
La vérité est le meilleur soutien.
Oh ! pensez-y ! tous les hommes sont frères, } *bis.*
Unissez-vous, et soutenez-vous bien.

Malheureux jours, où le Compagnonnage
Donnait l'essor à sa brutalité !
En ce temps-là, au printemps de son âge,
Joseph partit chercher la liberté ;
Esprit charmant, bon cœur, ami sincère,
En voyageant il chantait ce refrain :
   Oh ! pensez-y ! etc.

Le croiriez-vous ? sur la commune route,
Par un seul cri Joseph est arrêté,
On lui crie : tope !... Il répondit sans doute :
Aux charpentiers j'ai promis fermete.
Mais aussitôt réplique une voix fière :
Des boulangers je suis le bon soutien.
   Oh ! pensez-y ! etc.

Des deux côtés sanglant combat s'apprête...
Le boulanger, étendu dans son sang,
Pousse ce cri : C'est moi ! Joseph ! arrête...
C'est toi, mon frère ! ô Victor... je comprends !!...
En ce moment, un vieillard, leur bon père,
Par le hasard conduit sur ce chemin,
Dit : mes enfants, tous les hommes sont frères,
Unissez-vous, et soutenez-vous bien.

Mes chers enfants ! faut-il que ma vieillesse
Soit mise en deuil par ce cruel tableau ?
Dit cet ancien, que l'âge et la faiblesse
N'ont que trop tôt rapproché du tombeau.
Que ce malheur arrête la colère
De tout méchant, de tout homme inhumain,
   Oh ! pensez-y ! etc.

Quand pour ses fils un père meurt, pardonne,
Ce sentiment au bien doit nous guider.
Oh ! croyez-moi, un enfant devient homme,
Un cœur ingrat peut bien se reformer.
Que le malheur, que des larmes amères
Sur nos parents ne tombent plus enfin,
Oh ! pensez-y ! tous les hommes sont frères, } *bis*.
Unissez-vous, et soutenez-vous bien.

   ANGOUMOIS-LE-COURAGEUX, Blancher-Chamoiseur.

AGRICOL PERDIGUIER.

Air du Ballet des Pierrots.

Toi qui sais si bien nous instruire,
Daigne agréer mes faibles chants;
Ton livre, que je viens de lire,
Devrait désarmer les méchants.
Ta vertu s'y montre en personne,
Quoiqu'en lettres sur le papier.
Chaque Compagnon qui raisonne
Chérit Agricol Perdiguier.

Eh quoi! l'infâme calomnie
Osa s'appesantir sur toi!
Mais ta conduite et ton génie
Ont mis le méchant dans l'effroi.
Crois bien que sur le Tour de France
Le progrès, que suit l'ouvrier,
Rend hommage à l'intelligence
Du digne Agricol Perdiguier.

Ami, laisse aboyer l'envie,
Car à ses cris nous sommes sourds,
Le temps a déroulé ta vie,
Elle brille dans tout son cours;
Le masque tombe et l'homme reste,
Ainsi l'a dit un chansonnier;
Honte donc au sot qui moleste
Le digne Agricol Perdiguier!

Si l'idiot retardataire
Osait mépriser tes leçons,
Il serait bientôt solitaire
Au sein même des Compagnons.
Arrière de nous le topage;
Ce mot là reste roturier,
Puisqu'il est flétri dans l'ouvrage
Du digne Agricol Perdiguier.

Ami, quoique loin l'un de l'autre,
Alençon-le-Bien-Décidé
Jure qu'il sera ton apôtre,
Peut-être un jour ton affidé.
Quand je lis ta biographie
Mes pleurs inondent le papier ;
J'admire la philanthropie
Du digne Agricol Perdiguier.

Alençon-le-Bien-Décidé, Compagnon Menuisier.

UNISSONS-NOUS.

Unissons-nous, chers Compagnons,
Chassons loin nos divisions :
Montrons à tous nos jeunes frères
L'utilité de nos mystères.
Instruisons-nous en voyageant ;
Travaillons toujours en chantant :
L'union, l'hymen, l'abondance,
Voilà les enfants de la France. (*bis*.)

Tailleurs de pierre, charpentiers,
Forgerons, et vous, menuisiers,
C'est l'union qui fait la force,
Il ne nous faut pas d'autre amorce.
Les laboureurs, les paysans,
De la France enfin les enfants
Sont pleins de joie et d'espérance :
Vivent les enfants de la France ! (*bis*.)

Travaillons pour l'humanité,
Chérissons la fraternité :
Allons, Compagnons, du courage,
Nous ne manquerons pas d'ouvrage.
Toujours gais, vaillants et dispos,
Ne restons jamais en repos ;
Soyons utiles à la patrie,
Et pensons à la douce amie. (*bis*.)

N'oublions pas l'adversité,
La force de l'humanité,

Lorsqu'un de nous, dans la misère,
Ne pourra soulager sa mère,
Que chacun montre de l'ardeur
En apportant une douceur.
C'est là tout le Compagnonnage,
C'est là tout l'esprit de notre âge. (*bis.*)

Pourquoi Jacques et Salomon
Causent-ils la désunion?
O! laissons-là cette maîtrise,
Soyons moins soumis à Soubise;
Un mort ne vaut pas un vivant;
Marchons donc toujours en avant,
Abandonnons toute discorde,
Et vivons toujours en concorde. (*bis.*)

CŒURDACIER, dit *Joli-Cœur-de-Darney*, Compagnon
Tailleur de pierre de l'Union.

LES AUTEURS.

AIR : Fais, Dieu puissant, que l'homme généreux, etc.,
ou : Laissez en paix vivre les orphelins.

Graves auteurs, qui formez le Parnasse,
Pour dans vos chants célébrer l'union,
Persévérez, votre sublime audace
Du Tour de France a l'approbation.
Que sous vos doigts vos lyres immortelles
N'enfantent plus de sons discordieux,
Et les rayons d'un soleil lumineux
Feront sur vous jaillir mille étincelles.
  Fille du ciel, pure fraternité,
  Inspire-leur ta douce humanité.

Toi qui naquis dans la fière Lutèce,
Oh! BIEN-AIMÉ! salut à ton savoir...
Bien jeune encor, gravissant le Permesse,
Tu nous chantais les vertus du Devoir.
Si de ton luth, ravissante harmonie,
Le Tour de France a gardé les doux sons,
Fais-lui toujours résonner les chansons
Où le progrès fait briller ton génie.
  Fille du ciel, etc.

Enfant sevré par les filles savantes,
Toi que Pallas nomma l'AMI DES ARTS,
Laisseras-tu les neuf sœurs languissantes
Sans te montrer sensible à leurs égards?
Crois-moi, reprends ta lyre enchanteresse,
Le temps commande aux amis du progrès.
Du travailleur prenant les intérêts,
Proclame-les par tes chants d'allégresse.
    Fille du ciel, etc.

Toi, BIEN-AIMÉ DU BRILLANT TOUR DE FRANCE,
Ta Polymnie électrise nos cœurs;
L'amour du bien, par ton expérience,
Sur l'union répand ses belles fleurs.
Du beau Devoir chantre heureux que j'admire,
Chante les lois du sage fondateur,
Et du progrès, roi régénérateur,
Fais-en vibrer les cordes de ta lyre.
    Fille du ciel, etc.

Le blond Phébus de la belle Provence,
Cher BIEN-AIMÉ, réchauffe tes esprits;
Tes vers heureux, construits par la science,
Avec candeur brillent dans tes écrits.
Pour le Devoir ta vierge poétique
Va méditer dans le vallon sacré,
Et pour gravir le haut mont révéré
Tu sais l'orner de ton voile mystique.
    Fille du ciel, etc.

Gais chansonniers des corps que je révère,
Salut à vous, salut! trois fois salut!!!
Quand près de vous l'orphelin trouve un père,
La main de Dieu accorde votre luth.
Bardes joyeux, chantez, faites entendre
De doux concerts de paix et d'union;
La terre écoute, et la division
S'enfuit au loin ne pouvant vous comprendre.
    Fille du ciel, etc.

Donne l'essor à ta muse timide,
Cœur généreux, tu la dois au Devoir;
Un jour viendra que son vol plus rapide
Sur l'Hélicon placera ton savoir.

Si ton soleil, dans le ciel poétique,
Y doit un jour étaler ses rayons,
Crois, cher NANTAIS, que tes productions
Seront les fruits d'une saine logique.
    Fille du ciel, etc.

Le feu divin de ta verve lyrique,
Cher BOURBONNAIS, charme l'ami des arts,
Ta gaîté franche, et toute véridique,
Du sérieux attire les regards.
Reprends ton luth, ALBIGEOIS t'en supplie,
Rechante encore l'hymne de l'union,
Ce doux labeur d'une inspiration
Qui pour toujours nous unit et nous lie.
    Fille du ciel, etc.

CAPUS, dit *Albigeois-l'Ami-des-Arts*,
Compagnon Cordonnier-Bottier du Devoir.

A PERDIGUIER,

COMPAGNON MENUISIER DU DEVOIR DE LIBERTÉ.

AIR : du curé du village. Venez sur l'humble pierre,
A genoux faire une prière.

REFRAIN.

  A Perdiguier le sage,
Rendons, rendons un pur hommage,
 Puisqu'il sape tous nos abus ;
Ornons de fleurs ses modestes vertus.

  Bons enfants du Devoir,
C'est son humain savoir
Qui du beau Tour de France
Bannit l'intolérance,
Dont les effets cruels,
Dans la rixe sanglante,
A glacé d'épouvante
Les paisibles mortels.
    A Perdiguier, etc.

Ce moderne Nestor,
Des mœurs de l'âge d'or,
Pour le Compagnonnage
Il retrace l'image,
Quand pour l'humanité
Sa main soulève un voile
Qui cachait une étoile
A la fraternité.
   A Perdiguier, etc.

De ses doctes écrits
Thémis connaît le prix,
Chaque vers de sa verve
Enfante une Minerve ;
Donc, les vrais Compagnons,
Abjurant leur rancune,
En posséderont une,
Pour suivre ses leçons.
   A Perdiguier, etc.

Pour jouir désormais
De cette douce paix
Décrite par sa plume
Sans fiel, sans amertume,
De sa bouche de miel
Redites le langage,
Et le Compagnonnage
Sera béni du ciel.
   A Perdiguier, etc.

En nous édifiant,
Du temple d'Orient
Il nous conte l'histoire ;
Fidèle à sa mémoire,
Inspiré par l'accord,
Son cœur pur et sincère
Du salut qu'on révère
Il nous conduit au port.
   A Perdiguier, etc.

De vos chers intérêts,
Compagnons du progrès,
Avec persévérance

Sa voix prend la défense ;
Unissez-vous à lui
Pour sa sainte entreprise.
Celui qui moralise
Doit avoir un appui.
   A Perdiguier, etc.

Compagnons orphelins,
Devenons plus humains ;
Dans son avis prospère
Nous trouverons un père.
L'humble, l'Ami-des-Arts,
L'Albigeois sa patrie,
De sa Thémis chérie
Suivra les étendards.
   A Perdiguier, etc.

Albigeois-l'Ami-des-Arts, Cordonnier.

LE RÊVE D'UN TONNELIER.

Air du Troubadour, ou de la Sentinelle.

Vous m'éveillez ! j'avais encor quinze ans,
Et j'embrassais ma bonne et tendre mère...
Là, je partais à l'aube du printemps
Pour acquérir les talents de mon père.
   Rêve d'amour ! oh ! doux sommeil !
   L'égalité charmait ma vie ;
   Brillait un rayon de soleil (*bis.*)
   Pour les enfants de l'industrie.

Vous m'éveillez ! j'étais sur le chemin...
Je contemplais le gazon, le feuillage ;
Plus, mille fleurs écloses le matin.
Le rossignol égayait le bocage.
   Rêve d'amour, etc.

Vous m'éveillez ! j'arrivais à Mâcon,
Où je trouvais des amis bien sincères ;
Dans le saint lieu de ma réception
Tous ces amis me connaissaient pour frère.
   Rêve d'amour, etc.

Vous m'éveillez! et j'étais tout joyeux,
Car dans mes bras j'avais ma Marguerite;
Aux doux accents de son cœur amoureux,
Tout délirant, j'admirais son mérite.
    Rêve d'amour, etc.

Vous m'éveillez! et de dignes amis
M'accompagnaient sur le beau Tour de France,
Ils me disaient : aimons nos ennemis,
Et méprisons la haine et la vengeance.
    Rêve d'amour, etc.

Vous m'éveillez! et tous les Compagnons
Etaient unis au banquet de la vie;
Nos fondateurs entonnaient des chansons
Et nous en chœur répétions l'harmonie...
    Rêve d'amour, etc.

Vous m'éveillez! la plus douce union
Régnait enfin partout sur mon passage...
Va, Noble-Cœur, me disait Salomon,
Avec ardeur achève un noble ouvrage.
    Rêve d'amour, etc.

    CHABANE, dit *Nivernais-Noble-Cœur*, Compagnon Tonnelier du Devoir de Liberté.

L'ALLIANCE DE TOUS LES DEVOIRS.

Au ciel il est un Dieu
Pour conjurer la haine;
Pourquoi maudite chaîne
Jetée en ce saint lieu.
Je m'impose des lois;
Par un pacte nouveau
Je veux jusqu'au tombeau
Chanter à pleine voix :

Compagnons de tous les Devoirs,
Chantons et buvons à la ronde;
Que l'union, source féconde,
Protége nos pouvoirs.

Que sont-ils devenus
Ces rêves d'espérance,
Les fruits de la science,
Si longtemps attendus?
Que nos bras vigoureux
Redoublent de courage,
Eloignons l'esclavage
Et soyons plus heureux.
 Compagnons, etc.

Pour nous porter secours,
Nous aimer, nous chérir,
Pour un doux avenir
Conservons nos beaux jours.
Animés d'un doux feu,
Allons lever le voile
Cachant la blanche étoile
Qui brille dans les cieux.
 Compagnons, etc.

Si quelque audacieux
Voulait nous désunir,
Ne laissons pas ternir
Ce code merveilleux;
Si de l'égalité
On cherche le trépas,
Accourons à grands pas
Vers l'immortalité.
 Compagnons, etc.

Etouffons la terreur,
Promenons nos pensées
Des vieilles renommées
Au chemin de l'honneur.
Voyant souvent au loin
Venir un adversaire,
On lutte, et c'est un frère
Qui est notre témoin.
 Compagnons, etc

Du sage Perdiguier,
Amis, suivons les traces,
Comme lui sans audace
Sachons nous distinguer,

Puis suivez les leçons
Que nous donne d'honneur
Notre ami Noble-Cœur
Dans ses quelques chansons.
 Compagnons, etc.

Nivernais-Noble-Cœur, Tonnelier.

CONSEIL D'UNE MÈRE A SON FILS.

Air des Grenadiers.

Tu veux partir, ô mon enfant;
Ingrat, tu veux quitter ta mère...
Vois donc mes pleurs, vois mon tourment;
Partage ma douleur amère.
Toi mon soutien, toi mon appui,
Seul héritier de ma tendresse,
Le protecteur de ma vieillesse,
Quoi! m'abandonner aujourd'hui!
Non, plus de bonheur dans la vie,
Si loin, si loin de mon trésor;
Ah! ce départ me donnera la mort;
Reste avec moi, je t'en supplie.

Je reviendrai calmer tes pleurs,
Conserve la douce espérance;
Avec ma canne et mes couleurs
Je vais finir le Tour de France.

O mon enfant, souviens-toi bien
Des rixes du Compagnonnage,
Sois son appui, mais sois le mien,
Reste toujours prudent et sage.
Si menacé par le danger,
 Frappé par un abus infâme,
 Que ta pensée vienne en mon âme;
C'est un moyen de se venger.
Que toujours ta noble franchise
T'accompagne dans tous les lieux;
Toujours humain, aime les malheureux,
Prends l'égalité pour devise.
 Je reviendrai, etc.

Tu es enfant de Salomon ;
Ce roi fut surnommé le sage ;
Suis son exemple et ma leçon,
Conserve toujours ton courage.
Ton Devoir est de Liberté,
Ce titre est doux et magnifique ;
Tu le tiens du roi pacifique,
Fais respecter ce mot sacré.
Aime tout homme comme un frère.
Aimer, c'est le plus doux bonheur ;
Fraterniser est un charme du cœur
Qui met en fuite la misère.
    Je reviendrai, etc.

Il s'éloignait, triste destin !...
Elle pleurait, la pauvre mère...
Et son regard sur le chemin
Suivait une démarche fière.
Mais disait-elle avec douleur :
Pour mettre fin à ma souffrance,
Toi dont je protégeai l'enfance,
Reviens bien vite, ô Noble-Cœur !
Adieu, adieu, mère chérie,
Adieu, adieu, ô mon enfant ;
Et loin, bien loin, il disait en chantant
Ces mots qui prolongeaient sa vie :
    Je reviendrai, etc.

    NIVERNAIS-NOBLE-CŒUR, Tonnelier.

LE DEVOIR D'UN COMPAGNON.

AIR de la Chasse.

Amis, si vous daignez m'entendre,
Écoutez bien cette chanson,
Ton ton ton ton ton taine ton ton ;
En deux mots je veux vous apprendre
Le devoir d'un vrai Compagnon,
Ton ton ton ton ton taine ton ton.

Du querelleur fuyez la trace,
Suivez une bonne leçon,
Ton ton ton ton ton taine ton ton;
Car avec toute son audace
On le met souvent en prison,
Ton ton ton ton ton taine ton ton.

D'abord dis-moi qui tu fréquentes,
Rappelez-vous ce vieux dicton,
Ton ton ton ton ton taine ton ton;
On trouve plutôt que des rentes
Une mauvaise occasion,
Ton ton ton ton ton taine ton ton.

Il faut être prudent et sage
Comme le grand roi Salomon,
Ton ton ton ton ton taine ton ton,
Pour acquérir dans le voyage
De la science et du renom,
Ton ton ton ton ton taine ton ton.

Lorsque vous quittez une ville,
Ne passez jamais pour fripon,
Ton ton ton ton ton taine ton ton;
Travaillez bien, soyez tranquille,
L'argent vous viendra à foison,
Ton ton ton ton ton taine ton ton.

Si vous avez une maîtresse,
Soyez près d'elle bon luron,
Ton ton ton ton ton taine ton ton;
En témoignant votre tendresse,
N'accourcissez pas le jupon,
Ton ton ton ton ton taine ton ton.

Si vous trouvez un adversaire,
Soyez toujours sensible et bon,
Ton ton ton ton ton taine ton ton;
Le soulager dans sa misère
C'est le devoir d'un Compagnon,
Ton ton ton ton ton taine ton ton.

Que l'égalité soit un gage
De notre bonne intention,
Ton ton ton ton ton taine ton ton,

Aimons-nous tous, et plus d'outrage,
Noble-Cœur vous donne le ton.
Ton ton ton ton ton taine ton ton.

NIVERNAIS-NOBLE-CŒUR, Tonnelier.

GUERRE A L'IGNORANCE.

AIR : Je le conserve pour ma femme.

Entendez-vous crier à l'assassin?
C'est, disait-on, ce vil Compagnonnage;
Il va verser au milieu du chemin
Un sang brûlant en des luttes sauvages.
Oui, du mépris on vient nous couronner,
Et dans nos mains nous avons la science.
Soyons d'accord, faisons-nous respecter,
Et tous amis, sachons nous assembler,
Pour faire la guerre à l'ignorance. (*bis.*)

Hélas! pourquoi un destin si fatal?...
O mes amis, aimons-nous donc en frères...
Se battre ainsi, c'est singer l'animal
Et dégrader les peuples de la terre.
Unissons-nous à ce code sacré,
Et répétons ce cri d'indépendance :
Gloire au Devoir, à la fraternité,
Et que chacun, dans sa Société,
Fasse la guerre à l'ignorance. (*bis.*)

Dans les plaisirs comme dans les revers,
Songeons toujours à cette noble tâche;
En parcourant la France et l'univers,
Pensons, amis, à l'attaque d'un lâche.
Si le hasard nous offrait en chemin
Un pauvre émule accablé de souffrance,
Secourons-le et serrons-lui la main ;
Pour accomplir le plus heureux destin,
Faisons la guerre à l'ignorance. (*bis.*)

Oui, chers pays, le plus noble Devoir
C'est le travail, utilité suprême;
Chacun révère un glorieux savoir

Et sur le front lui pose un diadème.
Dans l'industrie formée par ses sueurs,
Tout travailleur attend sa récompense.
Bientôt, bientôt les temps seront meilleurs;
Pour être tous de terribles vengeurs,
Faisons la guerre à l'ignorance. (*bis.*)

Souvenons-nous d'un de nos plus beaux jours;
Paris! Paris! jour de noble concorde...
Electrisés de merveilleux discours,
Là nous avons écrasé la discorde.
Apparaissaient la paix et l'union,
Fondant sur nous la plus douce espérance.
On établit la constitution,
Qui de la haine éteignait le tison ;
Faisons la guerre à l'ignorance. (*bis.*)

En Compagnon j'aime ma liberté ;
C'est du Devoir le titre magnifique ;
De Salomon j'admire l'équité
Et je comprends sa douce politique.
Espérons tous, vous dira Noble-Cœur,
Et n'allons pas retomber en enfance ;
Avec la paix, la franchise et l'honneur,
Le Compagnon demeurera vainqueur,
Faisons la guerre à l'ignorance. (*bis.*)

Nivernais-Noble-Cœur, Tonnelier.

AUX MANES DE VENDOME-LA-CLEF-DES-CŒURS.

Air : Bayard est mort.

Destin cruel, sort déplorable!
Du Devoir le chantre immortel,
Jouet de la faux redoutable,
Vient de s'envoler vers le ciel.
Chers Devoirants, au temple de mémoire
Gravons son chiffre en lettres d'or :
La-Clef-des-Cœurs, notre appui, notre gloire,
Vendôme est mort! (*bis.*)

De nos lois perçant le dédale,
Il savait, joyeux Compagnon,
Nous en esquisser la morale
A la faveur d'une chanson.
    Chers Devoirants, etc.

Heureux, il partagea sa vie
Entre l'amour et les beaux-arts,
Vouant sa lyre à l'industrie,
A la beauté ses doux regards.
    Chers Devoirants, etc.

Nous renaissions à l'espérance,
Au bruit de tes refrains nouveaux,
Gai chansonnier du Tour de France,
Nous n'entendons plus tes pipeaux.
    Chers Devoirants, etc.

De nos ateliers la tristesse
A sa voix respectait le seuil ;
Sa voix s'éteint, son souffle cesse,
Et nos cayennes sont en deuil.
    Chers Devoirants, etc.

Aspirants, par un noble zèle
Il encourageait vos progrès ;
Venez mêler, troupe fidèle,
Votre douleur à nos regrets.
    Chers Devoirants, etc.

Pressentant son heure dernière,
Il prend son luth mélodieux ;
Avant de clore sa paupière,
Sa muse nous fit ses adieux.
    Chers Devoirants, etc.

Curieux, qui de nos mystères
Cherchez à vous rendre raison,
Pour nous aider de ses lumières
Il créa l'amour Compagnon.
    Chers Devoirants, etc.

Son nom, que l'histoire réclame,
Par Georges Sand est illustré ;

Grâce au mérite d'une femme,
Il obtient l'immortalité.
   Chers Devoirants, etc.

Aux accents de Guépin-l'Aimable,
Interprète de nos douleurs,
Pleurons un ami véritable,
Sur sa tombe jetons des fleurs !
   Chers Devoirants, etc.

DAILLY, dit *Guépin-l'Aimable*, Compagnon Ferblantier du Devoir.

PLUS D'ENNEMIS.

AIR de la Marseillaise.

Chers Compagnons du Tour de France,
Le jour de paix brille pour nous ;
Signons une sainte alliance,
De la haine brisons le joug.
Ah ! qui de nous mérite injure !
Et pourquoi serions-nous rivaux ?
Ne sommes-nous pas tous égaux
Devant les lois de la nature ?
  Allons tous Compagnons,
    Et sans distinction,
  Il faut, il faut que désormais,
    Chacun signe la paix.

Soyons unis, vivons en frères,
Chers Compagnons de tous états ;
N'ayons plus d'injustes colères,
Mettons fin à tous nos combats.
Puisque dans le siècle où nous sommes
Nous marchons tous vers la raison,
Mettons le pied sur le tison
Que la discorde jette aux hommes.
   Allons tous, etc.

Il ne faut plus que sur la route
L'on craigne de se rencontrer,
Il ne faut plus que l'on redoute
De se faire honnir, massacrer ;

Il ne faut plus que le topage
Nous jette l'effroi dans le cœur ;
Il faut que chaque voyageur
Soit un Compagnon de voyage.
    Allons tous, etc.

Fraternité ! c'est la devise
Qui désormais nous unira ;
Salomon, Jacques et Soubise,
Chacun d'eux nous la dictera.
Sur notre France citoyenne
Il faut que chacun soit humain :
Compagnons, tendez-moi la main,
Comme moi je vous tends la mienne.
    Allons tous, etc.

O vous, dont la sagesse inspire
Des sentiments d'humanité,
Poètes, reprenez la lyre
Et chantez la fraternité.
Pour nous conduire à la lumière,
Chantez la concorde et la paix ;
Vos chants auront d'heureux succès,
Car les cœurs sont las de la guerre.
    Allons tous, etc.

DENU, dit l'*Angevin-la-Sagesse*, Compagnon Menuisier
        du Devoir de Liberté.

APPEL A LA FRATERNITÉ.

AIR : L'hiver jaloux respecte nos haillons.

Chers Compagnons, faisons cesser l'orage
Qui trop longtemps, hélas ! gronda sur nous ;
L'humanité frémit de son ravage
Et l'amitié gémit de son courroux.
A nos combats mettons donc une trêve,
Accueillons-nous avec urbanité.
Suivons les lois de la sage Minerve,
Vivons en paix chez la Fraternité.

Nos fondateurs, en construisant le temple
Rêvaient pour nous un superbe destin;
Et l'union dont ils donnaient l'exemple
Etait le but de leur noble dessein.
Fils du Devoir, suivons cette maxime,
Frères, entre nous plus de rivalité.
Répétons tous, d'une voix unanime :
Vivons en paix chez la Fraternité.

D'un vieux passé oublions tous les guerres,
Leur souvenir émeut péniblement;
Par la naissance puisque nous sommes frères,
Soyons épris du même sentiment.
Ne fermons plus les yeux à l'évidence,
Avec amour fixons la vérité.
Suivons, amis, le progrès qui s'avance;
Vivons en paix chez la Fraternité.

Oh! déplorons, frères, avec conscience,
Des vieux abus tous les malheurs passés;
Rajeunissons soudain le Tour de France
En rapprochant les Devoirs divisés.
Etouffons donc le feu de la discorde,
Que nos erreurs ont trop alimenté;
Sous l'étendard de l'auguste concorde
Vivons en paix chez la Fraternité.

Nantais, rêvant un avenir prospère,
L'Ile-d'Amour, frère des Chamoiseurs,
Voudrait enfin que la douce lumière
De l'union embrasât tous les cœurs.
Oh! pour mon âme quelle douce étreinte,
Si je puis voir, avec sincérité,
S'unir les corps, et dans la même enceinte
Y vivre en paix dans la Fraternité!

DURAND, dit *Nantais-l'Ile-d'Amour*, Compagnon
Blancher-Chamoiseur du Devoir.

L'UNION DES SOCIÉTÉS.

Partageons la même allégresse,
Enfants du grand roi Salomon,
Que nos transports de douce ivresse
Proclament son auguste nom.
Ce grand roi, par des lois sublimes,
Assure la paix, le bonheur.
Jurons de suivre ses maximes,
Vraie religion du travailleur.

Amis (*bis*), faisons choquer nos verres,
Buvons à la prospérité
Des Compagnons, des Affiliés
Du beau Devoir de Liberté ;
Jurons de nous aimer en frères (*ter*.)
Et sachons vivre tous en paix.

Salomon nous dit : soyez frères,
Ayez les mœurs, l'urbanité ;
Que vos couleurs soient la bannière
Du beau Devoir de Liberté.
Qu'entre nous jamais la discorde
Ne vienne empêcher de chérir
L'union, l'amour, la concorde,
Sources de joies et de plaisirs.
    Amis, faisons, etc.

Si parmi nous quelqu'un s'égare
Du chemin tracé par l'honneur,
Que notre amitié s'en empare,
Que nos cœurs parlent à son cœur.
Par des paroles salutaires
Ramenons-le à la vertu,
Et nous aurons sauvé un frère,
Que nos mépris auraient perdu.
    Amis, faisons, etc.

Amis, sur le beau Tour de France,
Instruisons-nous, car le progrès
Doit un jour chasser l'ignorance,
Source de maux et de regrets.

Pour nous le travail a des charmes,
Plus tard nous cueillerons ses fruits,
L'abondance essuiera les larmes
Dont trop longtemps nos yeux ont lui.
 Amis, faisons, etc.

Gavots, Devoirants, Sociétaires,
De bon cœur serrons-nous la main ;
Marchons ensemble à la lumière,
Nous abrégerons le chemin.
Laissons la discorde ennemie
Diviser tous les mauvais cœurs,
S'entregorger la barbarie,
Et l'ouvrier sera vainqueur.
 Amis, faisons, etc.

Amis, suivons le rite antique ;
Quand l'auteur donne ces couplets,
Que notre voix forte et rustique
Chante Suisse-Ami-du-Progrès.
Ce Compagnon rempli de zèle
Vous a juré sur son honneur
Qu'il restera toujours fidèle
A Salomon son fondateur.
 Amis, faisons, etc.

MUNIER, dit *Suisse-l'Ami-du-Progrès*, Compagnon Menuisier du Devoir de Liberté.

LA RÉGÉNÉRATION.

AIR : Bons habitants de la Bretagne.

Je viens pour prêcher la concorde
Et les devoirs d'un Compagnon ;
Non, désormais plus de discorde,
Vivons dans la sainte union.

Vieux Compagnons du Tour de France,
Avec plaisir je vous revois,
Adieu, Blois ! vieille connaissance,
Adieu, fondateur de nos lois.

Enfants du siècle des lumières,
Hâtons nos pas vers le progrès ;

A Dieu faisons des vœux sincères
Pour réunir les Sociétés.
   Vieux Compagnons, etc.

Mettons un terme à l'anarchie,
Seule cause de nos malheurs;
Tendons-nous une main amie,
Toutes Sociétés sont sœurs.
   Vieux Compagnons, etc.

Frères, plus de prépondérance,
Plus de tristes dissensions;
Embellissons le Tour de France
De gais refrains et de chansons.
   Vieux Compagnons, etc.

Heureux enfants de l'industrie,
Notre alliance peut servir,
Si l'ennemi de la patrie
Veut un jour nous assujettir.
   Vieux Compagnons, etc.

Gaîment je me voue au voyage,
Pour chanter la fraternité;
Oh! combien je regrette l'âge
De mon printemps déjà passé.
   Vieux Compagnons, etc.

ARNAUD, dit *Libourne-le-Décidé*, Compagnon Boulanger
      du Devoir.

L'ENFANT DE L'ATELIER.

AIR de l'Honnête Brocanteur.

Frères, plus de dispute,
Plus de combats sanglants;
Car l'homme se rend brute,
Par ces excès flagrants.
Enfants du même père,
Nés sous le même ciel,
Aimons-nous comme frères
En ce jour solennel.

Allons, voyageons en France,
Quel plaisir, quel agrément!
Ouvriers de toute science,
Ensemble chantons gaîment.

L'instruction féconde
Du siècle où nous marchons,
Doit éclairer le monde
Et toutes nations.
De sa manne céleste
Ne cédons pas nos parts;
Frères, je le proteste,
C'est la mère des arts.
    Allons, voyageons, etc.

Plus de prépondérance
Entre nous désormais,
Illustrons de la France
Les nombreux ateliers.
Aux pieds le fanatisme!
Ses funestes dangers!
Chez nous plus d'égoïsme,
Généreux ouvriers.
    Allons, voyageons, etc.

J'ai vu dans mes voyages
De pauvres ouvriers,
Pour les Compagnonnages
En prison renfermés.
Ces rixes lamentables,
Évitons-les, amis;
On se rend méprisables
Et à jamais flétris.
    Allons, voyageons, etc.

Si je prêche morale,
N'en soyez point fâchés,
La cause est générale
Pour toutes Sociétés.
Libourne à son jeune âge
Illustra l'atelier;
Au moyen du voyage,
Amis, il faut chanter.
    Allons, voyageons, etc.

LIBOURNE-LE-DÉCIDÉ, Boulanger.

L'ENFANT DU TOUR DE FRANCE.

La chanson qui suit, l'une des meilleures que l'on puisse voir, je l'ai extraite de *L'Enfant du Tour de France*, très jolie pièce jouée sur le théâtre Beaumarchais en 1857, et dont le succès a été des plus brillants. C'est avec l'assentiment de l'auteur, ancien ouvrier tapissier, homme d'un vrai mérite, qui me l'a dédiée dans son recueil de poésies, que j'ai le bonheur de la reproduire.

En tout lieu laissant notre trace,
Nous pouvons montrer nos hauts faits.
C'est nous qui dressons dans l'espace
Les mansardes et les palais !
Sur bois, sur cuir, métaux ou pierres
Exerçant nos mille talents,
Jusqu'aux plus lointaines frontières
Nous portons nos pas de géants.

Gais Compagnons du Tour de France,
Pour nous la terre est un vaste atelier ;
Le travail est notre espérance,
Soyons donc fiers de travailler.
C'est Dieu qui fut le premier ouvrier,
C'est Dieu, c'est Dieu qui fut le premier ouvrier.

Amis, plus de disputes vaines,
Pour être forts soyons unis :
Le sang qui nous chauffe les veines,
N'appartient qu'à notre pays.
Compagnons, comme les abeilles
Dans le travail soutenons-nous !
Le labeur des jours et des veilles
Doit servir au bonheur de tous.
　　Gais Compagnons, etc.

Quand nous sentons sourdre la force
Dans nos bras et dans nos cerveaux,
De l'enfant dépouillant l'écorce,
Courons tous à tous les travaux.
De nos chefs-d'œuvre ornons le monde,

Et le ciel viendra les bénir...
Ils seront, si Dieu les féconde,
Notre gloire dans l'avenir.
 Gais Compagnons, etc.

CHARLES VINCENT, ancien ouvrier Tapissier.

LE CHEF-D'ŒUVRE D'UN NOUVEAU COMPAGNON.

Chanson extraite aussi de l'Enfant du Tour de France.

Mes amis, fêtons le chef-d'œuvre
Qui lui mérite notre nom.
Hier il n'était qu'un manœuvre,
Il est aujourd'hui Compagnon.
Puisqu'il a conquis ce beau grade,
Il peut partir la canne en main,
Sûr de trouver pour camarade
Tous les Compagnons du chemin.
 De par notre roi, le grand roi Salomon,
 Le voilà, le voilà, le voilà Compagnon.

Vos mains sont calleuses et dures,
Vos bras sont forts et vigoureux ;
Mais sous ces grossières allures
Sont des cœurs francs et généreux...
Tout Compagnon est notre frère ;
Si manquant d'ouvrage il a faim,
Il trouvera chez notre mère
Du travail, un lit et du pain.
 De par notre roi, etc.

Le roi déployant l'oriflamme,
Doublait la valeur de ses preux,
Et pour un ruban de sa dame
Le chevalier mourait heureux...
Pour un des rubans que te donne
La main de cette belle enfant,
Roi, j'aurais offert ma couronne,

Chevalier, j'eusse offert mon sang.
De par notre roi, le grand roi Salomon,
Le voilà, le voilà, le voilà Compagnon.

CHARLES VINCENT, ancien ouvrier Tapissier.

ENVOI DE QUELQUES CHANSONS.

Mon cher monsieur Perdiguier,

Je n'ai jamais oublié que vous m'avez donné les premières leçons de dessin, comme les premiers éléments de la versification. — Le *Livre du Compagnonnage* a fait cesser des querelles dont gémissait plus d'un bon cœur. A part cet important service rendu aux ouvriers voyageurs, trop rares aujourd'hui, votre ouvrage eut encore le grand mérite de diriger vers une bonne voie des jeunes gens sans guide et sans savoir.

Le travail est sans doute le meilleur préservatif contre le vague qui perdait autrefois bien des intelligences ; mais après le travail on prend la route de l'auberge, où l'on ne chante pas toujours ; ou bien l'on va dessiner, ou encore faire une bonne lecture. — Vous avez aidé à tout cela.

Malheureusement on a répandu, depuis quelques années, bien des livres ou mauvais ou insignifiants, et ces ouvrages, à part l'argent mal employé, ont encore l'inconvénient de fausser la droite manière de voir des ouvriers, ou de les fatiguer sans leur rien apprendre.

Nous avons en peu de temps vu passer bien des choses... En 48, des Compagnons ont fait leur manifestation. Pour que la paix fût complète, il aurait fallu voir avec eux les sociétaires de l'union.

Nous ne profiterons peut-être pas encore assez de l'expérience que devraient nous donner les événements...

Vous désirez quelques-unes de mes chansons de cette époque ; je vous envoie celles qui sont échappées aux déménagements de mes voyages. Mais je crois que mes dessins de la Cour-de-la-Bonne-Graine valent mieux que ces pauvres petites compositions du jeune âge.

Je vous salue bien cordialement.

JACQUEMIN.

Paris, 1857.

LA RÉFORME (1841).

Air du Dieu des bonnes gens.

Déjà l'écho du brillant Tour de France
Répond aux vœux d'un jeune Compagnon;
Le voyageur, en fêtant l'espérance,
Proclame au loin la paix et l'union.
A nos combats, dit-il, un jour de trêve!...
Chacun des corps accourt au rendez-vous.
Enfin pour tous un nouveau jour se lève,
Amis, réformons-nous, amis, réformons-nous.

Quand au foyer l'étranger se présente,
A l'accueillir il voit de nobles mains;
Quelle est sa foi? Juive? Mahométane?...
Morbleu, qu'importe? il est fils des humains...
Plus tard, hélas! il voit l'ignoble guerre,
Nous aveugler, rallumant son courroux,
Et sous nos coups, qui tombe?... Ah! c'est un frère..
Amis, réformons-nous, amis, réformons-nous.

Battez-vous bien, pauvres marionnettes,
Disent les rois dans les fastes des cours;
Ou bien chantez, chantez des chansonnettes,
Mais sous nos lois inclinez-vous toujours.
Le sectateur égoïste et superbe,
Pour dominer promet des jours plus doux;
Il se fait arbre, et nous toujours brin d'herbe,
Amis, réformons-nous, amis, réformons-nous.

Réformons-nous; qu'une sainte alliance
Ouvre un champ vaste à notre instruction!
Seul le travail, guidé par la science,
Peut nous ravir à la déception.
Rions, buvons, et chantons à la ronde
Travail, amour!... L'avenir est à nous...
Quand l'industrie a rallié le monde,
Amis, réformons-nous, amis, réformons-nous.

JACQUEMIN, dit *Comtois*, ouvrier Serrurier.

Le Comtois, aujourd'hui savant mécanicien, n'avait guère que dix-sept ans lorsqu'il m'envoya la chanson que voilà. D'autres chants suivirent de près.

L'UNION DES CORPS.

Air : O Mont Saint-Jean.

De l'hiver la brume orageuse
Fuit sous les feux d'un beau printemps,
Et l'hirondelle voyageuse,
Ouvriers, nous rappelle aux champs.
Les corps que l'amitié rassemble
Conserveront leur liberté ;
Mais ils chanteront tous ensemble
La paix et la fraternité. (bis.)

Unissons-nous, enfants du Tour de France,
Pour cultiver les beaux-arts, la science,
Et proposons à nos neveux
Un avenir qui doit les rendre heureux.

Le temps dit au Compagnonnage :
« Un terme, artisans belliqueux,
« Aux querelles qui d'âge en âge
« Ont trop décimé vos aïeux.
« Nous touchons à cet âge insigne
« Où se réforment les abus;
« Prenez comme lutte plus digne
« Les grands travaux et les vertus. »
Unissons-nous, etc.

Partons ! la nature est si belle !
Tout est calme dans l'univers.
L'industrie au loin nous appelle
A réparer de grands revers.
Ah! loin la fatale ignorance...
Le siècle marche, ô travailleurs !
Et de la paix du Tour de France
Naîtront la science et les mœurs.
Unissons-nous, etc.

Du bord charmant de la Garonne,
Allons chanter nos gais refrains
Vers les champs que le Gard sillonne,
Au pied des monuments romains,

L'écho de ces voûtes antiques
Nous dit : L'aigle du grand César
Guide vers les forêts druidiques
Le progrès est son étendard.
    Unissons-nous, etc.

Bientôt ses légions volantes
Dirent aux Gaulois fiers encor :
Toi, qui troubles nos lois naissantes,
Tremble! et pèse aujourd'hui ton or...
Puis, dans les provinces fécondes
On vit les corporations
Naître des hordes vagabondes
Qui ravageaient les nations.
    Unissons-nous, etc.

Élevant de Rome à Byzance
Des ponts, des temples, des remparts,
Le travail de l'intelligence
Groupait les Compagnons épars.
Alors nul meurtrier profane
Ne topait l'humble travailleur,
Et jusqu'alors la lourde canne
Fut l'appui du bon voyageur.
    Unissons-nous, etc.

Ramenez, chastes immortelles,
A l'Occident de plus beaux jours ;
Et que les chansons fraternelles
Réchauffent nos gais troubadours.
Qu'au sein de la paix qui féconde
On chante les lois du progrès,
Et que les artisans du monde
En chœur répètent désormais :
    Unissons-nous, etc.

                JACQUEMIN, Serrurier-Mécanicien.

L'UNION ET LE PROGRÈS.

Air : Ma chaumière et mon troupeau.

Aspirant, chante les voyages,
Ta gloire et les feux du printemps ;
Suis la voix du Compagnonnage,
Moi j'obéis aux lois du temps.
Dans l'âge où tout change ou se brise,
Pour l'avenir ma légion
Inscrit dans sa noble devise
Et le progrès et l'union. (*ter.*)

L'Inde en proie aux castes antiques,
Osait à l'art forger des fers ;
Tyr et ses jeunes républiques
Brisent le joug, domptent les mers !..
Le monde alors, plein d'allégresse,
S'ouvrit libre au fier Compagnon,
Car il chantait dans sa jeunesse
Et le progrès et l'union.

Par lui Syracuse et Carthage
Dressaient un phare au genre humain,
Quand tout périt au grand naufrage
Déchaîné par l'orgueil romain.
Mais la magnanime Olympie,
Riche du chantre d'Ilion,
Prêchait à la Grèce attendrie
Et le progrès et l'union.

Au feu des Huns Rome païenne
S'embrase et meurt dans son volcan,
Puis Rome et barbare et chrétienne
S'instruit aux arts du Musulman.
L'amour qui lutta pour le monde,
En pleurant sa déception,
Sème pour l'ère plus féconde,
Et le progrès et l'union.

La France un jour dit : La Bastille
Abrite encor l'erreur des rois...
Sur ses débris, liberté, brille!...
Pour élever l'homme à ses droits.
Soudain l'honneur et la vaillance,
A l'autel de la nation,
Ont vu couronner la science
Et le progrès et l'union.

Sois fière encore, ô noble France,
Le monde a béni tes hauts faits ;
Heureux un jour, dans l'abondance,
Sa voix chantera tes bienfaits.
Et nous, que l'industrie enserre
Dans sa brillante ascension,
Chantons, mais pour toute la terre,
Et le progrès et l'union.

JACQUEMIN, Mécanicien.

DIALOGUE SUR LA LECTURE

Michel. Tu deviendras fou, mon cher Victor, tu deviendras fou.

Victor. Je deviendrai fou! à cause donc, mon brave Michel?

Michel. Mais à cause de tes livres; tu as toujours le nez fourré dedans. Jette-moi donc tout ça au diable, et viens avec nous te promener, jouir de tes heures de repos, te rendre heureux, mettre à profit ton dimanche.

Victor. Profiter de mon dimanche! Mais j'en profite, je crois, mieux que toi et nos amis; car, que faites-vous pendant tout ce jour? Je vais te le dire: le matin, vous allez à la messe par vieille habitude, sans prier véritablement ni pour vous ni pour le prochain, sans que votre âme s'élève jusqu'à Dieu; à neuf heures, vous déjeunez; ensuite l'on vous voit dans les rues, les places, les carrefours, allongeant et raidissant vos bras, poussant de longs bâillements, marquant peu d'entrain, ou vous promenant avec lenteur dans le village, sans que rien vous intéresse. Vous tuez le temps; c'est votre dire. Tuer le temps! le temps qui est si court, si cher, si précieux, qui s'envole d'une aile si légère!... le tuer! y pensez-vous? Au lieu de tuer le temps, ou plutôt de le gaspiller, employez-le, tâchez de l'utiliser, et vous vous en trouverez bien. L'homme sans instruction, sans élévation, n'est homme qu'à moitié, et sa vue fait pleurer Dieu; car ce n'est pas là sa ressemblance et ce qu'il a fait roi de la création. A deux heures, vous revenez au gîte, vous prenez un second repas, et sortez de nouveau. Qu'aller faire aux champs? vous les voyez six jours de la semaine, et vous êtes blasés sur leurs beautés; mais où aller pour compléter cette journée, qui vous a déjà paru si longue? Au cabaret. Vous vous attablez; mais ayant peu de choses intéressantes à vous dire, la conversation languit... Le vin arrive, les bouteilles se vident, votre esprit s'anime, la gaîté s'assied au milieu de vous;

vous chantez, vous êtes heureux... Vous n'avez que ce seul bon moment dans votre journée, et il deviendrait pénible en se prolongeant.

Michel. C'est vrai tout de même ; nous ne pouvons pas boire toute la journée, parce que nos bourses et nos corps n'y suffiraient pas ; et, en réalité, la plus grande partie du dimanche nous ne savons que faire : nous nous promenons, nous nous embêtons, nous tuons le temps, si ce n'est le temps qui nous tue. Nos rues ! nous les connaissons ; nos champs ! nous ne voyons que ça... Rien ne nous plaît, et nous bâillons. Bien certainement que ce n'est pas là s'amuser...

Victor. Et tu veux me détourner de mes distractions, de mes plaisirs !

Michel. Mais c'est pour ton bien : c'est pour t'empêcher de perdre la tête. J'ai toujours entendu dire que la lecture rendait fou. Je t'aime, et je voudrais te préserver d'une si déplorable maladie.

Victor. Et tu crois que la lecture rend fou ?

Michel. Bien certainement.

Victor. Connais-tu des hommes devenus fous dans notre village ?

Michel. J'en connais au moins dix.

Victor. Et lisaient-ils beaucoup ?

Michel. Pas du tout ; aucun d'eux n'a jamais tenu un volume dans ses mains.

Victor. Ce n'est donc pas la lecture qui leur a fait perdre la tête ?

Michel. Je suis forcé d'en convenir ; la lecture n'a été pour rien dans leur malheur.

Victor. Si tu travailles de tes bras, tes bras deviennent forts, si tu travailles de tes reins, tes reins deviennent forts ; tout ce qui travaille se fortifie, tout ce qui reste au repos s'affaiblit constamment. Si tu négliges ton cerveau, il se rouille, il devient inerte, il ne peut plus rien concevoir, et un rien le tourne sens devant derrière ; si, au contraire, tu le cultives, si tu le fais travailler, si tu l'exerces chaque jour, comme les bras, comme les reins, comme les jambes, il prendra de la force, de la puissance, de l'étendue, il sera inébranlable. Grâce à lui, tu seras homme, et tu pourras lutter contre tous les malheurs sans que ta raison en soit altérée.

Michel. Ça me paraît assez vrai.

Victor. Parmi les fous il y a beaucoup d'ignorants, peu d'hommes instruits. La culture du cerveau préserve de la folie.

Michel. Je me rends à de telles raisons.

Victor. Qu'on aille dans de certaines localités de la Savoie ou du Valais, au sein des montagnes, où l'instruction est presque nulle, où l'esprit et le corps sont également négligés, là les crétins et les idiots pullulent. Il en est autrement dans les contrées où l'instruction coule à plein bord. L'ignorance rend faible; le savoir et l'éducation rendent forts; ils forment des hommes dignes de la terre et du ciel.

Michel. Ce que tu dis là, je le crois; mais n'ayant jamais voyagé, les exemples de la Savoie et du Valais me frappent peu; je ne puis certainement en comprendre toute la force.

Victor. Si la lecture, si le travail de l'esprit rendaient fou, quels seraient les hommes dont la raison aurait le plus à souffrir? Les poètes, les orateurs, les savants... Et cependant Bossuet, Corneille, Racine, Molière, Fénélon, Montesquieu, Buffon, Mirabeau, Chateaubriand, Lamennais, Béranger, Arago, et bien d'autres, ne sont pas morts à Charenton.

Michel. Ces exemples me touchent. Je ne crois plus que la lecture rende fou, mais il est reçu qu'elle fatigue, qu'elle dessèche la poitrine, qu'elle abrège la vie. Si donc tu veux vivre longtemps, ne lis plus.

Victor. Il est bien vrai qu'il ne faut pas passer en lecture les nuits et les jours; tout excès fait mal; mais Voltaire a vécu 84 ans, Fontenelle 100 ans; c'étaient là de grands auteurs, et par conséquent de grands lecteurs. Cet exemple en vaut un autre. Ce n'est pas la lecture qui tue, ce sont les excès en tous genres. Mais passons. Je veux te parler un peu de moi. J'ai voyagé; dans l'une des villes que j'habitai je fus pris d'une longue maladie. Tous mes amis finirent par m'abandonner; je restai seul, sans visite, sans appui, sans consolation. J'appelai les livres à mon secours : je tenais en main tantôt un auteur, tantôt un autre, et je jouissais comme de la conversation des plus grands hommes; leurs lumières m'éclairaient et me fortifiaient. L'ennui disparut, mon cerveau se meubla, mon intelligence s'étendit; j'accrus ma force morale; j'étais devenu plus philosophe et plus religieux... La santé reparut. Mes livres avaient été d'excellents médecins. Comment ne les aimerais-je pas? Sans doute, les livres coûtent, mais ils épargnent du vin, des liqueurs, du tabac, du café, des frais de bien des sortes; ils préservent de l'ennui, des vices, de l'humeur noire, et sont au bout du compte tout ce qu'il y a de plus économique et de plus sain.

MICHEL. C'est-il bien vrai?

VICTOR Très vrai. Et maintenant conçois-tu pourquoi, rentré dans mon village, j'aime ceux qui m'ont sauvé, qui m'ont fait homme? Pendant que l'ennui dévore tant de jeunes gens, et toi avec eux, moi je reste avec mes livres, qui sont très savants, qui causent très bien. Sans bouger d'ici, assis sur ma chaise, je parcours l'Europe, l'Asie, l'Afrique, l'Amérique; je vois leurs habitants, j'étudie leurs lois, leurs mœurs, leurs religions, leurs philosophies; je vais des peuples modernes aux peuples anciens, et de ceux-ci à ceux-là; je parcours et l'espace et le temps; j'assiste aux guerres, aux révolutions, aux transformations des sociétés, et des luttes violentes je me réfugie dans les travaux de la paix. Je prends Corneille, ou Racine, ou Molière; je vois les actions tragiques et les comiques; je puis m'attendrir, je puis rire à volonté. Quand j'ai assez lu, je sors, je vais parcourir les champs, les campagnes, que mes auteurs m'ont appris à mieux comprendre, à chérir davantage, et je suis encore heureux. Au retour de ma course agreste, qui m'a fait jouir de la verdure, des fleurs, des accidents de terrain, de la beauté du ciel, de la pureté de l'air, du chant des oiseaux, du concert de toute la nature, je te retrouve, ainsi que nos amis, et alors je ne refuse plus de vous suivre, de prendre part à votre dernière promenade dans le village. Allez-vous au cabaret pour clore la journée? je suis encore des vôtres, je m'assieds à votre côté; vous chantez? je chante avec vous, et ma gaîté égale au moins votre gaîté. Tous mes instants sont occupés, je n'ai pas le temps de me blaser, je passe d'un bonheur à l'autre; je suis toujours heureux... Pourquoi me plains-tu donc?

MICHEL. Moi te plaindre? je m'en garderais bien

dorénavant... Oui, lis donc, converse avec les grands hommes de l'antiquité et les grands hommes des temps modernes; tu fais bien... Et moi! crois-tu que je ne veuille pas lire aussi à l'avenir? Mais, pour lire, il faut en avoir le temps. Est-ce que les simples journaliers ont le temps de lire?

Victor. Oui, bien certainement. Les paysans ont des jours de pluie, et de longs jours d'hiver; le loisir ne leur manque pas alors; ils peuvent le consacrer à la lecture; les charpentiers, les couvreurs, les tailleurs de pierre, les maçons, et bien d'autres corps d'états, ont de nombreuses mortes-saisons et de longues veillées... Ils peuvent lire, réfléchir, raisonner, se former, se développer, devenir vraiment hommes. Tous les travailleurs ont des loisirs plus ou moins multipliés, tous peuvent s'instruire et tous doivent le faire. Mais pour que cela soit, il ne faut pas perdre le temps, ou le tuer, comme on dit bêtement, il faut l'employer, il faut en profiter. Et quoi! est-il un esprit plus calme, plus reposé que l'esprit de l'ouvrier? L'homme établi, le maître, dans presque toutes les parties, a besoin de penser à ses affaires, à ses intérêts; de s'occuper de la rédaction de nombreuses notes, de la tenue de ses livres de comptes, de ses recettes, de ses paiements, des travaux à se procurer et des travaux à exécuter... Son esprit est toujours tendu, mille tracas l'assiègent et le jour et la nuit. L'ouvrier est plus libre, plus indépendant, moins dominé par des intérêts purement personnels, et ses pensées ne sont point troublées par des rêves ambitieux: il peut donc lire, s'élever par ses propres efforts; il comprendra mieux que personne les grands mouvements de l'humanité... Que les bergers, que les paysans, que les artisans le veuillent, ils s'élèveront, ils grandiront, et formeront parmi les hommes une classe vraiment éclairée.

Michel. Et tu crois cela?

Victor. Je le crois bien certainement.

Michel. Quoi! tu penses jusques aux bergers! qu'attendre de ces gens-là?...

Victor. Le berger, qui passe de si belles nuits sous les cieux étoilés, de si riches journées dans les plaines, ou sur le penchant des montagnes, en des lieux ravissants, peut contempler la nature tout à son aise et s'élever aux plus hautes méditations... Que ne reçoit-il un peu d'instruction ! il deviendrait musicien, poète, astronome, botaniste, et la société serait en admiration devant l'homme qu'elle méprise trop souvent. Passons sur les bergers musqués et toutefois bien gentils de Florian, laissons Apollon garder les troupeaux d'Admète et ne le dérangeons pas ; mais souvenons-nous du grand Hésiode, le chantre des travaux et des jours ; du doux et tendre Théocrite, le chantre de la vie pastorale : c'étaient là des bergers. La Grèce ne ment pas lorsqu'elle parle de ses pasteurs intelligents... Quoi ! les Français, les hommes du dix-neuvième siècle ne pourraient égaler les vieux Grecs et les Siciliens ?... La nature a donc perdu sa force ? Nous ne sommes donc plus que des êtres incomplets ? Pourquoi sommes-nous donc si fiers !... Et Moïse, le plus grand des hommes ! que faisait-il ? il gardait des troupeaux au milieu d'un désert de l'Arabie... Ne méprisons donc pas les bergers.

Michel. Je finis par donner dans ton sens ; je vois qu'en effet les travailleurs se négligent trop, et je le déplore... Changeons tout cela s'il est possible... Je veux être de la classe éclairée et dévouée, mais viens à mon aide ; dis-moi quels sont les livres que je dois acheter, car je veux commencer, dès aujourd'hui, à former ma bibliothèque.

Victor. Puissent tous les ouvriers faire comme toi !

Michel. Et pourquoi ne le feraient-ils pas ?

Victor. C'est qu'ils pensent plus à leur estomac qu'à leur cerveau ; ce qui se mange, même ce qui se boit et leur fait du mal, ils l'achètent volontiers : ils aimeraient mieux dépenser dix francs en mauvais vin pour régaler des inconnus, que dix sous pour un bon petit livre ; pour ce qui va dans l'estomac, leur donne parfois d'affreuses coliques et perd leurs facultés, ils sont prodigues, généreux au dernier point ; pour ce qui va dans le cerveau, l'éclaire et le fortifie, ils sont avares, et très avares. Passer plusieurs jours en festin, manger de la sorte tout un mois de leur labeur, ce n'est rien, ça ne compte pas, et, d'autre part, tous les livres leur paraissent trop chers ; ils sont peu désireux d'en posséder.

Michel. Ce n'est que trop vrai ; très peu d'ouvriers, très peu de paysans possèdent des livres ; il devrait en être autrement... Leur avarice à cet égard me fait mal. Mais, espérons-le, ils ouvriront les yeux, ils se raviseront, ils changeront de méthode, ils sentiront qu'un homme doit être homme, qu'il ne peut l'être que par les soins donnés au cerveau, et l'esprit recevra sa pâture. Je réitère ma question : comment faut-il composer ma bibliothèque?

Victor. Il faut d'abord aux paysans des livres d'agriculture; il y a la *Maison rustique*; il faut aux charpentiers, aux maçons, aux tailleurs de pierre, aux menuisiers, aux serruriers, aux tourneurs, les livres de leurs professions, Vignoles ou manuels; chaque état a ses traités spéciaux, qu'il ne doit point négliger, car, avant toute chose, il faut penser au travail (1). Ensuite on prend d'autres livres, qui conviennent à tous les hommes; ce sont des livres d'instruction, de morale, d'enseignement, d'amusement.

Michel. Voudrais-tu bien m'en nommer quelques-uns?

Victor. Pourquoi pas? écoute donc :

L'*Iliade* et l'*Odyssée* d'Homère, poèmes épiques.

L'*Enéide* et les *Géorgiques* de Virgile, poèmes.

La *Jérusalem délivrée* du Tasse, poème épique.

Le *Paradis perdu* de Milton, poème épique.

Les *Moralistes anciens*, excellent volume.

Les *Evangiles*, et même toute la *Bible*, très fort volume que l'on se procure pour une somme très modique.

Le *Télémaque* de Fénelon, roman héroïque et moral.

Estelle et Némorin, *Numa*, de Florian, romans pastoraux.

Paul et Virginie, la *Chaumière indienne*, les *Etudes de la nature*, de Bernardin de Saint-Pierre, ouvrages intéressants.

Les *Incas* de Marmontel, roman historique.

Les *Lettres sur l'Italie*, par Dupaty.

Les *Lettres d'une Péruvienne*, par madame De Graffigny.

Un choix des *Lettres* de madame de Sévigné.

(1) Voir tome 1, pour les meilleurs Vignoles et autres livres concernant les corps de métiers, de la page 231 à la page 235; voir aussi, au tome 2, page 195 et page 273, où il est question d'autres ouvrages de science ou de littérature.

Les *Fables* de La Fontaine et de Florian.
Les OEuvres choisies de Pierre Corneille, fameux tragique.
Le *Théâtre* de Racine et celui de Molière.
Le *Chef-d'œuvre dramatique* de Voltaire.
Le *Théâtre* de Ducis.
Le *Théâtre* de Schiller, auteur allemand.
L'*Esprit des lois* de Montesquieu.
Un choix des morceaux de Buffon.
Le *Discours sur l'Histoire universelle* de Bossuet.
L'*Essai sur les mœurs* de Voltaire.
Le *Robinson Crusoé* de Daniel De Foé.
Le *Robinson Suisse*, par Wyss.
Le *Gil Blas de Santillane*, par Lesage, roman de mœurs.
Les *Fiancés* de Manzoni, roman d'une grande beauté.
Les *poésies* de Magu le Tisserand, et autres poésies faites par les ouvriers Reboul, Poncy, Lebreton, Beuzeville, Lapointe, etc. etc.
Un *Résumé de littérature*, par lequel on apprend à connaître tous les auteurs et la nature de leurs œuvres.
Mes Prisons de Silvio Pellico.
De l'*Ambition de l'estime publique*, par M. Giraud.
L'*Itinéraire de Paris à Jérusalem* de Châteaubriand; et, en outre, *Attala*, *René*, les *Voyages en Amérique*.
L'*Emile* de Jean-Jacques Rousseau; plus, ses *Lettres sur la Botanique*.
Les *Mondes* de Fontenelle.
Les *Hommes illustres* de Plutarque.
Les *Mystères de Paris*, par Eugène Sue.
La *Case de l'oncle Tom*, par madame Becher-Stowe.
Le *Compagnon du Tour de France*, par Georges Sand.
La *Mare-au-Diable*, la *Petite Fadette*, deux jolis petits romans du même auteur.
Les *Entretiens du Village*, par Cormenin.
Notre-Dame de Paris, par Victor Hugo.
Le *Tailleur de pierre de Saint-Point*, par Lamartine.
L'*Oiseau*, par Michelet.
Une histoire des peuples anciens.
Une histoire de France.
Une histoire de la révolution française.

Un dictionnaire de la langue française.
Un dictionnaire géographique, avec cartes.
Une petite biographie universelle.
Voilà le catalogue que j'ai l'honneur de présenter à mon brave Michel.

Michel. C'est là tout?

Victor. Ajoute quelques voyages : ceux de Cook, ceux de Le Vaillant ; un choix de prose et de vers, qu'on appelle *Leçons de littérature*, par lequel tu apprendras à connaître presque tous les meilleurs auteurs, les morts, les vivants, et principalement ceux-ci : Lamennais, Lamartine, Victor Hugo, Casimir Delavigne, Alfred de Vigny, Turquety, Ponsard, Alexandre Dumas, et bien d'autres. Ajoute à cela des petits traités sur les sciences, qu'on peut se procurer très facilement. Ce sera assez pour t'ouvrir un bien vaste horizon ; et, ensuite, tu pourras marcher en avant sans avoir besoin de moi.

Michel. Et où trouver tous ces livres?

Victor. Chez les libraires : quand on ne trouve pas chez l'un, on va chez l'autre ; on les parcourt tous au besoin.

Michel. Et les prix?

Victor. Les prix varient: il y a des livres de 1 fr., de 2 fr., de 3 fr. ; de plus, de moins ; cela dépend du format, de la nature des œuvres, et de la manière dont elles ont été éditées.

Michel. Bien ! Merci, Victor ; maintenant tu peux lire tout à ton aise sans redouter que je te gronde ; va, tu m'as donné ton défaut : me voilà un enragé lecteur.

Victor. Tant mieux ! Viens me trouver néanmoins de temps en temps... à lire à deux on profite davantage ; et puis, nous aurons le dimanche nos courses dans la campagne, notre promenade dans le village, et notre chanson à faire entendre le soir. Gardons-nous bien de nous faire ermites. Si nous voulons avoir de l'action sur nos frères, il ne faut pas leur tourner le dos. C'est en participant un peu à leurs coutumes que nous tâcherons de leur inculquer un peu les nôtres... Allons ! que nos goûts deviennent leurs goûts, et l'ordre et la paix régneront dans le village, sans en exclure la gaîté.

Michel. J'adhère à tout cela, et je dis : Bravo !

DIALOGUE SUR LA VERSIFICATION

ENTRE NANTAIS ET RENNOIS

Rennois. Savez-vous, pays Nantais, que vous passez pour un vrai poète ?

Nantais. A cause, pays Rennois ?

Rennois. A cause des chansons que vous avez composées en l'honneur de notre belle Société.

Nantais. Il est vrai qu'elles sont faites à peu près suivant les règles de la versification ; mais il ne suit pas de là qu'elles soient vraiment poétiques et me puissent mériter le titre de poète.

Rennois. Est-ce que tout ce qui est écrit en vers n'est pas de la poésie ?

Nantais. A la rigueur, non ; et l'on trouve bien souvent plus de poésie dans la prose que dans les vers.

Rennois. Ce n'est pas l'avis de Voltaire.

Nantais. Je le sais ; mais lisez la prose de Bernardin de Saint-Pierre, celle de Châteaubriand, de Lamennais, de Georges Sand, et vous sentirez à la grandeur des descriptions, à l'expression de la pensée et du sentiment, quelque chose qui touche, charme, transporte, et qu'on ne peut définir. La poésie est là avec sa puissance et son entraînement ; on la voit, on la touche, on la sent, mais on ne peut pas l'expliquer et la faire comprendre à celui qui ne la comprend pas de lui-même.

Rennois. Mais, si l'on veut faire une chanson, il ne faut pas, j'espère, l'écrire en prose.

Nantais. Non.

Rennois. En ce cas, si je n'ai pas fait de la poésie, j'ai fait des vers.

Nantais. Vous ?

Rennois. Moi, je vous apporte une vingtaine de chansons de ma composition ; elles sont bien nouvelles, elles n'ont jamais vu le jour, les voilà... Je vous prie de me dire ce que vous en pensez.

Nantais prend le manuscrit et le parcourt d'un bout à l'autre ; puis, s'adressant à Rennois, lui dit : Faut-il vous dire la vérité ?

Rennois. Oui, parlez, et ne craignez pas de me fâcher. Je ne suis pas comme les autres poètes.

Nantais. Eh bien ! ami Rennois, vous avez ce qui fait le poète, je veux dire les idées, l'imagination et le sentiment naturel et profond ; mais il vous manque un peu d'étude. Vos vers sont trop longs ou trop courts, presque toujours mal cadencés, et souvent entrelacés sans aucun ordre ; vous faites rimer les pluriels avec les singuliers, et quelquefois le masculin avec le féminin. Vous avez d'autres défauts, dont je ne parle pas. Ne soyez cependant pas surpris de ce que je viens de vous dire : je faisais autrefois tout comme vous, je me suis aperçu de mes défauts, et je me suis corrigé en partie. Vous pourrez faire de même.

Rennois. Je ne demande pas mieux. Facilitez-moi le moyen de faire ce que vous avez fait ; faites-moi connaître toutes les difficultés à combattre. Si je me sens trop faible pour les aborder et les vaincre, je cesse à l'instant d'écrire ; dans le cas contraire, je me remets à l'œuvre, et poursuis ma carrière avec vigueur et persévérance. Les explications que je demande, vous devez les donner non-seulement à votre ami Rennois, mais à tous les Compagnons. Je suis bien persuadé qu'ils en tireront avantage, soit en versifiant mieux qu'ils ne le font ordinairement, soit en ne versifiant plus du tout. Voyons, comment faut-il mesurer les vers ?

Nantais. Les vers se mesurent par syllabes, et leur longueur varie depuis une jusqu'à douze ; il y en a même de plus longs. Ceux de douze syllabes ont un repos ou césure qui coupe le vers en deux parties ; ces parties ou moitiés de vers sont appelées hémistiches. Les vers de dix syllabes ont leur repos à la quatrième. Exemple :

Sans ê-tre ai-mé du dieu de l'Har-mo-ni-e,
 1 2   3   4   5   6 7   8   9 10
Peut-on chan-ter com-me chan-ta ja-dis
 1   2   3   4   5   6   7   8 9 10

Vous voyez que ces vers sont de dix syllabes, et qu'ils ont à leur quatrième un repos ou césure, c'est-à-dire que le mot s'y trouve achevé. Vous devez le remarquer, le premier de ces deux vers a une syllabe de plus que le second; mais cette syllabe, étant muette, ne donne aucun son, et constitue la rime féminine. Lisez le couplet tout entier (page 444 du 1er volume), vous verrez qu'il se compose de quatre vers à rimes masculines, de quatre vers à rimes féminines, et que ces derniers ont tous une syllabe de plus que les autres, syllabe qui ne compte pour rien. Remarquez donc bien l'arrangement de ce couplet. Ensuite, si vous voulez faire une chanson sur le même air, faites en sorte que tous vos couplets aient le même nombre de vers et tous vos vers le même nombre de syllabes; il faut, de plus, que vos huit vers soient entrelacés comme ils le sont là.

RENNOIS. Et si je voulais faire une chanson sur l'air : *Laissez reposer le tonnerre*, les vers d'un même couplet auraient-ils tous la même mesure?

NANTAIS. Non, et voici un exemple :

A-près a-voir pen-dant cinq ans
1   2 3   4   5   6   7   8

Chers Com-pa-gnons, vo-ya-gé dans la Fran-ce,
1   2   3   4   5   6   7   8   9   10

Je vois ap-pa-raî-tre le temps
1   2   3   4   5   6   7   8

De ren-trer sa-tis-fait au lieu de ma nais-san-ce.
1   2   3   4   5   6   7   8   9   10   11   12

Vous le voyez, le premier et le troisième vers ont huit syllabes chacun; le second en a dix, et le quatrième douze. Le vers de douze syllabes a son repos à la sixième, celui de dix à la quatrième; ceux de huit et d'une moindre longueur n'ont pas besoin de repos. Si vous voulez faire une chanson sur cet air, faites d'abord un couplet qui ait le même arrangement que celui que je vous cite. (*Voyez* le couplet entier, page 444 du 1er volume.) Faites ensuite vos autres couplets d'après votre premier.

RENNOIS. C'est entendu. Parlez-moi maintenant de la rime.

NANTAIS. Je ne puis vous en parler longuement. Il

me suffira de vous dire que nous devons, nous autres Compagnons, nous attacher plus à la précision de la mesure qu'à la richesse de la rime ; car, sans cette précision, on ne peut chanter une chanson convenablement. Je crois devoir vous avertir, quant à la rime, qu'elle est un peu négligée dans mes compositions ; je ne fus jamais sévère à cet égard. Je n'ai plus qu'un conseil à vous donner. Lisez des vers, et vous comprendrez facilement lorsque la rime est valable et lorsqu'elle ne l'est pas ; et puis, si vous pouvez mieux faire que moi, faites mieux.

Rennois. C'est bien. Dites-moi maintenant ce que c'est qu'un hiatus.

Nantais. Deux voyelles qui, en se rencontrant, forment un son désagréable et embarrassent la prononciation, comme, par exemple : *fondu un, j'y ai, moi aussi, vérité éternelle, sera applaudi*, etc., forment des hiatus. Le premier *a u*, le second *y a*, le troisième *i a*, le quatrième *é e*, le cinquième *a a*. Vous le sentez, toutes ces rencontres de voyelles produisent un effet mauvais qu'il faut éviter. Dans ce qui suit, par exemple : *faire imprimer, pauvre enfant, peine amère*, etc., c'est très bien, car il y a élision, et non hiatus.

Rennois. Vous m'avez indiqué à peu près toutes les difficultés, n'est-ce pas ?

Nantais. Écoutez encore un moment. Quand vous emploierez les mots terminés par de doubles voyelles, comme *armée, idée*, etc., il faudra qu'ils soient suivis de mots dont la première lettre soit une voyelle. Si les mots, armée, idée, étaient au pluriel, comme les *armées*, les *idées*, il faudrait les rejeter forcément à la fin des vers, pour en former des rimes. On ne pourrait, en aucune façon, les placer dans le corps du vers.

Voici une autre observation, et ce vers me servira d'exemple :

Sous ta fe-nêtre, ob-jet que je ré-vè-re.
  1 2 3 4   5 6   7 8 9 10

Si le mot qui termine le premier hémistiche à la quatrième syllabe était au pluriel, il ne pourrait former élision avec le mot qui commence le second ; on ne pourrait pas dire : sous tes *fenêtres objet* etc., sans déranger et gâter le vers, tandis que, dans le premier cas, la dernière syllabe du premier hémistiche et la première du second s'élisent et n'en forment qu'une, qu'on prononce d'une seule émission de voix. Il ne faudrait pas non plus, dans la place où il se trouve, que le mot fenêtre fût suivi d'un mot dont la première lettre serait une consonne, car l'embarras deviendrait alors le même. Cadencez donc bien vos vers, entrelacez-les les uns avec les autres comme l'air ou la musique le commandent; faites usage de rimes valables, évitez les hiatus et tout ce qui est dur à la prononciation et à l'oreille, et vous aurez fait ce que les règles ordonnent. Je ne vous parlerai pas des différents genres de poésie, nous ne devons point ici sortir de notre sujet; mais je vous le recommande, lisez des chansons et d'autres pièces de vers des bons auteurs que la France a vus naître; repassez bien dans votre tête les courtes observations que je viens de vous faire, et vous comprendrez parfaitement tout ce que vous avez désiré comprendre.

Rennois. Oui, je comprendrai; mais je ne sais si je pourrai vaincre tant d'obstacles. Et moi, qui ai fait au moins vingt chansons dont j'étais si fier et si content! En voilà de la besogne! en voilà des réparations à entreprendre! Ah! si j'avais su, je n'aurais pas tant produit, mais j'aurais produit peut-être quelque chose de mieux. Ah! pauvres déshérités de la fortune, combien nous sommes garrottés! que d'entraves nous retiennent, et que de peines pour les briser et faire quelques pas en avant! Enfin je me suis égaré, et je ne suis pas le seul. Compagnons, mes camarades! faites comme moi, ouvrez les yeux, ayez bon courage, et remettez-vous à l'œuvre; après avoir pataugé la nuit dans les landes et les marais, à travers les bruyères, le jonc et les massettes, qu'on est heureux d'arriver au point du jour sur une route ferme, unie, large, directe et tracée dans les plus beaux paysages! oui, ayons bon courage..... Vous n'avez plus rien à me dire, ami Nantais?

Nantais. Encore quelques mots. Vous vaincrez toutes les difficultés, j'en suis sûr; mais gardez-vous de suivre la trace des poètes exagérés. Je ne vois dans leurs chansons que des victoires, des gloires, des lauriers, des couronnes, des triomphes, entassés pêle-mêle. Tous ces grands mots, accumulés sans ordre et sans à-propos, ne sont qu'une musique assourdissante qui n'exprime absolument rien. Il ne faut pas s'attacher à faire du bruit pour du bruit. Il faut exprimer des idées et des sentiments, et surtout se bien garder de produire des chansons satiriques : si de telles chansons produites par vous venaient à provoquer quelque désordre, si le sang des ouvriers venait à couler, vous seriez coupable : ce sang retomberait sur votre tête, et vous seriez un jour miné par le remords et la tristesse ; votre vieillesse serait malheureuse. Chantez l'amour, le travail, l'union, la fraternité, quelques aventures intéressantes, et vous n'aurez jamais rien à vous reprocher ; au contraire.

Rennois. Ami Nantais, ce que vous m'avez dit me sera d'un grand secours. Il faut nécessairement que j'écrive, quelque chose est dans ma tête et dans mon cœur ; il faut qu'il sorte, sans quoi je serais malade et j'en mourrais. Mais, à l'heure qu'il est, je voudrais vous faire d'autres demandes.

Nantais. Sur quoi?

Rennois. Sur le nouveau système métrique, car vraiment je n'y comprends rien. Si vous pouviez satisfaire à mon désir, je reviendrais demain, bien disposé à vous écouter : de la mesure des vers on passerait à d'autres mesures ; qu'en dites-vous ?

Nantais. Venez.

Rennois. Eh bien ! à demain.

Nantais. A demain.

DIALOGUE

SUR LES NOUVELLES MESURES

ENTRE LES DEUX MÊMES

Rennois. Me voilà, et tout disposé à apprendre d'où dérivent le gramme, l'are, le stère, le décastère et tant d'autres mesures dont les noms anti-poétiques ne se gravent que difficilement dans la mémoire. Les enfants, les vieillards et les bègues ne sont plus aptes à faire les commissions du ménage.

Nantais. Les inconvénients que vous signalez sont compensés par des avantages.

Rennois. Aussi je tiens à les connaître.

Nantais. Mais pour me faire comprendre j'aurais besoin de prendre la chose d'un peu haut.

Rennois. De tant haut que vous voudrez. J'écoute et ne craignez pas d'être trop long.

Nantais. Les anciennes mesures : la toise, le pied, l'aune, la livre, le boisseau, etc., ont un grand défaut, c'est de n'être pas pareilles dans tous les pays; en Angleterre le pied est plus court qu'en France : celui qui achèterait une quantité de marchandise au pied de ce pays-là, verrait sa quantité moindre au pied de ce pays-ci, et tout cela engendrerait des mécomptes ou du moins des calculs longs et compliqués. En France même, chaque localité avait des mesures particulières, et, dans les grandes foires, comme celle de Beaucaire, par exemple, les marchands et les acheteurs venus des points les plus opposés ont eu quelquefois bien de la peine à s'entendre au prix et au mesurage des marchandises. Pour remédier à ce mal-là on a voulu adopter des mesures qui fussent communes, non-seulement aux habitants d'un même Etat, mais à ceux de tous les Etats; et elles ont été basées sur la circonférence du globe. Le globe est le monde que nous habitons; on dit qu'il est rond et qu'il tourne.....

Rennois. Qu'il tourne! Mais s'il tournait, nous aurions

tantôt la tête en haut, tantôt les pieds, ce qui ne serait pas trop amusant. Ensuite, les eaux des rivières, des fleuves et des mers s'échapperaient de leurs lits comme d'autant de vases renversés..... Dieu! quelles cataractes, quelle débâcle épouvantable!..... et puis quelle sécheresse, quelle désolation !..... mais..... j'oubliais le pire des maux..... non...., nous ne pourrions rester attachés, cramponnés à la terre, nous tomberions dans le vide, et, papillons sans ailes, nous ferions culbutes sur culbutes jusqu'à ce que tout souffle humain se fût éteint à jamais.

Nantais. Je ne vous parlerai pas, ami Rennois, de l'attraction, force qui maintient chaque chose à sa place, ni de l'atmosphère qui nous entoure et dans laquelle s'opèrent mille phénomènes; mais je vous ferai remarquer que si la terre était immobile, il faudrait que le soleil, ce grand foyer de lumière et de chaleur, lui, placé à 35 millions de lieues dans l'espace, fasse en vingt-quatre heures le tour de la terre, c'est-à-dire qu'il parcoure, en si peu de temps, une ligne, une circonférence enfin de 210 millions de lieues. Ce serait par trop fort, cette masse ignée, ardente, pourrait, dans son vol incommensurable, se briser, et ses fragments, brandons incendiaires, voler de toutes parts dans l'étendue. La terre ne parcourt, en un an, en tournant 365 fois sur elle-même, que les 210 millions de lieues que le soleil devrait parcourir en un seul jour; son mouvement est plus doux et plus probable que celui-ci. Mais en voilà assez là-dessus. Nous disons donc que la terre est une boule, on suppose une ligne qui passe au milieu de cette boule et l'embrasse comme un cercle (1), ce cercle se nomme le méridien; il y a un autre cercle au centre de cette même boule, et placé en croix sur le premier, ce second cercle s'appelle l'équateur. Il y a deux points aux deux extrémités du méridien qui s'éloignent également de tous les points de

---

(1) Les savants (si des savants lisaient jamais des entretiens d'ouvriers) pourraient reprocher à Nantais d'employer le mot cercle pour le mot circonférence ; là-dessus je répondrais, pour Nantais absent, que quand on veut enseigner quelque chose au peuple, il faut nécessairement se servir de son langage. Mieux valent les choses que les noms.

l'équateur : ces deux points-là se nomment les pôles. Si l'on va de l'un des pôles à l'équateur, on aura parcouru le quart du globe ou du méridien : c'est ce quart-là que les savants ont mesuré.

Rennois. Je conçois qu'on ait pu mesurer de l'équateur jusques où les régions tempérées touchent aux régions froides ; mais comment a-t-on pu pénétrer jusqu'au pôle, à travers les mers et les montagnes de glaces ?

Nantais. Je n'ai pas à vous en parler : les astronomes, les géomètres, les physiciens qui, à diverses époques, exécutèrent ces grands travaux, sont Picard, Cassini, La Condamine, Clairault, Maupertuis, Delambre, Mechain, Biot, Arago, tous hommes dont la haute science n'est point contestable. Je ne puis rien répondre de mieux à votre dernière question. Le quart du méridien, dis-je, fut divisé en *dix* parties égales ; chacune de ces dix parties en *dix* autres parties, et ainsi de suite jusqu'à ce que le terme de la division se soit trouvé être la *dix-millionième partie* du quart du méridien ; cette dix-millionième partie se trouvant d'une longueur commode pour les usages ordinaires du mesurage, fut adoptée comme unité fondamentale des mesures nouvelles, et prit le nom de *mètre*, mot qui lui-même signifie mesure. On prétend que si le mètre venait à se perdre on pourrait le retrouver en mesurant une seconde fois le quart du méridien.

Rennois. Mais le nouveau mètre serait-il bien de la même longueur que le premier ? Ne pourrait-il pas avoir quelques lignes de plus ou de moins ?

Nantais. Je ne puis rien affirmer là-dessus, et je me borne à vous exposer le système. Je continue : le *mètre* (1) fut divisé en *dix* parties appelées *décimètres*, ou dixièmes parties du mètre ; le décimètre en *dix* parties appelées *centimètres*, ou centièmes parties du mètre ; le centimètre en *dix* parties appelées *millimètres*, ou millièmes parties du mètre ; le millimètre étant assez petit, on ne le subdivisa pas. Vous le voyez, de la *dix-millionième* partie du quart du méridien, ou de la *quarante-millionième* du méridien tout entier, on a formé le *mètre*, et c'est du mètre que dérivent le stère, l'are, le kilogramme, etc., et toutes leurs subdivisions.

(1) Sa longueur est de 3 pieds 11 lignes.

Rennois. Il faudra bien du temps pour se familiariser avec ces noms-là. Ils sont, je crois, russes ou prussiens.

Nantais. Non, ils sont grecs et latins.

Rennois. Et pourquoi du grec et du latin, et non du français?

Nantais. Parce qu'on a voulu, comme je vous l'ai dit, que ces mesures fussent universelles. C'est pour cela, c'est pour ne blesser aucune susceptibilité nationale, qu'on s'est servi des langues réputées *mères-langues*, et que les savants de tous les pays connaissent. C'est encore dans une grande pensée qu'on a basé ces mesures sur la circonférence de la terre, mère commune de tous les hommes. Les auteurs du système métrique sont des enfants de la France, mais leurs travaux furent faits pour la généralité des nations et adressés à tous les peuples.

Rennois. Cela est fort beau, et l'on reconnaît bien là les Français..... Mais quel rapport trouve-t-on entre le *mètre* et les autres mesures, telles que *are*, *stère*, etc.? Comment transformer les mesures anciennes en mesures nouvelles et les nouvelles en anciennes? Voilà bien de la besogne! et vous le savez, les ouvriers ne sont pas des mathématiciens. Et puis, par le temps qui court, ils n'ont guère le temps de calculer!

Nantais. Je le sais; aussi je me suis procuré ce que je savais vous être nécessaire, et que vous me demandez en ce moment. Le voilà.

Rennois. Je vous remercie, ami Nantais, du *Tableau*(1) que vous me donnez; j'aime vraiment les calculs tout faits, en attendant que je puisse me livrer au plaisir de les faire moi-même. Mais ce n'est pas le tout; je voudrais maintenant savoir autres choses. Plus j'apprends, plus je désire apprendre. Ne pourriez-vous pas me donner quelques leçons d'astronomie, de physique, de chimie, de littérature, etc.?

Nantais. Vous me demandez là beaucoup de choses, et fussé-je capable de vous satisfaire, le temps ne me le permettrait pas. Je crois pouvoir vous renvoyer à la *Bibliothèque populaire*, publiée par M. Adjasson de

(1) Une petite partie du tableau que Nantais a donné à Rennois est reproduite à la fin du dialogue.

Grandsagne; elle se compose de cent vingt-un petits volumes et ne coûte que trente francs.

Rennois. Trente francs! c'est beaucoup pour un ouvrier. N'importe! je travaille fort, je veux travailler plus fort encore, et parvenir enfin à me la procurer.

Nantais. Si vous ne pouvez pas tout prendre d'un coup, prenez d'abord les *volumes* qui traitent des choses qui vous intéressent le plus ; ils se vendent *six* sous pièce. Le directeur de la *Bibliothèque populaire* publie en ce moment une collection à *douze* sous le volume, qui complète sa première publication. Vous pourrez trouver là encore de quoi satisfaire tous vos goûts : *astronomie, physique, chimie, botanique, géologie, mécanique*, etc., etc.

Rennois. Ah! oui, il faut que je satisfasse mes goûts ; il faut que je comprenne un peu les affaires du monde : il faut que j'ouvre mes yeux fermés depuis trop longtemps. Merci pour les bontés que vous avez eues pour moi, et que je vous prie de me continuer : vos entretiens me sont utiles ; permettez que je vienne vous voir quelquefois.

Nantais. Venez quand vous voudrez. Nous causerons ensemble, et certainement nous y gagnerons tous deux.

Rennois. Je compte donc sur vous!

Nantais. Vous le pouvez.

Fragments du Tableau donné à Rennois par Nantais.

Dix mètres font un *déca*mètre, *cent* mètres font un *hecto*mètre, *mille* mètres font un *kilo*mètre, *dix mille* mètres font un *myria*mètre; puis on dit : deux myriamètres, trois myriamètres, etc., etc. Ces mots *déca, hecto, kilo, myria*, sont empruntés du grec et signifient : dix, cent, mille, dix mille. Les mots suivants : *déci, centi, milli*, sont empruntés du latin et signifient : le dixième, le centième, le millième. C'est ainsi que, pour la dixième partie du mètre, on dit *décimètre*; pour la centième, *centimètre*; pour la millième, *millimètre*.

Toutes les mesures, avons-nous dit, dérivent du mètre, et il est bon d'avoir un mètre sous les yeux pour se faire une juste idée des autres mesures.

Rapport de chaque mesure avec le mètre.

MÈTRE. Mesure pour les *longueurs*. Le *mètre* est la quarante-millionième partie de la circonférence de la terre.

ARE. Mesure pour les *surfaces*. Pour déterminer l'étendue, la superficie d'un bois, d'une vigne, d'un pré, etc., etc. L'*are* est un carré dont chaque côté a *dix* mètres de longueur.

LITRE. Mesure de *capacité*. Pour mesurer les liquides, les grains, etc. Le *litre* contient un décimètre cube, je veux dire ce que contiendrait une boîte absolument carrée, laquelle aurait intérieurement un décimètre de longueur, de largeur et de profondeur.

STÈRE. Mesure pour les bois de chauffage. Le *stère* a un mètre cube. Le cube a la forme d'un dé à jouer. Le *mètre cube* est la mesure pour les *solides*.

GRAMME. Mesure pour les *poids*, pour les *pesanteurs*. Le *gramme* pèse un *centimètre cube* d'eau distillée. Le *kilogramme* (1), avec ses subdivisions en dé-

(1) Il vaut environ deux de nos anciennes livres.

cagrammes, grammes, etc., sert à mesurer les choses de pesanteur.

FRANC. Unité de la monnaie d'argent. Le *franc* pèse cinq grammes; il est composé de neuf parties d'argent pur et d'une partie de cuivre.

ÉCLAIRCISSEMENT.

Un	vaut	Un	vaut
Myriamètre..	dix mille mètres.	Décastère.....	dix stères.
Kilomètre (1).	mille mètres......	STÈRE.........	*mètre cube.*
Hectomètre...	cent mètres.......	Décistère.....	dixième du stère.
Décamètre....	dix mètres.......	Mille kilo-	poids du mètre
MÈTRE.........	*base du système.*	grammes.	cube d'eau et du
Décimètre.....	dixième du mè-		tonneau de mer.
	tre.	Cent kilo-	quintal métri-
Centimètre ...	centième du mè-	grammes.	que (3).
	tre.	KILOGRAMME	mille grammes.
Millimètre....	millième du mè-		poids du décimè-
	tre.		tre cube d'eau
Hectare.......	cent ares.		distillée.
ARE............	*carré de dix mè-*	Hectogramm.	cent grammes.
	tres de côté.	Décagramme.	dix grammes.
Centiare.......	centième de l'are.	GRAMME.	*poids d'un cen-*
Kilolitre.......	mille litres.		*timètre cube*
Hectolitre....	cent litres.		*d'eau distillée.*
Décalitre (2)..	dix litres.	Décigramme..	dixiè. du gram.
LITRE..........	*décimètre cube.*	Centigramm..	cent. du gram.
Décilitre......	dixième du litre.	Milligramme.	mill. du gram.
Centilitre.....	centième du litre.	FRANC........	cinq grammes
			d'argent.
		Décime........	dixième du franc.
		Centime.......	cent. du franc.

(1) 3 kilomètres et 898 mètres font une lieue de poste.

(2) Le double décalitre est 20 litres, le double-décilitre la cinquième partie du litre; le double hectogramme 200 grammes, etc.

(3) L'ancien quintal était cent de nos anciennes livres, le quintal métrique est plus du double plus fort.

Réduction d'anciennes mesures en mesures nouvelles et réciproquement, à l'usage des Compagnons (1).

Réduction des toises en mètres et centim.		Réduction des pieds en mètres et centim.		Réduction des pouces en mètres et centim.		Réduction des lignes en millimètres.		Réduction des millimètres en lignes.	
toises.	mètres. centimèt. (2)	pieds.	mètres. centimèt.	pouces.	mètres. centimèt.	lignes.	millimèt. centièmes de millim.	millimèt.	lignes. centièmes de lignes.
1	v. 1.94	1	v. 0.32	1	v. 0.02	1	v. 2.25 (3)	1	v. 0.44 (4)
2	3.89	2	0.64	2	0.05	2	4.51	2	0.88
3	5.84	3	0.97	3	0.08	3	6.76	3	1.33
4	7.79	4	1.29	4	0.10	4	9.02	4	1.77
5	9.74	5	1.62	5	0.13	5	11.27	5	2.21
6	11.69	6	1.94	6	0.16	6	13.52	6	2.66
7	13.64	7	2.27	7	0.18	7	15.79	7	3.10
8	15.59	8	2.59	8	0.21	8	18.04	8	3.54
9	17.54	9	2.92	9	0.24	9	20.30	9	3.99
10	19.49	10	3.24	10	0.27	10	22.55	10	4.43

(1) Cela veut dire qu'on laissera de côté tout ce qui n'est pas indispensable aux ouvriers ou aux ménages d'ouvriers.

(2) Il faut dire ainsi : une toise vaut 1 mètre 94 centimètres, et en descendant aplomb la même colonne : 2 toises valent 3 mètres 89 centimètres; trois toises, etc. A la colonne des pieds et aux autres colonnes, on comptera de la même manière. J'avertis que, pour ne pas jeter de la confusion dans les esprits peu habitués aux chiffres, on néglige ici les millimètres : à la rigueur, une toise vaut 1 mètre 94 centimètres et 9 millimètres. Lorsqu'on veut réduire des toises en mètres, il faut savoir d'abord ce que vaut une toise; ayant trouvé 1. 94. 9., il faut pour deux toises multiplier ce dernier produit par 2; il le faut multiplier par 3 pour 3 toises, par 100 pour 100 toises, et ainsi de suite. On fera de même pour les produits du pied et du pouce, et pour toutes les autres mesures.

(3) Cela veut dire 25 centièmes de millimètre ou un quart de millimètre.

(4) Cela veut dire 44 centièmes d'une ligne, pas tout à fait une demi-ligne.

TABLEAUX

Réduction des mètres en toises, pieds, pouces et lignes.						
Mètres.		Toises.	Pieds.	Pouces.	Lignes.	Centièmes de ligne.
1	vaut	0	3	0	11	.29
2		1	0	1	10	.59
3		1	3	2	9	.88
4		2	0	3	9	.18
5		2	3	4	8	.48
6		3	0	5	7	.77
7		3	3	6	7	.07
8		4	0	7	6	.36
9		4	3	8	5	.66
10		5	0	9	4	.95

Réduction des toises carrées en mètres carrés.			
Toises.		Mètres.	Centièmes de mètre (1)
1	vaut	3	.79
2		7	.59
3		11	.39
4		15	.19
5		18	.99
6		22	.79
7		26	.59
8		30	.38
9		34	.18
10		37	.98

Réduction des toises cubes en mètres cubes.			
Toises.		Mètres.	Centièmes de mètre.
1	vaut	7	.40
2		14	.80
3		22	.21
4		29	.61
5		37	.01
6		44	.42
7		51	.82
8		59	.23
9		66	.63
10		74	.03

Réduction des métr. carrés en toises carrées.			
Mètres.		Toises.	Centièmes de toise.
1	vaut	0	.26
2		0	.52
3		0	.78
4		1	.05
5		1	.31
6		1	.57
7		1	.84
8		2	.10
9		2	.36
10		2	.63

Réduction des mètres cubes en toises cubes.			
Mètres.		Toises.	Centièmes de toise.
1	vaut	0	.13
2		0	.27
3		0	.40
4		0	.54
5		0	.67
6		0	.81
7		0	.94
8		1	.08
9		1	.21
10		1	.35

1 On comprendra centièmes de mètre carré, centièmes de mètre cube, centièmes de toise carrée, centièmes de toise cube; pour les décimales des pieds carrés et des pieds cubes en mètres carrés, etc.; et réciproquement, on comprendra de la même manière.

DES NOUVELLES MESURES

Réduction des pieds carrés en mètres carrés.		Réduction des pieds cubes en mètres cubes.		Réduction des mètres carrés en pieds carrés.		Réduction des mètres cubes en pieds cubes.		Lieues de poste converties en myriamèt., kilom., etc.	
Pieds.	Mètres. (Dixième de mét., Centième de mét., Millième de mét., Dix-millième id.)	Pieds.	Mètres. (Dixième de mét., Centième de mét., Millième de mét., Dix-millième id., Cent-millième id.)	Mètres.	Pieds. Centièmes de pied.	Mètres.	Pieds. Centièmes de pied.	Lieues.	Myriamètres, Kilomètres, Hectomètres, Décamètres, Mètres.
1	v. 0.1.0.5.5	1	vaut 0.0.3.4.2.8	1 vaut	9.48	1 vaut	29.17	1 v.	0.3.8.9.8
2	0.2.1.1.0	2	0.0.6.8.5.5	2	18.95	2	58.35	2	0.7.7.9.6
3	0.3.1.6.6	3	0.1.0.2.8.3	3	28.43	3	87.52	3	1.1.6.9.4
4	0.4.2.2.1	4	0.1.3.7.1.1	4	37.91	4	116.70	4	1.5.5.9.2
5	0.5.2.7.6	5	0.1.7.1.3.9	5	47.33	5	145.87	5	1.9.4.9.0
6	0.6.3.3.1	6	0.2.0.5.6.6	6	56.86	6	175.04	6	2.3.3.8.8
7	0.7.3.8.6	7	0.2.3.9.9.4	7	66.34	7	204.22	7	2.7.2.8.7
8	0.8.4.4.2	8	0.2.7.4.2.2	8	75.81	8	233.39	8	3.1.1.8.5
9	0.9.4.9.7	9	0.3.0.8.5.0	9	85.29	9	262.56	9	3.5.0.8.3
10	1.0.5.5.2	10	0.3.4.2.7.7	10	94.77	10	291.74	10	3.8.9.8.1

À l'endroit des lieues, on pourrait dire, si on le jugeait plus commode : une lieue vaut 3 kilom. 898 mètres ; deux lieues valent 7 kilom. 796 mètres, trois lieues valent 11 kilom. 694 mètres, etc. Je m'abstiens de donner la réduction des myriamètres en lieues. Un kilomètre est un peu plus d'un quart de lieue.

TABLEAUX

Réduction des anciens poids en poids nouveaux.

		Grammes. Centièmes de gramme.	Livres.	Kilogrammes. Centièmes de kilogramme.
Grains.	10	valent (1) 0.53	1	vaut 0.48
	20	1.06	2	0.97
	30	1.59	3	1.46
Gros.	1	3.83	4	1.95
	2	7.65	5	2.44
	3	11.47	6	2.93
	4	15.30	7	3.42
Onces.	1	30.59	8	3.91
	2	61.19	9	4.40
	3	91.78	10	4.89
	4	122.38	100	48.95
			1000	489.50

Réduction des nouveaux poids en poids anciens.

Grammes.	Livres. Onces. Gros. Grains.	Kilogrammes.	Livres. Onces. Gros. Grains.
1	vaut 0.0.0.19	1	vaut 2.0.5.35
2	0.0.0.38	2	4.1.2.70
3	0.0.0.56	3	6.2.0.33
4	0.0.1.3	4	8.2.5.69
5	0.0.1.22	5	10.3.3.32
6	0.0.1.41	6	12.4.0.67
7	0.0.1.60	7	14.4.6.50
8	0.0.2.7	8	16.5.3.65
9	0.0.2.25	9	18.6.1.28
10	0.0.2.44	10	20.6.6.64
100	0.3.2.11	100	204.4.4.59
500	1.0.2.17		
1000	2.0.5.35		

(1) Le grain a à peu près la pesanteur d'un grain d'orge; il faut 72 grains pour faire un gros; il faut 8 gros pour faire une once; il faut 16 onces pour faire une livre; une livre ne fait pas tout à fait un demi-kilogramme.

DES NOUVELLES MESURES 203

Aunes et fractions d'aunes réduites en mètres.

Aunes.	Fractions d'une.	vaut	Mètres. Centimètres.	Aunes.	Fractions.	vaut	Mètres. Centimètres.	Aunes.	Fractions.	vaut	Mètres. Centimètres.	Aunes.	Fractions.	vaut	Mètres. Centimètres.
	1/2	vaut	0.60	2	1/6	vaut	2.60	5	1/2	vaut	6.60	7	1/6	vaut	8.60
	1/3		0.40	2	1/8		2.55	5	1/3		6.40	7	1/8		8.55
	1/4		0.30	3			3.60	5	1/4		6.30	8			9.60
	1/6		0.20	3	1/2		4.20	5	1/6		6.20	8	1/2		10.20
	1/8		0.15	3	1/3		4.00	5	1/8		6.15	8	1/3		10.00
1			1.20	3	1/4		3.90	6			7.20	8	1/4		9.90
1	1/2		1.80	3	1/6		3.80	6	1/2		7.80	8	1/6		9.80
1	1/3		1.60	3	1/8		3.75	6	1/3		7.60	8	1/8		9.75
1	1/4		1.50	4			4.80	6	1/4		7.50	9			10.80
1	1/6		1.40	4	1/2		5.40	6	1/6		7.40	9	1/2		11.40
1	1/8		1.35	4	1/3		5.20	6	1/8		7.35	9	1/3		11.20
2			2.40	4	1/4		5.10	7			8.40	9	1/4		11.10
2	1/2		3.00	4	1/6		5.00	7	1/2		9.00	9	1/6		11.00
2	1/3		2.80	4	1/8		4.95	7	1/3		8.80	9	1/8		10.95
2	1/4		2.70	5			6.00	7	1/4		8.70	10			12.00

Prix comparatifs de l'aune et du mètre.

Quand l'aune vaut		Le mètre vaut		Quand l'aune vaut		Le mètre vaut		Quand l'aune vaut		Le mètre vaut		Quand l'aune vaut		Le mètre vaut		Quand l'aune vaut		Le mètre vaut	
f.	c.	f.	c.	f.	c.	f.	c.	f.	c.	f.	c.	f.	c.	f.	c.	f.	c.	f.	c.
»	50	»	42	1	65	1	38	2	80	2	33	4	80	4	00				
»	55	»	46	1	70	1	42	2	85	2	38	4	90	4	08				
»	60	»	50	1	75	1	46	2	90	2	42	5	00	4	17				
»	65	»	54	1	80	1	50	2	95	2	46	5	25	4	38				
»	70	»	58	1	85	1	54	3	00	2	50	5	50	4	58				
»	75	»	63	1	90	1	58	3	10	2	58	5	75	4	79				
»	80	»	67	1	95	1	63	3	20	2	67	6	00	5	00				
»	85	»	71	2	00	1	67	3	30	2	75	6	25	5	21				
»	90	»	75	2	05	1	71	3	40	2	83	6	50	5	42				
»	95	»	79	2	10	1	75	3	50	2	92	6	75	5	63				
1	00	»	83	2	15	1	79	3	60	3	00	7	00	5	83				
1	05	»	88	2	20	1	83	3	70	3	08	7	25	6	04				
1	10	»	92	2	25	1	88	3	80	3	17	7	50	6	25				
1	15	»	96	2	30	1	92	3	90	3	25	7	75	6	46				
1	20	1	00	2	35	1	96	4	00	3	33	8	00	6	67				
1	25	1	04	2	40	2	00	4	10	3	42	8	25	6	88				
1	30	1	08	2	45	2	04	4	20	3	50	8	50	7	08				
1	35	1	13	2	50	2	08	4	30	3	58	8	75	7	29				
1	40	1	17	2	55	2	13	4	40	3	67	9	00	7	50				
1	45	1	21	2	60	2	17	4	50	3	75	9	25	7	71				
1	50	1	25	2	65	2	21	4	60	3	83	9	50	7	92				
1	55	1	29	2	70	2	25	4	70	3	92	9	75	8	13				
1	60	1	33	2	75	2	29												

J'ai laissé figurer dans les sept dernières pages que l'on vient de voir, tout ce que j'ai cru le plus utile. Quant à la réduction des arpents en hectares, des setiers en hectolitres, des voies en stères; il n'était pas indispensable d'en parler. Relativement aux mesures, tout a été abrégé le plus possible; car le livre du Compagnonnage ne peut tout renfermer. Je pense néanmoins que le peu que je viens d'exposer pourra donner quelques éclaircissements à ceux qui voudront bien se donner la peine de l'étudier avec attention.

DIALOGUE ASTRONOMIQUE

Rennois. Pays Nantais, je suis toujours plus altéré de connaissances; donnez-moi, je vous en prie, des notions générales sur une chose bien grande, bien merveilleuse, qu'on appelle astronomie.

Nantais. L'astronomie! et c'est à moi que vous vous adressez? Moi aborder un pareil sujet!... y pensez-vous?

Rennois. J'y pense, et le plus drôle, c'est que je persiste; je voudrais faire un petit tour de France dans les astres, et bien des Compagnons seraient heureux de me suivre.

Nantais. Allons! il faut prouver au moins ma bonne volonté... mais par où commencer?

Rennois. Par où? par la voûte immense que je vois là-haut, par le ciel bleu qui resplendit à nos regards, par la patrie des étoiles, que je ne sais comment nommer.

Nantais. Par la patrie des étoiles! Soit. Cette patrie, c'est le firmament, c'est le vide, c'est l'étendue, l'espace, les cieux, l'infini, que rien ne limite, que rien ne borne nulle part.

Rennois. Point de fond! c'est singulier, et pourtant ce doit être vrai;... on ne peut supposer nulle part, à moins que d'être fou, une muraille capable de borner une telle étendue... pas de fin! pas de fin! la pensée s'y perd.

Nantais. C'est dans le firmament, c'est dans l'espace sans bornes que se meuvent le soleil, la lune, la terre, les comètes, les planètes et toute l'armée des étoiles, dont on ne connaît qu'une bien faible partie... car qui sait tout ce qu'il y a dans le fin fond de tout cela, étant sans fond et sans limites.

Rennois. Ça m'éblouit rien que d'y penser.

Nantais. Parlons de notre système planétaire. Le soleil occupe un point fixe dans l'espace, et a peu de mouvement ; les planètes, grandes étoiles qui sont autant de mondes, tournent autour du soleil et accomplissent chacune sa révolution. On parlait autrefois de sept planètes, on en connaît onze maintenant. La planète la plus rapprochée du soleil est Mercure ; viennent ensuite, en s'éloignant toujours plus du centre commun, Vénus, ou l'étoile du berger, la Terre, Mars, Vesta, Junon, Cérès, Pallas, Jupiter, Saturne et Uranus.

Rennois. Et cette Junon et ce Jupiter sont des étoiles ?

Nantais. Oui, des astres qui ne restent point en repos, qui ne sont point comme cloués à la voûte du ciel, et qu'on appelle astres errants, ou planètes. Ces astres sont plus ou moins brillants. Il y a des planètes de toutes les dimensions, de toutes les vitesses ; mais rien ne va au hasard, elles sont toutes régies par la grande loi divine.

La distance de Mercure au soleil est de 13 millions 360 mille lieues, celle de Vénus de 25 millions de lieues, celle de la Terre de 35 millions de lieues. Les planètes placées entre la terre et le soleil sont les inférieures, celles qui sont plus éloignées du soleil que la terre sont les supérieures. Il n'est pas besoin de donner toutes les distances, sautons un peu et arrivons aux planètes les plus éloignées, ce sont Saturne et Uranus ; Saturne est à 330 millions de lieues du soleil, et Uranus à 660 millions.

Rennois. Ces distances paraissent fabuleuses ; ce sont sans doute des comptes faits à plaisir.

Nantais. Ayez plus de foi ; l'univers est infini, et les distances dont je parle sont encore peu de chose. Attendez un peu... mais je poursuis : chaque planète a son mouvement de rotation et son mouvement de translation ; la rotation, c'est de tourner sur soi-même, comme une roue ; la translation, c'est d'avancer dans l'espace. Les planètes tournent donc sur elles-mêmes, poursuivent leurs routes, décrivent d'immenses circonférences, accomplissent leurs révolutions, ayant le soleil pour point central, et rien ne les arrête dans leur marche.

Rennois. Mais vous l'avez dit, elles ne marchent pas

toutes du même pas, elles suivent des chemins bien éloignés les uns des autres.

Nantais. Plus une planète est rapprochée du soleil, moins elle met de temps à faire sa révolution. Uranus, qui en est la plus éloignée, met 83 ans pour accomplir l'année qui lui est propre, ce que la terre fait en 365 jours.

Rennois. Les changements de température doivent être moins fréquents dans ce monde-là que dans le nôtre, les nuits doivent être plus longues, et les jours aussi plus longs.

Nantais. Je pense comme vous. Le soleil, centre de notre système planétaire, tourne sur lui-même, peut-être aussi se promène-t-il avec lenteur, avec majesté dans les espaces du ciel ; toutes les planètes tournent autour du soleil ; et plusieurs planètes ont des lunes, ou satellites, qui tournent autour d'elles et ne cessent de les accompagner dans tous leurs voyages... Le satellite de la terre, c'est notre lune, qui nous regarde le soir avec sa belle face ; pendant que nous nous promenons autour du soleil, la lune se promène autour de nous ; elle tourne, elle tourne toujours, en avançant, en nous suivant, en décrivant dans l'espace, non des cercles réguliers, mais d'immenses hélices ; sa vitesse est donc supérieure à notre vitesse.

Rennois. C'est comme la mouche qui accompagne le cheval en faisant mille zigzags dans les airs, elle va certainement plus vite que le cheval. Une mouche ! ça se moque des chemins de fer, ça se promène dans un wagon à grande vitesse comme dans un salon ; il y a de quoi en être confondu ; que n'ai-je les ailes de la mouche ! comme je voyagerais !

Nantais. Voyageons par la pensée, et laissons la mouche franchir l'espace en usant de ses petites ailes, et en subissant peut-être quelque attraction que nous ne comprenons pas.

La Terre n'a qu'une lune, Jupiter en a quatre, Uranus six, Saturne sept, sans compter le cercle lumineux dont il se pare comme d'une magnifique ceinture. Ainsi que notre lune, tous les satellites font plus de chemin que les planètes qu'ils accompagnent ; ils sont comme des serviteurs, ils tournent sans cesse autour de leurs maîtres.

Je dois passer sur plusieurs planètes, mais arrêtons-nous un moment sur le soleil, puis sur la terre.

Le soleil est un corps solide, opaque, presque fixe, entouré d'une atmosphère de lumière, lumière vive, ardente, pénétrante, d'un éclat sans pareil; sa circonférence est de 960,000 lieues, son diamètre environ de 320,000 lieues, et vaut plus de 400 fois celui de la terre; il échauffe, éclaire, régit, vivifie les onze planètes que nous connaissons, leurs lunes, les comètes et des multitudes d'astres avec lesquels il ne nous a pas encore été donné de lier connaissance.

La terre tourne d'occident en orient; sa circonférence est de 9,000 lieues, sa distance du soleil, de 36 millions de lieues.

La lune, dont la circonférence est de 2,500 lieues, est à 86,354 lieues de la terre, et fait sa révolution autour d'elle en 27 jours trois dixèmes de jour.

Ainsi le soleil au centre, la terre et toutes les planètes tournant autour de lui; les satellites ou lunes tournant autour des planètes et les suivant dans leurs révolutions; les comètes parcourant leurs orbites allongés, immenses paraboles, se perdant dans les profondeurs du ciel, et venant de loin en loin, au bout de quelques siècles parfois, rendre au dieu du jour un hommage plus éclatant. Voilà un aperçu, bien incomplet sans doute, de notre système planétaire.

Rennois. Et penser que la terre a 9,000 lieues de circonférence, que Saturne, qu'Uranus, que Jupiter sont des mondes infiniment plus grands, et que tout cela se promène dans l'espace, sans s'appuyer sur rien, suspendu dans l'air, absolument comme les oiseaux... tout cela tourne autour du soleil, comme si le soleil le retenait par une longue attache... C'est curieux! c'est bien curieux.

Nantais. Il y a la première impulsion donnée au commencement des temps, et puis la loi d'attraction qui agit sur tous les corps; les plus forts attirent les plus faibles; tout va, tout gravite avec un ensemble merveilleux... et maintenant, sortons des bornes dans lesquelles nous nous étions renfermés, et pensez que toutes les étoiles fixes, et il y en a des milliards, on ne peut les nombrer, sont autant de soleils; qu'autour de ces soleils tourbillonnent des mondes, des lunes, des comètes, et que le ciel sans borne n'est que mouvement, que révolutions, que merveilles ravissantes.

Rennois. En effet, si les espaces du ciel sont sans bornes, le nombre des soleils et des mondes ne peut être limité. Nous devrions être sans cesse en contemplation devant tant et tant de merveilles. Donc, la terre tourne sur elle-même en avançant dans l'espace, et, en 365 culbutes et un quart de culbute, elle parcourt toutes les saisons et accomplit sa révolution qui forme l'année. Chaque culbute amène un jour et une nuit; mais ce jour et cette nuit ne sont pas égaux et varient sans cesse de longueur; cela demande une explication.

Nantais. La terre tourne sur elle-même; mais, en même temps, elle fait un mouvement d'obliquité; l'un de ses pôles s'élève, l'autre s'abaisse : celui qui s'élève, qui présente sa face au soleil, jouit de l'été, de son long jour, et la nature lui sourit; le pôle abaissé éprouve son hiver, sa longue nuit, gémit dans les ténèbres. C'est aux extrémités de notre globe, sous les pôles, qu'on voit un jour de six mois et une nuit de six mois, raccourcis toutefois par les aurores et les crépuscules; le chaud ne manque pas d'ardeur dans les pôles, mais le froid revient vite et ses effets sont terribles. Au centre du globe terrestre, sous la ligne, à l'équateur, dans ce qu'on appelle la zone torride, les nuits et les jours varient peu, se partagent également les heures, chacun en prend douze, et les étés ne sont point chassés par les longs et maussades hivers... Tout est là plus calme, plus régulier, plus uniforme.

Rennois. C'est comme en Égypte; mais cette chaleur continue, extrême probablement, doit aussi avoir ses inconvénients?...

Nantais. Sans doute; soyons donc heureux de vivre dans une zone tempérée et d'être également éloignés des feux de la torride et des pôles chargés de montagnes de glaces.

Rennois. Encore quelques mots sur les étoiles. Quelle est leur distance de la terre, quel est leur nombre? sait-on cela?

Nantais. Les étoiles, lumineuses par elles-mêmes, parce qu'elles sont autant de soleils, centres de mondes qui gravitent autour d'eux et que nos yeux trop faibles ne peuvent apercevoir, sont innombrables ; à l'œil nu, on en découvre cinq à six mille, si l'on s'aide de fortes lunettes ou télescopes, on peut en distinguer jusqu'à soixante-quinze millions. Plus nos instruments d'optique seront perfectionnés, plus le nombre des étoiles visibles augmentera. Les étoiles sont semées à profusion. Quant à leur éloignement de la terre, on peut parler, pour les plus voisines de nous, de vingt milliards de lieues ; jugez, d'après un tel aperçu, des plus éloignées et de celles qui se perdent dans l'infini du ciel ! Tous nos chiffres ne pourraient suffire à marquer leur distance.

Rennois. Que tout cela est beau !... Dites-moi un mot de cette blancheur que l'on remarque dans le firmament et qu'on appelle le chemin de Saint-Jacques.

Nantais. Ce chemin de Saint-Jacques, que d'autres appellent la Voie-Lactée, ce sont des millions et des milliards de petites étoiles, infiniment éloignées, dont nous ne pouvons déterminer les contours. Il y a encore dans le ciel d'autres taches blanches, qu'on appelle nébuleuses ; ce sont là aussi des amas d'étoiles bien éloignées... On dit également que ce sont des soleils, des mondes qui se forment.

Rennois. Je vois des étoiles isolées, et j'en vois aussi placées d'une certaine façon relativement les unes aux autres, formant entre elles toujours la même figure, ne s'éloignant point, ne se rapprochant point, et allant toujours de compagnie ; ces groupes ont-ils des noms ?... les a-t-on baptisés ?

Nantais. Sans doute ; tous ces groupes d'étoiles sont appelés constellations ; chaque constellation a un nom à elle, qui est souvent un nom d'homme, de femme, d'animal, d'un instrument ou de tout autre objet ; ces noms sont : la Balance, les deux Gémeaux, le Bélier, le Taureau, le Scorpion, la Vierge, la grande Ourse, la petite Ourse, le Bouvier, Orion, le Chien, etc., etc. Il y a plus de cent groupes ainsi baptisés répandus dans tous les points du firmament, et grâce à ces noms, on peut s'entretenir des choses du ciel comme de celles de la terre.

Rennois. Quand je regarde le ciel le soir, il m'arrive de voir tomber des étoiles ; d'où viennent ces étoiles, où vont-elles, que deviennent-elles ?

NANTAIS. Ce ne sont pas là des étoiles, mais des fragments assez minimes qui se détachent de quelque grande masse, d'un monde peut-être, parcourent le ciel, filent, se rendent visibles en approchant de nous, car quelque rayon de soleil doit les atteindre alors, se précipitent sur la terre, et ne nous montrent là qu'un bloc de pierre. Ce sont là les aérolithes. Il est des hommes qui nous disent que les aérolithes, que des feux ont calcinés, nous sont lancés par les volcans de la lune ; d'autres croient que ce sont des petits mondes qui commençaient à se former, et que, passant trop près de la terre, celle-ci s'en saisit, les attire par son attraction, et que la rapidité de leur chute leur donne la lumière dont nous les voyons briller un moment.

RENNOIS. La terre est grande, et il est, dites-vous, des mondes plus grands qu'elle!

NANTAIS. Bien certainement. La circonférence d'Uranus est 12 fois celle de la terre ; celle de Saturne 27 fois ; celle de Jupiter, la plus grande des planètes, 33 fois. La terre a 9 mille lieues de circonférence ; multipliez ces 9 mille par 33, vous aurez 297,000 lieues, qui seront la circonférence de Jupiter... Quel monde! et que nos marins mettraient de temps pour en faire le tour!...

RENNOIS. La terre est habitée par des êtres qui respirent, pensent, raisonnent, et tous les mondes dont vous me parlez n'ont point d'habitants! Est-ce que le bon Dieu n'a pensé qu'à nous, et qu'il a fait tout cela pour amuser nos yeux?

NANTAIS. Comme la terre, tous ces mondes doivent être habités ; comme ici-bas, il y a sans doute dans toutes les planètes des créatures qui pensent, raisonnent, agissent... Et nous ne pourons jamais les voir! jamais leur serrer la main! Je le regrette ; que de belles choses elles nous apprendraient!

RENNOIS. C'est vrai tout de même... Et qui sait s'ils n'ont pas là-haut des chemins de fer, des bateaux à vapeur, des machines, des imprimeries et des industries qui nous sont encore inconnues?... Nous avons des frères répandus partout... Cette idée me rejouit... Que nous serions meilleurs si nous comprenions la grandeur de Dieu, l'immensité de ses œuvres, et notre véritable destination dans ce monde et dans l'autre!

Nantais. Oui, les hommes devraient vivre comme des frères, et assurément ils seraient tous heureux.

Rennois. Une petite explication sur l'une des choses les plus curieuses qui se passent là-haut : comment se produisent les éclipses de soleil et les éclipses de lune ? Voilà ce que je voudrais savoir.

Nantais. Le soleil est dans un grand éloignement, la lune est presque dans notre voisinage. Chacun de ces astres a sa marche réglée dans le ciel. Il arrive à un jour donné, à un moment donné, prévu par les astronomes, ce qui prouve qu'ils s'entendent bien un peu aux affaires de là-haut, que la lune vient se placer juste en face du soleil, nous le dérobe, intercepte ses rayons, et nous donne la nuit au milieu d'un beau jour. Voilà l'éclipse de soleil.

Rennois. Bien. Et l'éclipse de lune ?

Nantais. Nous y voilà. Les astres continuent leurs révolutions. Le jour a disparu, le ciel est étoilé et la lune brille là-haut de son plus grand éclat. Voilà que tout à coup, sans qu'un nuage se montre, elle perd de sa clarté, et la perd tout à fait en un instant. Pourquoi cela ? C'est que pendant que la lune est sur nos têtes, le soleil est sous nos pieds, que la terre se trouve entre ces deux astres, et que notre satellite, ne recevant plus sa lumière du soleil, tombe dans une nuit noire. Voilà l'éclipse de lune. Que prouve ce fait ? Que la lune n'est point brillante naturellement, que toutes les planètes, et la terre avec elles, sont des corps opaques, sans clartés ; que c'est le soleil qui les éclaire toutes. La terre, la lune, le soleil sont-ils sur la même ligne droite, et la lune au milieu, il y a éclipse de soleil ; le soleil, la terre, la lune sont-ils sur la même ligne droite, et la terre au milieu, il y a éclipse de lune. Voilà l'explication du mystère.

Rennois. Et les astronomes prédisent cela longtemps à l'avance ?...

Nantais. Le soleil est un corps, la lune est un corps, la terre est un corps ; ces corps ont une dimension, un éloignement respectif, une marche dans le firmament ; tout cela est calme, régulier dans ses mouvements... Les astronomes calculent, et ne se trompent pas... Ne niez donc pas la science, rendez hommage à la science...

Rennois. Oui, oui, rendons hommage à la science, rien de beau comme la science, si ce n'est la vertu, qui est encore supérieure.

Nantais. Sans doute... Mais soyons modestes, et elles pourront s'appuyer l'une sur l'autre.

Rennois. Je commence à ouvrir les yeux; mais je vous tiens, et je ne vous lâche pas de sitôt. Parlez-moi des éclairs, des tonnerres, des pluies, des vents, des trombes et de tous les bruits qui se font là-haut.

Nantais. Ce ne serait pas là un petit travail; mais, écoutez-moi : il y a au-dessus de la terre, et tout autour d'elle, une masse d'air ; cet air est par couches superposées, plus compactes en bas, plus dilatées ou raréfiées en haut : c'est dans cette masse d'air, épaisse de seize à vingt lieues, et qu'on appelle l'atmosphère, que se forment les nuages, les éclairs, les tonnerres, les grêles, les orages, les trombes, et tout ce qu'on appelle météores et phénomènes de l'atmosphère.

Rennois. Parlez-moi donc de toutes ces choses.

Nantais. La terre est couverte de sources, de rivières, de lacs, de mers, que le soleil échauffe, et d'où s'élèvent des vapeurs qui montent, se condensent, se forment en nuages. Ces nuages, chargés de feu, d'électricité, promenés par les vents, avancent les uns vers les autres, se rencontrent, et de leur choc, et de leur frottement résultent l'éclair et le tonnerre. L'éclair, nous le voyons instantanément, car notre vue est prompte, et c'est elle qui va jusqu'à lui ; le bruit du tonnerre se fait entendre ensuite : ce bruit doit traverser l'espace et il met du temps pour arriver jusqu'à notre oreille.

Rennois. De sorte que nos yeux et nos oreilles n'agissent pas tout à fait de la même façon?

Nantais. Non certainement. Notre oreille est passive ; elle attend que le bruit vienne la frapper, et quand il a un grand espace à parcourir il met plus de temps à lui arriver ; nos regards sont actifs, ils s'élancent dans l'espace, et ils sont plus prompts que la foudre. Fermez les yeux, ouvrez-les tout à coup en fixant un point fixé à six pas de vous, ce point vous le voyez instantanément ; fermez les yeux, ouvrez-les tout à coup et fixez une montagne placée à quarante lieues de vous, cette montagne vous la voyez instantanément. Le regard voit près ou loin avec la même promptitude, il ne met aucun temps à parcourir les distances... aussi, dès que l'éclair se produit, nous le voyons; le bruit doit venir nous trouver, et plus il se produit dans l'éloignement, plus il met de temps pour arriver jusqu'à nous... Quand vous verrez des soldats en grand nombre faire l'exercice à feu, arrêtez-vous, changez de temps à autre de position, soyez tantôt près tantôt loin, tantôt à la droite tantôt à la gauche des lignes, remarquez bien la fumée et le bruit, réfléchissez un peu, et vous comprendrez par vous-même tout ce que je viens de vous expliquer.

Rennois. Il arrive qu'après l'éclair le tonnerre se fait attendre, d'autres fois il est plus diligent, et fait entendre subitement un horrible fracas; à quoi cela tient-il?

Nantais. Se fait-il attendre, c'est qu'il s'est produit dans l'éloignement; arrive-t-il presque avec l'éclair, c'est qu'il s'est produit dans notre voisinage et que la foudre passe près de nos têtes.

Rennois. Près de nos têtes! diable! diable! voilà quelque chose de peu rassurant.

Nantais. Sans doute; mais on voit si peu de victimes de la foudre qu'il serait insensé de se donner peur.

Rennois. Le tonnerre n'éclate pas d'un seul coup, a des bruits successifs, de longs roulements; est-ce qu'un tonnerre serait plusieurs tonnerres?

Nantais. Non; un tonnerre n'est qu'un tonnerre, qui éclate d'un seul coup, et les roulements que vous entendez sont un effet de l'écho, ou des échos... Il m'est arrivé de me trouver au pied du Grand-Salève, près de Genève; on tirait dans le village de Troinex, à propos d'une noce, des coups de fusils; chaque coup éveillait vingt échos dans la montagne, donnait des bruits prolongés, des roulements, c'était un vrai tonnerre. J'y fus trompé, je crus à un orage, et je me disposais à fuir. Mais de temps en temps c'était un nouveau coup de fusil, et le moment d'après un nouveau tonnerre derrière la montagne. Mes yeux s'ouvrirent, je me rassurai, j'avais été épouvanté par un écho. J'ai entendu tirer le canon en Savoie, entre Cluse et Maglan, au pied de hautes montagnes, au-dessous de la grotte de Balme; il fallait entendre le roulement du tonnerre produit par les échos; c'était effrayant. Si un coup de canon, si un coup de fusil produisent semblable bruit, pourquoi n'en serait-il pas de même du tonnerre dans le ciel ? Ses bruits sont répercutés par les montagnes, par les nuages sans doute, et de là leurs prolongements.

Rennois. Sur les mers il n'y a pas de montagnes, et l'on prétend que le tonnerre y fait le même vacarme que sur la terre.

Nantais. Il y a les nuages, il y a les couches d'air, il y a aussi des foyers d'électricité. Une pierre lancée par la fronde produit un sifflement dans l'air, la balle en fait autant; j'ai vu deux minces fils d'archal tendus du haut en bas d'une montagne de Savoie ; le vent les agitait, les faisait vibrer, et c'était comme le bourdonnement de nombreux essaims d'abeilles... on l'entendait de loin... Après ces petites choses, jugez du tonnerre, de ses échos, des effets de la foudre fendant les airs... rien d'étonnant qu'un bruit produise mille bruits.

Rennois. Vous m'avez parlé du tonnerre, dites-moi maintenant quelque chose de ce qui l'accompagne, incendie, frappe et tue.

Nantais. C'est la foudre. Si la poudre fait explosion dans le canon, le boulet est lancé au loin et ses effets sont terribles ; l'explosion de là-haut lance aussi dans l'espace une espèce de boulet, mais autrement terrible que l'autre.

Rennois. De quoi se compose donc le boulet de là-haut?

Nantais. De matières sulfureuses, d'électricité, de tout ce qu'il y a de plus fort dans le monde. Connaissez-vous la machine électrique? connaissez-vous ses singuliers effets?

Rennois. Si je connais cela? bien certainement... j'ai tenu le cordon ; j'ai vu l'étincelle électrique, j'ai éprouvé la secousse, j'ai sauté comme un furibond... quelle étrange chose!... et la foule riait.

Nantais. La machine électrique demande à être maniée avec précaution; on pourrait tuer avec une trop forte dose. Le tonnerre se compose de la même matière; jugez de sa force et de sa puissance.

Rennois. Dieu nous préserve donc de ses terribles coups!... mais il s'agit maintenant d'autre chose; je voudrais savoir pourquoi les rivières coulent toujours et que leurs eaux ne s'épuisent jamais.

Nantais. Les évaporations des mers, des lacs, de tout ce qui est humide, produisent les nuages ; ces nuages sont roulés par les vents, disséminés sur les plaines, portés par masses sur les montagnes, où ils se dissolvent en pluies, en torrents : ces pluies s'infiltrent dans la terre, dans les rochers, forment des réservoirs, des lacs souterrains qui donnent naissance à des sources, à des ruisseaux, des cascades, des rivières, des fleuves, qui, après avoir parcouru de nombreuses contrées qu'ils fertilisent, se rendent à la mer. Les mêmes eaux regagnent les montagnes par la route du ciel, retournent à la mer, vont et viennent, sont dans un mouvement perpétuel. Toutefois, l'été les pluies sont moins abondantes, les rivières pourraient se dessécher, la terre se calciner sous les feux du soleil, et il faut cependant que le monde conserve sa vie et sa beauté. La Providence a tout prévu ; elle a créé les montagnes, que la sottise accuse de stérilité, d'être des fardeaux inutiles sur la terre, et sur ces montagnes, et dans leurs gorges profondes, elle a entassé les neiges, les glaces éternelles, merveilles des plus imposantes. Ces glaces s'accroissent en hiver, perdent un peu de leurs masses dans les longs étés, et donnent du leur... C'est quand les nuages sont devenus trop rares qu'elles se chargent de l'alimentation des rivières, de la distribution des eaux, de la fraîcheur, de la fécondité, et du bonheur sur la face de la terre. Que deviendrions-nous sans les montagnes et leurs vieux glaciers?

Rennois. C'est vrai tout de même !... Très souvent on accuse les montagnes, les rochers, les neiges, les glaces, et l'on dit : Que le bon Dieu est bête d'avoir créé tout cela! C'est nous qui sommes bêtes.. Si encore nous étions moins présomptueux, et si avant de parler et d'accuser nous voulions bien nous donner la peine de réfléchir un peu !... Allons ! les montagnes sont utiles ; je ne dirai plus qu'elles sont des terrains perdus pour les hommes. Il y a quelqu'un là-haut qui sait ce qu'il fait, et le fait en conscience ; s'il nous demandait conseil pour diriger le monde, il n'entendrait que des paroles contradictoires ; l'un demanderait du sec, l'autre de l'humide, celui-ci du froid, celui-là du chaud, tous voteraient contre les montagnes, contre les glaciers, chacun voudrait du bien pour soi, du mal pour les autres, une pluie douce pour son champ, une grêle affreuse sur le champ de son voisin ; le Midi conspirerait contre le Nord, le Nord contre le Midi, et tout irait de travers.

Nantais. C'est plus que probable.

Rennois. Pluies, brouillards, brumes, vapeurs, rosées, neiges, tout cela émane des eaux et se dissout en eau ; mais je voudrais savoir une chose, c'est comment se forment les trombes, ce que c'est qu'une trombe.

Nantais. On pense que l'électricité joue un rôle dans ces phénomènes étranges ; il y a les trombes de vents et les trombes d'eau : les premières sont formées d'immenses colonnes d'air, tourbillonnent avec vitesse, pompent, arrachent, renversent tout ce qui se trouve sur leur passage, arbres, maisons, hommes, bêtes... elles causent d'affreux désastres. Les trombes d'eau se forment sur mer, et arrivent aussi sur terre. Leur forme est celle d'un cône tronqué renversé ; la base touche aux nuages, la partie opposée arrive jusqu'à la surface des eaux ou jusqu'au sol... cette trombe, comme l'autre, fait un grand bruit, c'est le grognement des ouragans déchaînés, et ses effets sont des plus horribles... elle laisse un long deuil partout où elle passe. Je ne vous parle de ces phénomènes qu'en gros, parce qu'on ne connaît pas tous les secrets de leur formation, et qu'au reste je ne dois qu'effleurer chaque objet et passer rapidement.

Rennois. Et les aurores boréales, et les feux follets ? voilà encore de singulières choses !

Nantais. Les aurores boréales, nuées blanches resplendissantes, lumineuses, du plus grand éclat, ne se présentent pas dans nos climats, mais dans le voisinage du pôle nord, en Suède, en Norwége, en Russie, en Laponie. L'électricité n'est pas étrangère à la production de ce météore. Quant au feu follet, qu'on appelle aussi feu Saint-Elme, c'est une lueur qui s'élève du sol, voltige dans l'espace à une médiocre élévation. On croit que l'électricité est encore là. Que de contes n'a-t-on pas faits sur le feu follet ! On lui a prêté le sentiment, la parole, des actes hostiles, on en a fait un farceur, un sorcier. Mais passons sur mille fables puériles. Il me resterait à vous parler des arcs-en-ciel, de la formation des neiges, des grêles, des grésils, des givres, des glaces, des vents, des marées, du chaud, du froid; mais ce serait trop long, mieux vaut vous adresser à des traités spéciaux qui auront pour vous plus d'utilité que ma parole, et qui seront plus complets certainement. En voilà donc assez pour aujourd'hui.

Rennois. Mais non, mais non, je suis curieux d'autre chose. Je voudrais savoir pourquoi la terre tremble, fait des mouvements en avant, en arrière, car j'ai un jour dansé sur sa face et je fus impressionné; je pensais profondément, je devins religieux, je sentais mon néant, le peu que je suis; je comprenais que Dieu mettrait fin à toute chose en un instant s'il le voulait, et je me livrai à mille réflexions... Que la nature est une belle et grande chose !

Nantais. La terre est une immense boule de neuf mille lieues de circonférence; à sa surface c'est de l'eau, de la terre, des rochers, une végétation plus ou moins riche; dans son intérieur, et sous une croûte solide de dix lieues d'épaisseur aux endroits les plus minces, de trente-deux lieues aux endroits les plus fournis, se trouve une matière liquide, épaisse, toujours en ébullition; plus cette matière se rapproche de l'écorce de la terre, moins elle est chaude; plus elle se rapproche du centre, plus elle est ardente. Son ébullition, tantôt plus, tantôt moins violente, cause des mouvements, des révolutions intérieures, et toute la terre en est ébranlée, et tremble, et remue; ce sont là les tremblements de terre.

Rennois. Que l'on mette de l'eau dans une marmite, qu'on la fasse bouillir à grand feu, la marmite tremble, son couvercle sautille, une épaisse vapeur sort de ses moindres ouvertures, et si cette vapeur était trop renfermée, la bombe ou la marmite, éclaterait peut-être. Le tremblement de la marmite me fait penser au tremblement de la terre.

Nantais. Il y a bien quelques rapports en tout cela. La trop grande fermentation de la matière intérieure de la terre fait danser la terre, cause les tremblements de terre; et si vous voyez la vapeur, l'eau dans une trop forte ébullition sortir de la partie la moins bien close de la marmite, de même la matière intérieure de notre globe perce la partie la plus mince, la moins solide de la croûte de la terre, celle où se trouve quelque fente peut-être, et sort avec furie, rouge, brûlante, incandescente, terrible, en s'élançant vers le ciel en gerbe, en artifice, en flamme dévorante, et retombe, et coule comme une rivière de feu sur la pente des montagnes, avance vers la plaine, brûle la végétation, détruit les campagnes, renverse, engloutit les villes, met en fuite ou tue les pauvres humains épouvantés... tout s'éclaire d'une lueur sinistre... ce sont là les volcans, leurs mugissantes éruptions, qui couvrent tout de lave, de cendre, de roches, de pierre-ponce, de feu, d'une profonde désolation.

Rennois. Quelle chose épouvantable que ces éruptions!... J'ai entendu parler de l'Etna, du Vésuve, de leurs cratères vomissant des flammes, de Pompeï, d'Herculanum, belles et riches villes ensevelies sous les laves, comme chacun sait... Que devinrent donc leurs pauvres populations?

Nantais. Quelques hommes se sauvèrent sans doute par la fuite, la masse dut périr.

Rennois. Ce que c'est que de l'existence! nous naissons, nous mourons, que reste-t-il de nous? Parfois un souvenir, plus souvent rien, absolument rien... Comme nous devrions être bons et modestes!

Nantais. C'est bien vrai. Ainsi la matière intérieure du globe produit les tremblements de terre, les volcans, les effets les plus grands et les plus désastreux. S'il vous arrive de danser encore sur la face de la terre, pensez à cela.

Rennois. Oh! oui, j'y penserai; maintenant je porte mon imagination plus loin : y a-t-il des volcans dans la lune, dans les planètes, dans les comètes, dans tous les autres mondes?

Nantais. Il faut le croire, ces mondes, comme le nôtre, sont sujets à d'innombrables révolutions.

Rennois. Un tremblement de terre engloutit Lisbonne, la capitale du Portugal ; un tremblement de terre fit comme disparaître Lima, la capitale du Pérou; les éruptions des volcans ont couvert de pierres, de cendres, de lave, de magnifiques campagnes, et des villes telles que Pompeï et Herculanum. Parlez-moi des tremblements de terre, des éruptions volcaniques tout au long; donnez-moi l'histoire de tous les désastres dont ils ont affligé l'espèce humaine.

Nantais. Je ne le puis; notre conversation n'aurait pas de fin...

Rennois. Parlez-moi de toutes les mers, de tous les grands lacs, des rivières, des fleuves les plus imposants, des montagnes les plus hautes, des merveilles de la nature et de celles aussi élevées par la main des hommes.

Nantais. Oui, c'est cela, c'est cela, il faudrait vous parler des Océans et des Méditerranées, de toutes les masses d'eau, des fleuves Amazone, Missouri, Mississipi, Gange, Euphrate, Nil, Danube, Vistule, Boristhène, Rhin, Rhône, Seine, Loire, Gironde, Tage, Tibre; des grandes cascades, des grandes cataractes, et puis des montagnes, telles que le Mont-Blanc, les Pyrénées, l'Himalaïa, le Mont-de-la-Lune, l'Atlas, les Cordilières; des glaces polaires, des déserts de l'Afrique, des savanes de l'Amérique, des forêts vierges de la même partie du monde, des fontaines jaillissantes d'eau bouillante, des puits inflammables, des cavernes, des grottes les plus vastes et les plus remarquables, de toutes les merveilles de la nature et de tous les monuments que les hommes ont élevés : ponts, aqueducs, phares, pyramides, palais, hôtels de ville, temples, cathédrales... Quel travail me donneriez-vous là...

Rennois. Mais je voudrais connaître aussi les animaux, insectes, serpents, quadrupèdes, oiseaux, poissons, et puis les fleurs, et puis les minéraux, et puis...

Nantais. Oui, oui, oui; je vous comprends : vous voudriez tout savoir... Ce n'est pas que je vous en blâme, mais je me borne à ce conseil : ayez de bons livres, lisez, étudiez, pensez, et vous saurez beaucoup à la fin. Je me résume maintenant, et je finis... Reportons nos regards sur l'ensemble des choses, et un moment d'attention.

Donc, le soleil au centre, onze mondes visibles, sans compter les invisibles et les comètes tournant autour de lui; des satellites ou lunes tournant autour des planètes et les accompagnant sans cesse; des milliers et des milliards d'étoiles, qui sont autant de soleils, et des mondes sans nombre qui tourbillonnent autour d'eux; un firmament sans fin, tout peuplé de soleils, de planètes, de comètes, de lunes, de mondes... Le nombre des mondes infini. Tout agit, tout travaille, tout gravite, tout exécute là-haut de majestueuses et éternelles révolutions... Plus bas, dans l'atmosphère, des nuages, des éclairs, des tonnerres, des foudres, des aurores boréales, des arcs-en-ciel, des neiges, des grêles, des glaces, du chaud, du froid, des ouragans, des tempêtes, des vents, le doux serein... et le globe sur lequel nous marchons, tourmenté par des laves, des feux intérieurs, secoué par des convulsions, des tremblements, des éruptions volcaniques, et roulant néanmoins majestueusement dans l'espace, nous emportant comme le cheval le cavalier... ou comme la voiture qui roule la pauvre petite mouche qui s'attache à ses flancs. Partout des mondes en action, ornés de leurs richesses; sur celui-ci des plaines, des coteaux, des vallées, des montagnes, de l'humide, du sec, une abondante végétation, des productions de toutes les sortes, des êtres qui respirent... et des hommes!!! Ce monde est habité, pourquoi pas les autres? Avons-nous des frères semés partout l'univers? Des bâtiments nous portent sur les mers, nous font visiter des peuples lointains, américains, chinois, indiens et autres; puissent les ballons nous porter dans les espaces du ciel d'une planète à l'autre, nous permettre de les parcourir et de lier connaissance avec tous les enfants de Dieu. Quelle belle chose que la terre, le monde, l'univers, l'infini!... Et nous ne croirions pas en Dieu! et nous ne ferions que ramper, que nous vautrer dans la matière, dans la fange!.. L'immensité nous écrase, mais nous avons la pensée, qui nous permet de voir, en un instant, dans le passé, dans l'avenir, d'un bout du monde à l'autre, qui nous grandit, qui nous fait roi, qui nous soumet tous les animaux, qui nous fait planer sur la création, qui nous rend tout puissants... La terre, nous la transformons, nous la couvrons de villes, de monuments, de moissons, de vignobles, de riches vergers, de jardins magnifiques; notre main laisse partout son empreinte... et c'est la pensée qui nous fait ce que nous sommes... L'homme qui ne pense pas, diffère peu de l'animal, c'est même douteux qu'il ait une âme ; la pensée est tout, nous ne sommes grands que par la pensée... Pensons donc, consultons notre cœur, notre conscience et ne sortons jamais des voies de la justice.

Rennois. Vous avez raison ; pensons bien, et agissons bien... Que vos paroles me sont utiles!... Savez-vous que les curés pourraient faire entendre, tous les dimanches, du haut de leurs chaires à prêcher, de bien belles choses?...

Nantais. Sans doute, et ils auraient un très nombreux et très fidèle auditoire : tous les huit jours toute une population les écouterait et ferait profit de leurs leçons...

Rennois. Est-ce qu'il ne serait pas possible d'apprendre là un peu les lois du pays, que nous ignorons complétement, et un peu les nouvelles découvertes en faveur de l'agriculture?

Nantais. Je ne dis pas non.

Rennois. Faites-vous donc curé ; vous enseignerez aux artisans, aux paysans, l'astronomie, la météorologie, la géologie, les révolutions du ciel et de la terre, les lois positives, l'agriculture, et ils vous écouteront, et ils ouvriront de grands yeux et de grandes oreilles, et leur intelligence se développera de plus en plus, et la somme de leurs connaissances en sera accrue, et tout cela ne portera aucun tort à leur religion et à leur moralité, au contraire. Oh! faites-vous curé.

Nantais. Je suis marié, père de famille, et l'Église ne voudrait pas de moi pour l'un de ses prêtres... et puis, pour être prêtre, il faut des études préalables. Quant au sermon que vous avez voulu de moi, il est fini.

Rennois. Oh! le beau sermon! le beau sermon! Que les prêtres et les pasteurs en fassent sur les mêmes matières, qu'ils nous exposent, qu'ils nous révèlent les beautés de l'univers, la grandeur des œuvres de Dieu ; qu'ils promènent ma pensée de tous les côtés, qu'ils touchent mon cœur, qu'ils élèvent mon âme, qu'ils me remplissent d'admiration, et je me fais dévot ; je vais de l'église au temple et du temple à l'église ; je ne dédaignerai pas même la synagogue, pas même la mosquée, et bien d'autres travailleurs feront comme moi... Adieu le café, le cabaret... nous nous donnons aux grandes pensées, notre cœur devient tout amour... tous les hommes deviennent vraiment frères... Je vous écoute encore.

Nantais. C'est fini.
Rennois. Fini pour tout de bon?
Nantais. Fini pour aujourd'hui.
Rennois. Au revoir donc.
Nantais. Au revoir.

DIALOGUE

MORAL ET RELIGIEUX

ENTRE LYONNAIS ET BORDELAIS

Un jour Lyonnais venait de chanter la chanson du *Banquet* (voyez tome I, page 126); Bordelais le tire doucement à l'écart, et lui dit d'un ton railleur : Je vous y prends, mon Pays ! vous qui tant de fois avez blâmé l'ivrognerie et l'incrédulité, vous les chantez l'une et l'autre maintenant. A la bonne heure, buvons, chantons, et après nous la fin du monde !

Lyonnais. Ami Bordelais, je chante dans un moment de gaîté une chanson à boire, et m'étourdis sur l'avenir pour mieux savourer le présent. Mais la raison reprend ensuite le dessus, et je redeviens grave.

Bordelais. Redevenir grave ! mais c'est un grand mal. Est-il quelqu'un de plus heureux que l'ivrogne, le riboteur, le libertin? Il jouit de la vie, et vous, avec votre gravité, avec votre conduite sensée, vous n'en jouissez pas.

Lyonnais. J'ai travaillé, ami Bordelais, avec des ouvriers d'une constitution solide et d'une habileté peu commune ; ils faisaient en un seul jour autant de travail que moi en deux. Je les ai vus de près, ces ouvriers colosses, ces riboteurs fameux; eh bien ! ils n'étaient pas heureux !

Bordelais. Expliquez-moi cela.

Lyonnais. Ils travaillaient quelques semaines avec une rare ardeur: quand ils se voyaient une petite somme d'argent, ils se mettaient à boire, à se griser jusqu'à ce que tout fût dépensé. Le premier jour, ils prenaient quelque plaisir; le lendemain, ils étaient déjà moins bien disposés ; les jours suivants, ils ressentaient d'abord de la fatigue, puis de l'ennui et du dégoût, et ils allaient se promenant machinalement comme des hommes démoralisés, et ne sachant plus que faire et que devenir; enfin, quand ils n'avaient plus rien à dépenser, quand ils ne trouvaient plus de crédit nulle part, il fallait bien reprendre le chemin de l'atelier. Ils y revenaient donc, mais bien lentement, avec le corps flasque, la tête penchée et le visage sombre et défait.

Bordelais. Eh bien ! ils travaillaient, et réparaient le temps perdu et leurs bourses épuisées!

Lyonnais. Oui, ils travaillaient..... en se maudissant, en s'appelant lâches, fainéants, ivrognes, abrutis, sans cœur, mange-tout..., en parlant quelquefois d'aller se pendre ou se noyer..... Oui, ils travaillaient, mais avec colère et désespoir; et je souffrais de les voir ainsi.

Bordelais. Les ouvriers plus sages ne travaillent-ils pas également, et sont-ils, pour cela, beaucoup plus avancés que les autres?

Lyonnais. Oui. Ils travaillent avec l'âme contente et le cœur joyeux, car leurs affaires ne sont pas en désordre; aucun de ces créanciers, que nous appelons *anglais*, ne les chagrine. Ils travaillent; mais, tout en travaillant, ils chantent quelquefois; ils échangent de temps en temps quelques mots d'amitié, et, si un ami vient par hasard leur faire visite, ils l'accueillent avec transport et le traitent cordialement, car leurs poches renferment toujours quelques pièces de monnaie. Comme ils se dérangent rarement, leur courte partie n'en est que plus vive et mieux sentie : ils chantent! ils sautent! ils se divertissent! ils sont livrés à la joie la plus naïve et la plus franche! et le lendemain ils retournent à l'atelier, bien satisfaits de la veille : pour eux le travail est un plaisir, le festin un plaisir, le souvenir du festin et l'espérance d'en faire un semblable plus tard sont encore des plaisirs. L'ouvrier débauché ne ressemble pas à ceux-là : à son travail il est triste, il ne soulève pas un moment la tête, il n'a point d'entretiens familiers avec les autres ouvriers, il est excessivement avare de son temps; il languit d'avoir achevé son ouvrage, afin d'en recevoir le prix; il pense à son aubergiste, à ses nombreux créanciers qui le tourmentent comme des démons. Si l'un de ses amis, si l'un de ses frères arrivé d'un pays lointain vient le voir, il ne peut se déranger pour fêter son arrivée; il le reçoit froidement, tristement; il ne travaille que pour son ventre, que pour ses orgies abrutissantes; il ne peut rien faire pour ses amis et pour ses frères, qu'il méconnaît presque; il est avare à leur égard et envers tout ce qui n'est pas lui : que le pauvre qui a faim n'implore pas sa pitié, il serait repoussé durement! Le bambocheur comme je l'entends, se tue à force de travailler, se tue à force de boire ; il se tue encore par les privations et la tristesse, et, en tuant son corps, il tue aussi son intelligence et tout ce qui peut inspirer l'amour et le dévoûment. Croyez-vous toujours au bonheur de l'ivrogne?

BORDELAIS. Non. Tout ce que vous dites n'est que trop vrai, l'ivrogne n'est pas heureux. Mais votre morale n'est pas d'une austérité excessive ; vous admettez que l'homme ne doit pas se passer de quelques moments de récréation et de plaisirs, et je me rends à toutes vos raisons. Maintenant je vous attaquerai sur un autre point : vous criez contre l'indifférence, contre le manque de foi, et cependant vous chantez le scepticisme. Ce n'est pas que je vous en blâme ; au contraire, car je ne crois ni à Dieu ni à diable.

LYONNAIS. Je chante le scepticisme comme je chante le vin. Il est des moments de gaîté folle ; mais, s'il faut vous parler franchement, je vous dirai que l'homme qui croit est plus heureux que celui qui ne croit pas.

BORDELAIS. Etes-vous un homme religieux, un vrai croyant?

LYONNAIS. Je ne m'en vante pas. Si mon cœur aime et croit fermement, mon esprit, lorsqu'il s'enfonce au-delà d'une certaine limite, cherche, balance, s'inquiète. Et certes les philosophes les plus audacieux n'ont pas concouru seuls à me rendre ainsi ; d'autres hommes, avec des idées et des doctrines inverses à celles des premiers, ont puissamment contribué au désordre actuel de la croyance publique. Mais je vous répéterai que celui qui croit est plus heureux que celui qui ne croit pas.

BORDELAIS. Cela demande une preuve; êtes-vous capable de me la fournir ?

LYONNAIS. Je le crois.

BORDELAIS. Voyons! je suis curieux.

LYONNAIS. Je n'entrerai pas dans des raisonnements

bien savants, bien profonds, car je ne suis pas un docteur. Je vais vous présenter d'abord deux exemples, écoutez-moi : l'athée, au lit de mort, quoique persuadé qu'il a fait son devoir sur la terre, quoique plein de courage et de vertu, doit être désolé ; il avait des biens, des amis, une femme qu'il aimait tendrement, des enfants chéris qui grandissaient sous ses yeux ; il faut tout quitter à jamais ; cet esprit, cette intelligence, tout ce qui lui inspirait les plus hautes pensées et lui ouvrait l'immensité va s'éteindre à l'instant ; son corps va se dissoudre et rentrer dans la poussière, et tout sera fini pour lui ; il ne reste plus rien de ce qu'il a été, il meurt tout entier. Plus d'avenir ! Comme cela est vague ! comme cela est triste ! n'est-ce pas, Bordelais ?

BORDELAIS. En effet.

LYONNAIS. Le croyant, à son heure dernière, n'est point dans une si horrible situation : convaincu d'avoir rempli tous ses devoirs, il ne redoute point les jugements de Dieu ; son corps doit passer dans la terre, mais son âme, revêtue d'une forme quelconque, doit passer dans le ciel. S'il quitte des biens matériels, il en trouvera d'immatériels et de divins ; s'il quitte sa femme, ses enfants, ses amis, ce n'est que pour un temps ; il les reverra tous dans le séjour éternel : et, relevé par la foi et l'espérance, il se détache de la vie avec joie et sans terreur. Ne trouvez-vous pas cette mort préférable à la première ?

BORDELAIS. Je suis encore forcé de dire comme vous.

LYONNAIS. Les malheurs de nos jours, mon ami, naissent du manque de foi ; comme on n'espère, comme on ne craint rien au-delà de la vie ; comme on ne croit qu'aux jouissances terrestres et matérielles, chacun veut de l'or pour se les procurer ; avec de l'or, on a des palais, de riches parures, des mets délicats, et toutes les aises de la vie ; avec de l'or on a des droits, des emplois, des honneurs, des titres et des priviléges ; l'or est le dieu de notre temps ; l'or attire l'or ; l'or est tout ; aussi les possesseurs d'or deviennent-ils de plus en plus avares, de plus en plus inhumains ; l'or est dieu, et ils sont les maîtres de l'or ; ils sont donc plus que Dieu, et tout doit ployer sous leur barbare puissance. Celui qui n'a pas voulu ou su atteindre à l'or est regardé comme un incapable, comme un idiot : oui, le pauvre est méprisé de nos jours comme il ne le fut jamais ; sa vie est une angoisse, un tourment, un supplice, un enfer continuel, et tout cœur honnête doit s'indigner et s'effrayer d'une si détestable situation.

Bordelais. La situation présente est telle que vous venez de le dire ; mais pensez-vous que l'incrédulité y contribue pour quelque chose ?

Lyonnais. Je le pense. Si les hommes croyaient vraiment en Dieu et à l'immortalité de l'âme ; s'ils avaient toujours présent à l'esprit que ce Dieu juste et vengeur les suit à chaque pas de leur vie ; qu'ils ne peuvent rien faire sans qu'il le voie, sans qu'il en soit l'inévitable témoin, bien des crimes se commettent qui ne se commettraient pas ; les hommes seraient alors moins hypocrites, moins fourbes, moins avares, moins ambitieux, ils s'aimeraient les uns les autres, ils seraient tous frères, ils partageraient leurs rares peines et leurs nombreux plaisirs, et la terre serait un séjour de félicité.

Bordelais. Et vous croyez réellement qu'un peuple religieux serait un peuple heureux !

Lyonnais. Oui.

Bordelais. Pourtant les Italiens, les Espagnols sont très dévots, et ils ne sont pour cela ni meilleurs, ni plus heureux ; dans leurs pays, dépourvus d'industrie et de bien-être, on est sans activité et sans puissance, et si l'on montre quelques éclairs d'énergie, c'est pour s'égorger ; n'allons pas si loin chercher des exemples, on est plus dévot dans les contrées méridionales de la France que dans celles du Nord, et pourtant on y voit plus de haines et de désordres, car on s'y bat, on s'y tue pour des opinions politiques mal comprises ; et puis nous avons des souvenirs : on se rappelle les inquisitions, les auto-da-fé, les Saint-Barthélemy, les massacres des Cévennes, de Cabrières, de Mérindol ; on se rappelle encore de bien d'autres crimes dont on pourrait parler ; tout cela ne prouve pas en faveur des idées que vous émettez, et le peuple craint justement le retour d'un pouvoir fanatique, qui tant de fois désola la France, et la couvrit de sang, de pleurs et d'ossements.

Lyonnais. Ne confondons pas l'homme religieux comme vous l'entendez, et l'homme religieux comme je l'entends : l'un ne s'attache qu'à la forme et est rempli de préjugés funestes, l'autre ne s'attache qu'au fond et ne maudit personne ; son dieu est le dieu de l'univers, et tous les hommes sont ses frères ; sa religion a de la grandeur, de la puissance et de l'avenir ; le scepticisme et le bigotisme n'en ont pas ; l'un n'inspire à l'homme que l'égoïsme le plus orgueilleux et le plus vil, l'autre le fanatisme le plus aveugle et le plus barbare.

« Bordelais. Et pourquoi, si ce Dieu existe vraiment, ne fait-il pas les hommes meilleurs ? Pourquoi ne les force-t-il pas à être plus justes et plus heureux ? Ou il ne le peut pas, ou il ne le veut pas : dans le premier cas, il manque de puissance, dans le second il manque de bonté.

Lyonnais. Si Dieu forçait les hommes à agir comme ceci ou comme cela, ils cesseraient d'être libres, ils ne seraient plus que de simples machines dont une main puissante dirigerait tous les mouvements, et on ne pourrait alors leur imputer ni vices, ni vertus. Dieu a donné aux hommes la liberté, la force, l'intelligence ; il dépend d'eux d'en faire un bon usage ; la terre est grande et féconde et recèle ou peut recéler tous les biens ; le soleil brille au firmament et la réchauffe de ses rayons ; les eaux du ciel, amoncelées en nuages, tombent, la rafraîchissent, et, s'infiltrant en elle, produisent les sources, les rivières et les fleuves, d'où mille canaux peuvent s'échapper et porter partout, selon la volonté d'un simple mortel, le tribut de leurs ondes.

Pourquoi les hommes, au lieu de se faire une guerre constante, au lieu de dépenser tant de science, d'énergie et de ruse à renverser, à détruire et à se tromper réciproquement, ne s'appliquent-t-ils pas à introduire la justice partout et à cultiver avec plus de soin, d'ensemble et d'amour, la terre, leur commune mère, qui donne beaucoup et donnerait davantage encore ?

Tous les hommes, sans exception, pourraient alors trouver leur part de repos et de bien-être. Ainsi, si les misères, les désordres, les crimes pullulent en ce monde, n'en accusons pas Dieu ; les hommes font leur situation eux-mêmes et sont seuls coupables des maux qui les affligent.

Bordelais. N'en accusons pas Dieu ! Je veux bien, pour

ma part, ne plus l'accuser ; mais prenez au hasard quatre hommes des plus entendus en affaires publiques et adressez-leur cette question : Croyez-vous en Dieu? trois d'entre eux vous répondront sans hésiter : Non. Ils ajouteront même, au besoin, que l'âme n'est rien de plus que la respiration, que le souffle de vie qui anime l'homme comme tous les autres animaux.

Lyonnais. Peut-on confondre deux créatures si dissemblables? L'homme comprend et explique la plupart des phénomènes de la nature; il soumet à sa puissance les éléments, les êtres animés et inanimés ; il tient registre des faits divers qui ont agité les temps et l'espace; il produit de merveilleuses machines qui centuplent sa force et sa puissance créatrice; il invente incessamment, soit dans les arts, soit dans les sciences, et ajoute sans fin de nouvelles connaissances aux connaissances acquises.

Il n'en est pas de même des animaux : eux, ils ne font aucune découverte, ils ne connaissent aucun progrès. Les singes, les chiens, les castors, les abeilles et les espèces moins intelligentes sont ce qu'elles furent toujours ; elles n'ont pas plus de lumières, de savoir et d'expérience de nos jours qu'au jour de la création. Elles ne connaissent ni leurs aïeux, ni leurs enfants. Soyez doué d'une patience à toute épreuve, consacrez tous vos loisirs à faire l'éducation d'un animal quelconque, réussissez à lui apprendre à travailler et à faire l'aimable, il ne saura rien apprendre de ce qu'il sait à ses enfants et à ceux de sa race. La race des animaux ne sort point de son ignorance primitive : chez elle, point de vêtements, point de mets préparés, point d'artistes; les siècles, les événements, la rude expérience, ne lui ont rien appris, rien fait gagner en adresse et en perfection, tandis que l'homme ne connaît point de bornes au progrès et au perfectionnement qu'on peut apporter à toutes choses. Il mesure avec toujours plus de précision, des yeux et de la pensée, l'immensité de la terre, des mers et des cieux. Son imagination, inquiète et vagabonde, explore dans tous les champs des routes nouvelles, et un pressentiment indéfinissable lui crée un monde au-delà de ce monde, lui parle d'une puissance invisible, mystérieuse, et en fait un être tout à fait à part des autres êtres.

BORDELAIS. Cependant les plus célèbres d'entre ces êtres à part ont ri de l'âme, ont nié Dieu, et frappé à coups redoublés sur toutes les superstitions, sur toutes les croyances religieuses. Je pourrais citer entre autres Voltaire (1), Diderot, d'Alembert.

(1) Voltaire n'avait certainement pas une âme religieuse, cependant quand Franklin lui présenta son petit-fils en lui demandant sa bénédiction, Voltaire lui posa une main sur la tête et prononça ce peu de mots : « Dieu et la liberté. » Je crois aussi devoir faire passer sous les yeux du lecteur le passage suivant d'une épître de Voltaire :

> Dieu ne doit point pâtir des sottises du prêtre :
> Reconnaissons ce Dieu, quoique très mal servi.
>   De lézars et de rats mon logis est rempli ;
> Mais l'architecte existe, et quiconque le nie
> Sous le manteau du sage est atteint de manie.
> Consultez Zoroastre, et Minos et Solon,
> Et le martyr Socrate et le grand Cicéron ;
> Ils ont adoré tous un maître, un juge, un père :
> Ce système sublime à l'homme est nécessaire ;
> C'est le sacré lien de la société,
> Le premier fondement de la sainte équité,
> Le frein du scélérat, l'espérance du juste.
>   Si les cieux, dépouillés de son empreinte auguste,
> Pouvaient cesser jamais de le manifester :
> Si Dieu n'existait pas, il faudrait l'inventer.
> Que le sage l'annonce, et que les rois le craignent !
> Rois, si vous m'opprimez, si vos grandeurs dédaignent
> Les pleurs de l'innocent, que vous faites couler ;
> Mon vengeur est au ciel, apprenez à trembler :
> Tel est au moins le fruit d'une utile croyance.
>   Mais toi, raisonneur faux, dont la triste imprudence
> Dans le chemin du crime ose les rassurer,
> De tes beaux arguments quel fruit peux-tu tirer ?
> Tes enfants à ta voix seront-ils plus dociles ?
> Tes amis, au besoin, plus sûrs et plus utiles ?
> Ta femme plus honnête ? Et ton nouveau fermier,
> Pour ne pas croire en Dieu, va-t-il mieux te payer ?...
> Ah ! laissons aux humains la crainte et l'espérance.

Lyonnais. J'en conviens. L'état de la société, malgré un certain vernis dont elle se pare, est bien loin d'être satisfaisant. Quant aux hommes célèbres que vous venez de citer, chacun reconnaît l'étendue de leur esprit et de leur savoir. Mais ils manquaient peut-être d'une âme vraiment noble et d'un cœur tendre et compatissant. Ils avaient une mission de destruction à remplir, et, grands et utiles démolisseurs, on les a vus à l'œuvre; ils ont rempli leur tâche avec succès. Mais ils n'auraient pas été propres à construire, à organiser une vaste société, et à rendre un peuple sympathique et heureux.

Les bienfaiteurs par excellence, Moïse, Solon, Numa, Confucius, Socrate, Jésus-Christ, Barthélemy de Las-Casas, Vincent de Paul, William Penn, Fénelon, Jean-Jacques Rousseau, eurent tous en eux quelque chose de contemplatif, de rêveur, de religieux. MM. de Lamennais et de Chateaubriand sont de nos jours sous l'empire des mêmes sentiments. Ne trouvez-vous pas en ces êtres-là pas de simplicité, plus d'amour, plus de dévoûment et de véritable désintéressement que dans tous les sceptiques que la terre a portés?

Bordelais. On ne peut qu'admirer tous ceux que vous avez nommés, et je ne vois rien chez leurs antagonistes de haut parage qui puisse leur être comparé. Mais descendons un peu plus bas : ne trouvez-vous pas que la fleur de la génération présente, que nos jeunes démocrates, en un mot, font preuve, quoique peu religieux, du même dévoûment, en sacrifiant également, si l'intérêt de tous le demande, leurs personnes et leurs biens?

Lyonnais. Il s'en trouve parmi eux qui possèdent de bien hautes qualités; mais les meilleurs valent-ils bien les premiers chrétiens, qui supportaient mille tortures sans se plaindre, sans se détracter jamais? Ont-ils cette foi ardente, cette persévérance calme et inébranlable?

Bordelais. Pourquoi non?

Lyonnais. Mais si un fait politique pouvait les compromettre, si l'instrument des supplices se dressait formidable devant eux, de matérialistes ne deviendraient-ils pas spiritualistes, n'appelleraient-ils pas, à leur moment suprême, leurs ennemis devant le tribunal de ce Dieu auquel ils avaient refusé de croire jusqu'alors?

BORDELAIS. Mais je ne sais.

LYONNAIS. Étudiez le passé; le courage qui ne se dément jamais est dans la foi. Ceux donc qui élèvent leurs pensées au-dessus de la matière brute et des jouissances terrestres, et sentent en soi quelque chose de religieux, de sympathique, peuvent rallier les hommes, leur inspirer de nobles sentiments et l'amour des uns pour les autres. Mais ceux qui nient Dieu hautement, ceux qui n'ont dans le cœur que de la sécheresse, ne peuvent, quel que soit le degré de leur savoir, que détruire les institutions, bonnes ou mauvaises, diviser les hommes, les rendre subtils, froids, impérieux; ils pourraient encore, par un effet de tactique, imposer une sorte de despotisme d'une rudesse extrême, mais sans dignité et sans racine, que le peuple lui-même arracherait bientôt : qu'on le sache, l'homme a besoin d'aimer et de croire; détruire sa croyance en Dieu, c'est détruire en son cœur la foi et l'espérance, deux biens universels. Si nous sommes sur une mer en furie, tout prêts à nous briser sur des roches sauvages; si nous sommes égarés dans des déserts arides et silencieux ou dans des bois touffus et remplis de hurlements affreux et menaçants; si, dans ce monde si brillant pour quelques-uns, si lamentable pour tant d'autres, notre corps s'affaisse et languit; si, dans ces cas divers, nous sentons notre dernière heure approcher, notre pensée se relève aussitôt, nous ne voulons pas mourir tout entiers, nous voulons conserver notre individualité; si l'idée d'une autre vie a pu nous paraître douteuse, l'idée d'une destruction complète nous paraît plus douteuse encore. Ah! ne soyez point cruels, laissez à l'homme la foi et l'espérance, ce sont ses derniers biens, biens des plus précieux.

BORDELAIS. Mais, encore un coup, êtes-vous un vrai croyant?

LYONNAIS. Je vous l'ai dit, ami Bordelais, pas aussi bon que je voudrais l'être.

BORDELAIS. En ce cas, vous voulez faire croire aux autres ce que vous ne croyez pas vous-même?

LYONNAIS. Je ne vous ai point dit que je ne croyais pas, et puis fût-il vrai qu'un mal m'eût effleuré, je ne désirerais pas pour cela que ce même mal pût effleurer les autres.

BORDELAIS. Je vous comprends, et je suis ravi qu'une chanson à boire ait donné lieu à un tel entretien; mais si vous vous étiez montré trop orthodoxe, si vous m'aviez parlé comme parlent beaucoup de prêtres, je ne vous aurais point écouté et vous ne m'auriez convaincu en aucune manière. Allons, amusons-nous encore un moment, chantons, folâtrons comme des enfants, et puis soyons sérieux et sobres, travaillons, raisonnons et aimons.

LYONNAIS. C'est cela.

CE QUE LE COMPAGNONNAGE A ÉTÉ

CE QU'IL EST

et ce qu'il doit être.

Par les lettres et les chansons qui précèdent, on peut comprendre qu'il se fait un travail immense dans le Compagnonnage. La tradition plaît aux Compagnons et les flatte singulièrement, et pourtant ils jettent les yeux au loin dans l'avenir et rêvent progrès et réformes sociales.

Les hommes se disputent, se contrarient pour des utilités, et ils se comprennent facilement sur de grandes choses de principes. Parlez contre la fabuleuse antiquité de leurs origines, contre leurs vieux usages, quelque mauvais qu'ils soient ; contre leurs prétendus titres et priviléges, vous les blessez profondément ; parlez à ces mêmes hommes de leurs intérêts communs, de la nécessité où ils sont de se réunir et de s'entendre pour se rendre plus forts et plus heureux, ils vous écouteront sans peine, ils vous comprendront avec plaisir.

Je suis cependant forcé de toucher aux choses par où les hommes sont le plus sensibles ; je dois parler librement du passé et blâmer ce qui me paraît blâmable, afin d'être plus à mon aise en parlant de l'avenir et en proposant ce que je crois juste, utile et bon.

On doit se pénétrer de cette vérité que tous les hommes sont frères, et que les plus nobles d'entre eux sont ceux qui ont les plus généreux sentiments et qui se montrent les plus dévoués à leurs semblables. Ayant admis ces principes qui sont vrais pour les individus, disons qu'une Société ne doit pas non plus se prévaloir de son ancienneté pour abaisser et humilier une autre Société. L'ancienneté n'est rien par elle-même, et si, au lieu d'expérience, de modération et de sagesse, elle ne donne qu'une fierté insolente et ridicule à ceux qui la possèdent, elle est un mal ; il faut alors en démontrer toute l'insuffisance, et saper ses folles prétentions.

Nous avons à parler du Compagnonnage et à remonter, si cela est possible, à sa véritable source, à son origine. Cette origine remonte-t-elle à la fondation du temple de Salomon? Les Compagnons, sans être à même d'en donner des preuves suffisantes, disent : oui ; et les savants, sans avoir daigné examiner sérieusement la chose, disent : non. Les Compagnons, tout versés dans les travaux manuels et dans ce qui se rapporte spécialement à leurs industries, n'ont point écrit leur histoire, et ceux qui font métier d'écrire l'histoire ont laissé de côté la vie de l'ouvrier comme chose trop chétive pour les occuper. Ils nous parlent cependant de diverses associations connues en Egypte et en Syrie, dont les membres se nommaient Thérapeutes, Pharisiens, Saducéens, Esséniens. Ces derniers surtout, si nous en croyons Joseph, historien juif, et Philon, savant de la même nation qui écrivait trente ans avant la naissance de Jésus-Christ, auraient existé dès la plus haute antiquité en association dans la Judée. Il y avait chez les Esséniens des initiations, des cérémonies, des secrets, plusieurs ordres hiérarchiques, et il fallait, avant d'arriver à un ordre quelconque, un an de noviciat. Le chef de l'association était élu par tous les associés, et à la pluralité des voix ; tous les membres vivaient en commun et en frères. Quand deux d'entre eux se rencontraient pour la première fois, quoiqu'ils ne se fussent connus en aucune manière, ils se traitaient comme de vieux amis. Le membre qui se comportait mal avec ses frères n'était ni mis en prison ni puni de mort, mais chassé honteusement de la Communauté, laquelle le repoussait à jamais. Je sais que cette association n'est pas le Compagnonnage, mais elle y ressemble sous beaucoup de rapports.

Puisqu'on nous a laissé des détails sur les Esséniens, les Saducéens et tant d'autres sectes, on aurait dû nous en laisser également sur les ouvriers de l'antiquité.

Comment vivaient les ouvriers qui ont élevé les pyramides et les temples gigantesques de la vieille Egypte? Comment vivaient ceux qui ont bâti les remparts tant vantés de la riche Babylone? Comment vivaient ceux qui créèrent les monuments de Palmyre et de Balbec, dont les ruines immenses saisissent d'étonnement et invitent aux profondes méditations? Comment vivaient ceux qui dressèrent le parthénon d'Athènes, le tombeau de Mausole, le colysée romain, et le temple de Salomon, célèbre dans l'univers? Vivaient-ils en associations? Se transportaient-ils en masse d'un lieu à un autre quand il s'agissait de grandes constructions, ou bien isolément et un à un? Personne ne le sait, ni les historiens, ni les archéologues, ni les philosophes.

Demandez seulement comment vivaient les ouvriers qui bâtirent Notre-Dame de Paris, ou la cathédrale de Chartres, ou celle de Rouen et tant de vieux et solides ponts répandus çà et là sur la terre de France? On vous répondra avec beaucoup de peine quelques mots sur Maître Bon-Œil, tailleur de pierre distingué, qui, après avoir achevé Notre-Dame de Paris, partit, en 1370, pour Upsal en Suède avec des *Compagnons* et des bacheliers; on pourra s'étendre autant sur les frères pontifes ou faiseurs de ponts, à la tête desquels marchait, en 1180, saint Benezet, jeune berger du Vivarais.

Si nous interrogions les Allemands et les Italiens, les uns pourraient nous dire quelque chose des Compagnons constructeurs des cathédrales de Cologne et de Strasbourg; les autres de celle de Milan. Si nous remontions dans la plus haute antiquité, la bible et les chroniques assyriennes et égyptiennes nous diraient qu'à la construction de tels et tels monuments les ouvriers étaient très nombreux et divisés en plusieurs ordres ou catégories; mais tout cela est fort incomplet, et ne nous apprend pas comment les ouvriers vivaient, comment leurs associations se sont formées, organisées et perpétuées de siècle en siècle.

Dans tous les temps on s'est occupé des monuments, de leurs dispositions, de leurs destinations, de leurs transformations successives et de leurs moindres débris; on a parlé de tout cela bien longuement et plus ou moins savamment; mais des ouvriers qui, à force de génie et de constance, ont élevé ces grandes masses de pierres, de bois et de métaux, on n'en a jamais rien dit de bien positif et de vraiment satisfaisant. Il y a là de l'ingratitude; pourquoi dédaigner une partie si nombreuse et si utile du peuple?

Comme dans les pays d'Orient on a vu de tout temps des associations religieuses et mystiques, les ouvriers ont commencé à connaître là ces sortes d'associations, et depuis ils les ont toujours pratiquées. Les constructeurs de tant de temples et de tant de palais étaient associés à peu près comme les Esséniens; ils avaient des noviciats, des initiations, des fêtes particulières, des secrets, des reconnaissances; et, quel que fût le nom dont ils se paraient, ils constituaient le vrai Compagnonnage. Le Compagnonnage existe donc depuis plusieurs milliers d'années. Les Compagnons placent sa fondation dans le temple de Salomon; j'ai cru d'abord, j'ai cessé de croire ensuite, et après avoir feuilleté bien des volumes et m'être livré à un examen plus approfondi, ma première croyance ne me paraît plus absurde et contraire à la vérité. Si, du moins, le Compagnonnage n'a pas été inventé là, il a pu y recevoir une forme, une organisation plus parfaite.

Du temps de Samuel, la Judée avait très peu d'ouvriers; les Juifs, amis de l'agriculture et des troupeaux, ignoraient les arts et l'industrie. Du temps du roi David, on forma des ouvriers dans le pays d'Israël, et l'on en fit venir des pays étrangers. Du temps de Salomon, son fils, encore plus; car les ouvriers qui travaillèrent au temple étaient innombrables. Laissons parler la Bible :

« Hiram, roi de Tyr, envoya aussi des ambassadeurs
« à David, avec du bois de cèdre, des *maçons et des*
« *charpentiers*, pour lui bâtir une maison. »

David excita l'activité de son peuple, et, d'autre part, rassembla les ouvriers qui travaillaient et voyageaient dans son royaume. La Bible dit :

« Il commanda qu'on assemblât *tous les* PROSÉLYTES
« *qui se trouveraient dans la terre d'Israël* : et il en
« prit pour tirer les pierres et les marbres des carrières,
« pour les tailler et pour les polir, afin que l'on com-
« mençat à disposer les choses pour la construction du
« TEMPLE. »

David étant mort, c'était à son fils à élever la maison de Dieu; il jette les yeux sur son pays, et puis il s'adresse à Hiram, roi de Tyr, et lui dit :

« Donnez donc ordre à vos serviteurs qu'ils coupent
« pour moi des cèdres du Liban, et mes serviteurs se-

« ront avec les vôtres, et je donnerai à vos serviteurs
« telle récompense que vous me demanderez; car vous
« savez qu'il n'y a personne parmi mon peuple qui sache
« couper le bois comme les Sidoniens. »

On le voit, les Sidoniens, appartenant au royaume de Tyr, à la Phénicie enfin, étaient reconnus, par Salomon lui-même, pour de très habiles coupeurs de bois. Laissons encore parler la Bible, le seul livre qui s'entretienne des travailleurs avec amour :

« Salomon fit donc faire un dénombrement de tous
« les PROSÉLYTES qui étaient dans la terre d'Israël, de-
« puis le dénombrement qu'en avait fait faire David
« son père, et il s'en trouva *cent cinquante-trois mille*
« *six cents*.

« Il en choisit *soixante-dix mille* pour porter les far-
« deaux sur leurs épaules, et *quatre-vingt mille* pour
« tailler les pierres dans les montagnes, et *trois mille*
« *six cents* pour conduire les ouvrages. »

Tous les ouvriers dont il vient d'être parlé étaient Phéniciens. Les Phéniciens aimaient les voyages, parcouraient tous les pays, travaillaient à Babylone, à Ninive, à Jérusalem, à Palmyre, couvraient de monuments l'Assyrie, l'Egypte, Rhodes, Chypres, Carthage, la Grèce, la Sicile, et Rome quand le temps en fut venu... C'étaient là les Compagnons du vieux temps, et ce n'est pas sans motif que la Bible les appelle les étrangers, les prosélytes.

Salomon fit encore une levée de *trente mille hommes*, et cette fois parmi les Hébreux, qu'il divisa en trois sections. « Il les envoyait, dit la Bible, au Liban tour à
« tour, dix mille chaque mois, de sorte qu'ils demeu-
« rèrent un mois sur la montagne et deux mois dans
« leurs maisons, et ADONIRAM avait l'intendance sur tous
« ces gens-là. »

Il y avait donc :

Trente mille ouvriers pour couper le bois sur le mont Liban,

Soixante-dix mille pour porter les fardeaux sur les épaules,

Quatre-vingt mille pour tailler les pierres sur la montagne,

Trois mille six cents qui avaient l'intendance des ouvrages et donnaient des ordres à la masse des travailleurs.

La maison de Dieu fut élevée; elle étonnait par sa richesse et sa magnificence.

« Tout le temple était au dedans lambrissé de cèdre, « et les jointures étaient faites avec grand art, et ornées « de sculptures et de moulures; tout était revêtu de lam-« bris de cèdre, et il ne paraissait point de pierres dans « les murailles. » Il est aussi question de portes en olivier et autres ouvrages en bois faits avec une grande délicatesse; c'est dire que le menuisier, qui se trouve compris sous la dénomination de charpentier, eut beaucoup à faire dans le temple.

Les ouvriers qui travaillèrent au temple s'élevaient au nombre de CENT QUATRE-VINGT-TROIS MILLE SIX CENTS; c'étaient des tailleurs de pierre, des marbriers, des charpentiers ou menuisiers, des fondeurs, des doreurs, des sculpteurs, des peintres, des serruriers ou forgerons, des tisserands, des teinturiers, tous prosélytes, et presque tous voyageurs sur les terres de l'Orient. Ils allaient du Nord au Midi, du Levant au Couchant, partout enfin où les grands travaux les appelaient. Ils avaient des règles, une organisation : c'était là le Compagnonnage du vieux temps.

Les récits de la Bible sur cette masse de travailleurs nous paraissent exagérés, et peuvent l'être; mais si nous considérons que dans des temps si loin de nous on n'avait pas nos procédés expéditifs pour couper les bois et la pierre, que les hommes n'étaient pas aiguillonnés par la concurrence, qu'on était dans des pays très montagneux, qu'on manquait de machines et de puissants moyens de translation, qu'il fallait porter sur les épaules tout ce qui pouvait se porter ainsi et rouler sur des morceaux de bois cylindriques, au travers de longs espaces inégaux, les pierres énormes qu'on retirait des carrières profondes, il en sera sans doute autrement. Que l'on calcule seulement combien il a fallu de journées d'ouvriers pour transporter l'obélisque de Louqsor de la Seine à son piédestal, qui n'en est cependant pas éloigné, et l'on verra que, malgré toutes les inventions et tous les avantages que nous possédons, il en a fallu beaucoup, et que cette pierre a coûté des sommes énormes.

Les Phéniciens formaient un Compagnonnage, ils étaient cosmopolites, ils se répandaient partout, et avec les monuments, ils semaient l'idée d'un Dieu unique. S'ils ne furent pas initiés dans le temple, ils y reçurent au moins des préceptes moraux, de sublimes idées religieuses, et sans doute quelques perfectionnements dans leur système d'association. Cette tradition de Salomon, enracinée dans le cœur des travailleurs, doit avoir sa racine dans quelque grande vérité. Il ne faut pas en rire, il faut l'étudier. Les Phéniciens habitèrent la Grèce, et puis Carthage, et puis la Toscane, et puis Rome : ils firent des prosélytes, leur association fut brillante ; mais les barbares envahirent l'Europe et l'Afrique, et alors ils se rejetèrent dans l'Orient et se confondirent avec les Arabes, qui portèrent à leur tour le flambeau qui éclaire et donne la puissance morale et la puissance physique.

Pour prouver que le Compagnonnage a passé par Rome, citons les paroles que voici de Plutarque :

« Numa, dit-il, établit les corporations des musiciens, « des orfèvres, des charpentiers, des teinturiers, des « cordonniers, des tanneurs, des forgerons et des po- « tiers de terre. Il réunit en un *seul corps* tous les ar- « tisans du *même métier*, et institua *des assemblées,* « *des fêtes et des cérémonies de religion convenables* « *à chacun de ces corps.* »

Non, Numa, deuxième roi de Rome, ne fonda pas les corporations, mais il les autorisa ; c'était déjà quelque chose.

Je pourrais suivre le Compagnonnage et donner plus d'un détail précis, mais je réserve cela pour un travail particulier qui aura pour titre : *L'ouvrier à travers les siècles,* ou *Coup d'œil historique sur le Compagnonnage.* Ce travail, déjà commencé, sera publié en son temps.

Je reprends mes hypothèses, j'étends ma pensée, et je marche en avant. Je crois et je dis que les temples, que les palais, que les murs de Jérusalem furent bâtis par des ouvriers du pays et par des étrangers en plus grand nombre ; que les villes de Palmyre et de Balbec, qui renfermaient tant de merveilles et dont les Orientaux attribuent la fondation à Salomon, furent encore bâties par les mêmes mains ; que tout ce que l'on vit et de grand et de beau, soit en Judée, soit en Syrie, soit en Babylonie, soit en Égypte, soit en Grèce, soit à Rome, fut fait par des associations d'ouvriers, par des Compagnons ; et ils n'étaient certainement pas dirigés par de misérables entrepreneurs, par des industriels intrigants dont le cœur sec, dont l'âme froide, n'ont que l'or pour dieu et pour mobile.

Le Compagnonnage était quelque chose de permanent, de vagabond, de cosmopolite ; il se transportait religieusement d'un lieu à un autre ; il allait partout où les grands travaux de construction l'appelait : il avait des chefs pris dans son sein, qui ne le quittaient jamais, chefs dont les arts, les sciences et la gloire étaient leurs seules passions, leur seul amour, amour qui les guidait constamment et si droit tous les jours de leur vie.

Qu'importe que la Judée et la Syrie, ces pays originaires du Compagnonnage, soient passés sous la domination successive des Égyptiens, des Syriens, des Perses, des Grecs, des Romains et des Turcs ? les conquérants dispersaient les hommes, renversaient les monuments ; puis, l'orage passé, les paisibles ouvriers se réunissaient encore et relevaient ce que des guerriers farouches avaient jeté par terre. Et c'est cependant à ces derniers seulement que les historiens, que les poètes prodiguent leurs veilles, et dispensent les couronnes et la gloire, pendant qu'ils laissent dans un injuste oubli les hommes plus laborieux et plus utiles qui, par leurs travaux rarement interrompus, effacent les traces des crimes, des ravages et de la désolation. Cela prouve que l'or a été dans tous les lieux et dans tous les temps entre les mains les moins pures, les moins bienfaisantes, et que la masse des artistes et des savants fut toujours vaine, ambitieuse et corruptible.

Si l'on me demandait si le Compagnonnage ne s'est point modifié dans son langage, dans ses formes et dans ses cérémonies, je répondrais qu'il a nécessairement subi l'influence des lieux et des temps : il est chrétien en France, il a été hébreu et païen dans la Judée et la Syrie (1) ; de nos jours il va à la messe, il célèbre les

(1) M. Moreau ayant avancé dans un écrit que si le Compagnonnage était venu de la Judée, il devrait n'être composé

fêtes de Pâques, de Toussaint, de Noël, etc., etc. Anciennement il faisait le Sabbat et fêtait des jours qu'il ne fête plus, et d'autres jours qu'il fête encore. Le fond du Compagnonnage a toujours été fraternel, religieux ; de là vient sa longue existence. Mais comment est-il passé du judaïsme et du paganisme au christianisme ? de l'Orient en Occident ? de l'Asie en Europe ? Comment a-t-il pu se répandre en France, en Allemagne, en Italie et ailleurs ? Nous allons essayer de le dire, mais il faut prendre la chose d'un peu haut ; il faut remonter aux croisades.

En 1095, six cent mille hommes se croisèrent et partirent en armes et en tumulte pour aller délivrer le tombeau de Jésus-Christ ; mais il ne faut pas croire que tous ces intrépides chrétiens fussent comtes, barons, ducs, etc., etc. ; il se trouvait parmi eux beaucoup de serfs, de vilains, de manants, je veux dire de gens soi-disant sans noblesse, des valets, des paysans et des artisans. Eh ! n'en fallait-il pas pour ouvrir des routes, construire des ponts, des fortifications, et les machines de guerre qui défendent ou attaquent les places en ouvrant la brèche par où les combattants doivent passer ? On ne connaissait point alors les canons, et les sièges étaient communément d'une longueur extrême ; cependant, quatre ans après leur départ d'Occident, les croisés avaient conquis la cité sainte et planté leurs drapeaux sur ses murs sanglants ; ils étaient maîtres de la Judée et de presque toute la Syrie.

A cette époque on vit se former dans Jérusalem, à côté de l'association religieuse et guerrière des chevaliers de l'hôpital de Saint-Jean, qu'on appela plus tard chevaliers de Malte, celle des chevaliers du Temple, connus sous le nom de Templiers ; les ouvriers de la France, en contact avec les ouvriers nomades de l'Orient, très habiles

---

que de Juifs, les Compagnons de Liberté de la ville de Nîmes ont répondu à cela ce peu de mots : « On a une religion avant d'avoir un état, et notre Compagnonnage reçoit les hommes dans son sein sans interroger leurs croyances religieuses ; il suit de là que le Compagnonnage a toujours fini par être de la religion du pays où il se recrutait. » Je n'ai rien à ajouter aux paroles des Compagnons de Nîmes.

en théorie et en pratique, prirent bientôt d'eux des connaissances profondes dans l'art de construire, et de plus, des formes d'association qu'ils n'avaient jamais connues. Dans la cité de Jérusalem, près du tombeau de Jésus-Christ et des restes du temple de Salomon, de ce roi juif, dont le nom est resté vénéré dans ces brûlantes contrées, ils s'associèrent aussi, ils adoptèrent le vieux Compagnonnage qu'ils trouvèrent tout fait et qu'ils chrétiennisèrent un peu.

Les tailleurs de pierre, les premiers, se formèrent en société; ils furent *Compagnons Étrangers* et enfants de Salomon; les menuisiers ou charpentiers en menu, et les serruriers qu'on nommait encore forgerons, suivirent de près; ils furent *Compagnons de la Liberté*, et reconnurent également Salomon pour père.

Le nom de Compagnon *étranger*, qui convenait si bien aux anciens constructeurs de tant de monuments dont il ne reste plus que des vestiges, ne convenait pas moins à des ouvriers de la France associés dans des contrées si lointaines. Le nom de Compagnon *de la liberté* n'était pas déplacé non plus; car, dans les pays de despotisme et de tyrannie, les petits s'unissent tant qu'ils peuvent et se soustraient à l'esclavage et à la misère au nom de la liberté; et puis, pour ces associations ordinairement si pacifiques et reconnues si utiles par leurs travaux, le mot de liberté signifiait encore qu'elles étaient libres, qu'elles jouissaient de certaines franchises, qu'elles étaient autant dire indépendantes des autorités civiles et militaires. Ainsi, en Allemagne, on appela les associés tailleurs de pierre *Maçons francs*, ou *Francs maçons*. Cependant les Compagnons de la France, en Judée et en Syrie, comme les moines guerriers, furent armés; comme eux ils portèrent l'épée; dans un pays que l'on colonise, tous les artisans constructeurs et colonisateurs sont soldats au besoin, il faut protéger les travaux de la colonie. Si de nos jours on met entre les mains de ces hommes (comme aux colons de l'Algérie) des armes à feu, on ne pouvait mettre alors, par les raisons les plus puissantes, que des armes blanches; nos pères en Compagnonnage ont donc porté l'épée; les corporations établies dans la France l'ont portée aussi, il n'y a pas encore bien longtemps, chacun le sait: mais ce droit leur fut conquis dans la Palestine, et ne put leur venir que de là.

Ainsi, les tailleurs de pierre, les charpentiers en menu et les ouvriers des forges apportèrent en France, avec le Compagnonnage d'origine judéenne, dont les formes étaient neuves pour nos climats, les goûts les plus hardis et des connaissances profondes dans l'art de construire. Ce fut à la suite des croisades qu'on vit s'élever tant de cathédrales aux longues flèches, chargées de toutes parts d'ornements et de sculptures originales, et embellies dans leurs intérieurs de chaires à prêcher et autres boiseries si remarquables! Ce fut en ce temps que Paris, Chartres, Rouen, Saint-Quentin, Laon, élevèrent leurs cathédrales colossales; que l'Italie, que l'Allemagne virent s'élever des constructions si grandioses, que l'Orient sema, par le Compagnonnage et par les moines qui le protégeaient, ses formes et sa puissance architecturale sur toute l'Europe. Que l'on étudie les monuments que l'on fit en France avant les croisades, et ceux que l'on fit immédiatement après, on ne sera pas tenté de me contredire.

Les ouvriers allemands qui bâtirent les cathédrales de Cologne et de Strasbourg dans le courant du XIIIᵉ siècle étaient associés; ils se nommaient *francs maçons*, ou *maçons francs*, ou *maçons libres*; car tous ces noms signifiaient la même chose; les statuts de leur association, dite franc-maçonnerie, étaient secrets: elle admettait successivement aux grades d'apprenti, de compagnon et de maître, grades qui répondaient à ceux des Compagnons français. Elle avait des fêtes, des cérémonies, des signes, des attouchements et des mots particuliers pour se reconnaître. Son but était de former, en excitant l'émulation, des artistes habiles, et de donner du bien-être à tous les associés; le Compagnonnage, en France, avait encore le même but. Cette association de francs maçons allemands qui taillaient la pierre et élevaient les cathédrales n'existe plus, mais elle a donné naissance à la franc-maçonnerie des symboles, répandue de nos jours sur tous les points du monde. Pour prouver que pour appuyer des folles prétentions je n'invente pas des fables à plaisir, j'emprunte à l'histoire d'Allemagne (1), par

(1) Tome, II, page 424. M. Lebas a beaucoup puisé dans la

M. Lebas, et publiée dans la plus belle collection historique que l'on puisse voir, l'*Univers Pittoresque*, les détails suivants :

« Lorsque au xɪᵉ et au xɪɪᵉ siècle l'art fut déplacé et passa des mains des moines dans celles des laïques, ces derniers, à l'exemple de leurs devanciers, liés entre eux dans tous les pays par une confraternité qui leur assurait aide et secours, ou bien encore, à l'imitation des artistes byzantins et arabes, qui avaient continué les corporations romaines, s'unirent entre eux, formèrent une confrérie qui se reconnaissait à certains signes et cachait au vulgaire les règles de son art. En Allemagne cette association, déjà commencée par les architectes de la cathédrale de Cologne (1), ne se répandit généralement que du temps d'Erwin de Steinbach, à la fin du xɪɪɪᵉ siècle. Les membres qui la composaient se divisaient en maîtres et en Compagnons, et se donnaient le nom de francs-maçons, à cause de certains priviléges dont jouissait le métier de maçon (2). Cette association se divisait à son tour en associations particulières qui portaient le titre de loges, du nom donné à l'habitation de l'architecte (3) près de chaque édifice en struction. Les statuts de la franc-maçonnerie étaient

Description de la Cathédrale de Cologne, par Boisserée, et dans l'*Histoire de l'Architecture*, par Stiegliz. Ces deux ouvrages sont à la bibliothèque royale, le premier est traduit en français, le second est encore en allemand et manuscrit. Les Compagnons qui voudraient le lire devront se faire aider d'un camarade allemand.

(1) Non par les architectes, car ce mot n'était point d'usage, mais par les tailleurs de pierre. Maître Gérard, le directeur de ce grand travail, n'est connu, dans les papiers du temps, que comme tailleur de pierre, il en est de même de maître Bon-Œil, directeur des travaux de la cathédrale de Paris.

(2) Le mot de maçon et celui de tailleur de pierre signifiaient la même chose, il en est encore de même dans plusieurs provinces méridionales.

(3) On entendra dorénavant par les architectes les maîtres maçons et les compagnons chargés de diriger les travaux d'un édifice.

tenus secrets; avant d'être reçus, les frères s'engageaient sous serment à l'obéissance et à garder un silence absolu sur tout ce qui concernait leur union. Les maximes de l'art ne devaient jamais être écrites; elles étaient exprimées par des figures symboliques empruntées à la géométrie ou bien aux instruments d'architecture et de maçonnage, et la connaissance de ces symboles n'était communiquée qu'aux seuls initiés. Cette absence de toute leçon écrite avait le double avantage de conserver l'art, comme une chose sacrée, au-dessus de la portée du vulgaire, qui l'eût profanée et affaiblie, et de forcer à l'apprentissage pratique tous ceux qui voulaient devenir artistes. On n'était reçu franc-maçon qu'après avoir fait des preuves de maîtrise dans un examen d'autant plus sévère et d'autant plus scrupuleux, que la confrérie répondait du talent de ses membres, *désignant souvent les maîtres, les conducteurs, les Compagnons* qui devaient entreprendre un édifice, les encourageant, les réprimandant et les punissant selon le mérite de leur ouvrage. L'esprit mathématique des architectes du moyen âge, ne voyant le bien et le beau de l'ensemble que dans la symétrie, l'ordre et l'harmonie des parties, avisa de soumettre à des règles inviolables non-seulement la conduite de l'artiste, mais encore la conduite morale des francs-maçons. La vie de chacun devait être religieuse, honnête et tranquille. Un règlement maçonnique fait à Torgau, en 1462, par les maîtres de Magdebourg, d'Halberstadt, d'Hildesheim, etc., conservé de nos jours à Rochiltz, est resté comme un curieux monument des statuts de l'association. Les rapports les plus importants comme les plus insignifiants en apparence des *architectes* (1) et des ouvriers y sont strictement réglés, sous menace incessante de punition; et cette punition n'était rien moins, en plusieurs cas, que de se voir expulsé de la confrérie comme *mauvais sujet*, ou déclaré *sans honneur*. Le mensonge, la calomnie, l'envie, une vie débauchée étaient, *chez les Compagnons*, punis par le renvoi, et tout porte à croire qu'une pareille condam-

(1) J'ai déjà dit qu'on ne connaissait point là d'architectes, mais des associés plus ou moins élevés dans les ordres et dépendant toujours de l'association.

nation les privait de leur métier. *Chez les Maîtres,* ces mêmes fautes amenaient le même résultat : ils étaient aussi déclarés *sans honneur.* La moindre négligence dans le travail, et jusque dans l'entretien des instruments et des outils, était également punie de peines déterminées. Deux tribunaux, l'un supérieur et l'autre inférieur, connaissaient des délits et jugeaient tous les différends. Le premier de ces tribunaux siégeait tous les trois ans dans le chef-lieu de chaque confrérie particulière; le second se tenait dans la loge de l'architecte, qualifiée de *lieu sacré;* enfin la grande loge de Strasbourg prononçait en dernier ressort sur toutes les causes. Les maximes symboliques ne servaient pas seulement à exprimer les maximes de l'art en général, elles étaient encore employées comme signature par les maîtres et les ouvriers, qui devaient signer de leur marque particulière chaque pièce d'ouvrage, afin d'en faire connaître l'auteur. Ces mêmes signes, variés à l'infini, servaient de clef à l'explication de l'édifice . . . .
. . . .

Au reste, si, comme tout porte à le croire, une croyance plus élevée que celle du vulgaire avait été admise par la franc-maçonnerie du moyen âge, elle seule a survécu à l'objet principal et primitif de l'Association, et s'est continuée jusqu'à nos jours dans l'institution uniquement morale de la franc-maçonnerie moderne.

« L'association franc-maçonnique comptait quatre loges principales : la loge de Strasbourg, la loge de Cologne, la loge de Vienne et celle de Zurick. La première avait vingt-deux loges du midi de l'Allemagne sous sa dépendance; la seconde, toutes les loges des pays du Rhin; la troisième, celles d'Autriche, de Bohême et de Hongrie; enfin la quatrième, les loges de la Suisse. La loge de Strasbourg avait en même temps la suprématie générale sur toutes les autres, et l'architecte en chef de la cathédrale était toujours le grand maître des francs-maçons d'Allemagne. Mais au XVIe siècle, l'esprit qui avait animé la confrérie s'était peu à peu retiré d'elle avec la science qu'elle avait été amenée à négliger tant par sa propre faute que par suite des événements politiques. Le style de la renaissance qui vint s'opposer au style gothique alors dans sa période décroissante, et qui fut favorablement accueilli en Allemagne, fit bientôt regarder les préceptes de l'art du moyen âge et de la franc-maçonnerie comme ruinés et usés ; et quand à la fin du vxiie siècle, une décision de la diète impériale rompit les relations des loges d'Allemagne avec la loge de Strasbourg, parce que cette ville était devenue française, l'association se trouva sans chef et ne se hâta pas d'en choisir un autre. Enfin, en 1731, une autre décision de la diète ayant défendu de tenir les règles de l'art secrètes comme par le passé, la franc-maçonnerie se trouva dissoute de fait, puisqu'elle n'avait plus de but, et elle disparut entièrement en tant qu'institution ayant l'art pour objet. »

Voilà comment s'expliquent, dans des ouvrages très estimés, des écrivains pleins de sagesse et de profondeur.

J'ajouterai que les plus haut placés d'entre les anciens associés, ayant acquis des richesses, se sentirent de l'ambition au cœur ; l'architecture ne fut plus l'objet de toutes leurs pensées : ils aimèrent à fréquenter des gens étrangers à leur art, d'une condition quelquefois élevée, qu'ils attirèrent insensiblement dans leur association mystérieuse ; et quand, en 1731, l'association industrielle fut dissoute, l'association philosophique (1), ayant déjà

(1) Cette association transformée ainsi ne répondant plus aux besoins des ouvriers, ceux-ci fondèrent une société nouvelle, dite *des Compagnons Maçons étrangers*. Cette société d'ouvriers, éludant l'ordonnance impériale de 1731, s'étendit dans l'ombre et le silence. Elle finit enfin par se montrer au grand jour, par trouver une sorte de liberté et conquérir son droit de cité. Les villes de Brême, Lubeck, Hambourg, Rostock, Berlin, Lunebourg, Brunswick, Sigeberg, Dantzick, Leipzick, Copenhague, etc., connaissent les *Compagnons Maçons étrangers*. Mais dans ces derniers temps, en l'année 1839 et en l'année 1840, des contestations s'étant élevées entre les Compagnons et les Maîtres, l'autorité est intervenue, les Compagnons ont été condamnés à des peines sévères, et la dissolution de leur société a été prononcée.

Si l'on en croit un article du *Journal de Francfort*, du 14 décembre 1840, que le *Constitutionnel* a reproduit dans son supplément du 31 du même mois, les *Étrangers* se comporte-

un commencement d'existence, se constitua définitivement, s'étendit à l'infini, et passa du simple au figuré. Oui, ici tout fut symbolisé : le tablier de peau de l'ouvrier devint l'emblème du travail, le compas celui de la justice, l'équerre celui de la droiture, le niveau celui de l'égalité, le maillet celui de la puissance; Dieu fut appelé le grand architecte; les discours en prose et en vers relatifs à l'association prirent le nom de pièces d'architecture. En général, dans les banquets, on appela les aliments des matériaux. Le pain fut la pierre; le sel et le poivre furent le sable; la fourchette fut la pioche; la cuiller fut la truelle, et les assiettes furent des tuiles. On ne peut le méconnaître, voilà bien la parodie des mots que la même association employait tout naturellement dans son état primitif. Malgré cette démonstration, beaucoup de francs-maçons, beaucoup de membres de cette association des symboles, qui couvre en ce moment le monde, auraient bien de la peine à se persuader qu'ils sont issus d'une association d'ouvriers (1). Cela est

raient fort mal; le *Journal d'Allemagne*, écho des *Propriétaires*, les accuse hautement d'actions criminelles. J'aurais besoin d'entendre la défense des accusés pour pouvoir apprécier justement cette affaire. Les ouvriers, je le sais, bien souvent manquent au devoir et tombent dans la barbarie; mais ceux qui vivent de leurs labeurs, je le sais aussi, sont souvent des calomniateurs infâmes. Il faut se défier de leurs accusations trop intéressées. On a vu dans ce volume, page 92, de quelle sorte M. Hippolyte Lucas a traité des rapports des Compagnons avec les Maîtres : je le répète, il faut se défier des accusations que l'on porte sans cesse contre les ouvriers.

(1) Il pouvait sans doute exister depuis longtemps, en dehors des associations d'ouvriers, plusieurs associations secrètes; mais les associés se réunirent aux maçons, ou se parèrent de leur *nom*, afin de ne pas être suspects aux autorités. Il en est de même des Carbonari et des Fendeurs. Les ouvriers, en s'associant, n'ont qu'un but, celui de se soulager entre eux; mais les hommes des conditions plus élevées ne s'associent pas toujours avec des idées si restreintes; on le sait, on les observe, et l'on comprend qu'ils soient alors obligés de se déguiser sous des formes et sous des noms qui ne sont pas les leurs.

vrai pourtant, comme il est vrai que les Charbonniers des environs de Naples furent les initiateurs des Carbonari de l'Italie et de la France, dont le but unique était le renversement de toute royauté, comme il est vrai que les Compagnons fendeurs, paisibles bûcherons, obscurs habitants des forêts, furent la souche d'une association toute politique, à la tête de laquelle marchèrent, dit-on, des généraux et des magistrats.

Au reste, comment les membres d'une association dont les travaux sont tout spirituels et moraux auraient-ils pris le nom de *maçons*, qui n'était donné primitivement qu'à ceux qui taillaient la pierre, en se servant d'une *mace* (1) en fer ou en bois, avec laquelle ils frappaient sur un ciseau en fer et acier? De *mace* vint le mot *maçon*. Les maçons des pays où la pierre était moins dure inventèrent une sorte de *marteau taillant*, avec lequel ils taillèrent la pierre, et le nom de *tailleur de pierre* remplaça peu à peu celui de maçon, que cependant ils portent encore dans plusieurs contrées.

Ainsi, les constructeurs de monuments qui, à la suite des croisades, se répandirent en Allemagne, sous la protection des moines armés (2) et des moines sans armes, se nommèrent francs-maçons ; ceux qui se répandirent en France, tailleurs de pierre étrangers et compagnons libres. Outre les francs-maçons, il y avait, et il y a encore, en Allemagne, des compagnons tonneliers, des compagnons forgerons, etc., etc.; mais ceux-ci n'ont point de rapports avec le Compagnonnage français qui nous a occupés et va nous occuper encore.

Les tailleurs de pierre étrangers, les menuisiers et les serruriers de la Liberté, se nommant tous compagnons libres, vivaient unis comme de bons frères, et furent longtemps sans concurrents et sans rivaux. Mais une scission éclata à la fin chez les premiers ; il en arriva autant chez les seconds.

On prétend que ce grand déchirement dans l'association ouvrière eut lieu à la construction des tours d'Orléans, sur la fin du xiiie siècle.

(1) *Mace*; c'est ainsi qu'on écrivait anciennement le mot masse. Voyez le dictionnaire de Borel et celui de Trévoux.

(2) Les chevaliers teutoniques, ceux du Temple, etc.

Les dissidents des deux associations furent pris sous la protection de Jacques Molai, grand-maître des Templiers. On sait que les Templiers avaient aussi apporté en France des formes mystiques, et que Salomon et le temple n'étaient point oubliés dans leurs cérémonies. Jacques Molai appela donc les dissidents à lui, et en forma trois nouvelles associations : l'une de tailleurs de pierre, Compagnons *passants*, en opposition aux Compagnons *étrangers* (1); les autres, des Compagnons menuisiers et serruriers *du Devoir*, en opposition aux Compagnons *de la Liberté* (2).

On verra toujours dans les moments de luttes sourdes entre de certains intérêts, les ordres monastiques les plus compromis et les plus exposés, chercher à se créer un point d'appui dans la classe ouvrière. L'histoire du passé est encore en ceci l'histoire d'aujourd'hui.

La catégorie qui se plaça à côté des *Templiers* se composa des Compagnons *passants* tailleurs de pierre, et des Compagnons menuisiers et serruriers du *Devoir*. Un grand nombre de corps d'états s'y adjoignirent dans la suite. Le mot *devoir*, mot religieux et significatif, les domina, les rallia comme un drapeau. On ne pouvait

(1) On conteste rarement aux Compagnons *étrangers* la qualité de Doyens du Compagnonnage. Des serruriers, enfants de maître Jacques, m'ont dit plusieurs fois : « Nous reconnaissons les Compagnons étrangers pour nos pères en Compagnonnage. » En effet, si les enfants de maître Jacques eussent existé seuls, et si une fraction détachée de leur société eût pris tout à coup, dans le douzième ou treizième siècle, le nom d'*Enfant de Salomon*, ou je me trompe, ou elle eût péri sous le poids du ridicule : on peut conclure de là qu'il fallait être les premiers pour pouvoir adopter Salomon pour père.

(2) Les Compagnons de la Liberté ont toujours appelé le corps de leur doctrine *le Devoir*, et c'est pour cela qu'ils l'ajoutèrent par la suite au mot *de Liberté*, ce qui fit *Compagnon du Devoir de Liberté*. Les Compagnons tailleurs de pierre de deux partis appellent aussi leurs Codes *le Devoir*. Les uns sont donc *Compagnons du Devoir étranger*; les autres, *Compagnons du Devoir passant*, mais on ne les nomme habituellement que par les noms de *Compagnons étrangers* et de *Compagnons passants*.

être admis parmi les *Devoirants* à moins d'être *catholique*. Ce principe fondamental est encore en vigueur au jour où nous sommes.

La catégorie opposée, formée des membres des trois mêmes corps de métiers, conserva les anciennes dénominations de Compagnons *étrangers* tailleurs de pierre, et de Compagnons menuisiers et serruriers de la *Liberté*. Elle continua à admettre parmi les siens tous les ouvriers qui se présentaient, quelle que fût leur croyance religieuse. Néanmoins, la foi chrétienne était la foi du plus grand nombre des associés, et l'Évangile, son livre de prédilection.

Ceux-ci étaient les enfants de *Salomon*, les *étrangers*, les *libres*; ou bien les *loups* et les *gavots*. Les autres étaient les enfants de *maître Jacques*, les *passants*, les *dévorants*; ou bien les *loups-garous* et les *chiens*.

Les uns et les autres allaient à la messe en corps chaque premier dimanche de mois. Les plus et les moins exclusifs suivaient parfaitement les mêmes pratiques de religion.

Le Compagnonnage fut donc alors partagé en deux catégories bien distinctes: l'une marcha sous la bannière de Salomon, l'autre sous celle de Jacques Molay, connu dans le Compagnonnage sous le nom de Maître-Jacques; de son titre de grand-maître et de son prénom on lui composa ce nouvel assemblage de noms, qui s'harmonisait mieux à l'usage des ouvriers.

Il s'agit maintenant d'une troisième catégorie, celle des charpentiers de hautes-futaies, ou Compagnons *bondrilles*, dont le père Soubise est le fondateur. Celle-ci est la moins ancienne. Des charpentiers prétendront le contraire; ils me diront qu'ils passent avant tous les corps, et qu'ils sortent bien directement et tout d'une pièce du temple de Salomon. A cela je répondrai qu'anciennement, et surtout en Asie, on ne faisait pas usage de charpentes bien compliquées, par la raison que les maisons avaient là peu ou point de pente, et qu'on les couvrait par le moyen de longues et grosses poutres, qui reposaient par leurs extrémités tout simplement sur deux murs, poutres que les maçons eux-mêmes se chargeaient de mettre en place, comme cela se pratique encore à Nîmes, à Avignon, à Marseille et dans tout le midi de la

France, où les charpentiers sont d'une rareté extrême. Au reste, les sobriquets de lapin, de renard, de singe, que les charpentiers de hautes-futaies se sont donnés, ou ont volontairement acceptés comme des noms propres, prouvent, si nous voulons donner des raisons peut-être nouvelles, mais vraies, qu'ils étaient constamment occupés, au milieu des forêts, à couper les arbres, à les équarrir, puis à les transporter où on devait les employer. C'étaient donc les charpentiers de hautes-futaies qui sciaient les arbres en travers et en long, et celui qui, dans ce dernier travail, était dessus comme cela se fait encore, était le singe; celui qui était dessous était le renard, et l'apprenti qui faisait les commissions et courait çà et là dans la forêt était le lapin. Ces trois noms, portés par des hommes alors peu civilisés, et sans cesse occupés dans les épaisseurs des bois à des travaux rudes et grossiers, ne purent venir que de la sorte. Les *charpentiers de hautes-futaies* ne jouissaient donc pas, comme artistes (1), de la même considération que les

---

(1) On m'a dit que les premières maisons ayant été construites en bois, le premier métier dut être celui de charpentier. A cela je réponds que, dans l'état sauvage, chacun construisant sa hutte de ses mains, il ne peut y exister de charpentiers, et que, quand des hommes ont embrassé le métier de faiseurs de huttes, ces hommes ont dû faire, outre les parois de l'habitation, la porte, le berceau, et tous les petits meubles de l'intérieur. Les charpentiers, dont le nom, d'après les meilleurs dictionnaires, dérive de *chariot*, étaient tous ceux qui travaillaient le bois; ils faisaient tous les ouvrages en bois: ils faisaient les coupes de forêts, les carcasses des huttes, les meubles divers, les instruments de transport et de labour, les pirogues et les vases. Quand la civilisation eut raffiné le goût et rendu chaque travail plus difficile, cet état primitif se divisa en plusieurs états; il y eut alors les charpentiers de hautes-futaies, les charpentiers en menu, les charpentiers en voitures, les charpentiers pour les eaux. Des premiers, que je considère comme les abatteurs d'arbres, sortirent les charpentiers proprement dits; des seconds, les faiseurs de meubles; des troisièmes, les carrossiers; et des quatrièmes, les tonneliers peut-être. Tous ces états se subdivisèrent encore et continuent à se subdiviser de plus en plus.

charpentiers en menu, dont les travaux, portes, boiseries, meubles divers, étaient plus apparents et mieux appréciés. Les charpentiers en menu, en avançant davantage dans la civilisation, adoptèrent définitivement le nom de *menuisiers*, nom sous lequel je les désignerai dorénavant.

Les charpentiers de hautes-futaies quittèrent alors la seconde moitié de leur nom, parce que le nom de *charpentier* n'étant plus porté que par eux seuls, leur suffisait. Dans les pays du Nord, pays où les gros bois abondent, ils se multiplièrent et se perfectionnèrent; leur état progressa de jour en jour : ils produisirent des escaliers tournants, pleins de grâce et de solidité; des pavillons et des charpentes, chefs-d'œuvre d'assemblage, d'art et de science. Ce fut alors que leur droit de cité fut conquis et que le père Soubise, moine bénédictin, s'occupa d'eux, leur donna des lois et les unit au Compagnonnage. Le lecteur ne doit pas être surpris de voir figurer parmi les fondateurs du Compagnonnage des templiers et des bénédictins. Chacun le sait, les moines possédaient dans ces temps-là le dépôt de toutes les connaissances; ils étaient les seuls savants, et leur influence sur les ouvriers de l'Europe fut grande et utile.

Les charpentiers se sont-ils formés ainsi que je viens

Un charpentier m'a dit il y a peu de temps, pour me prouver l'ancienneté de son Compagnonnage, que l'arche de Noé avait été faite par eux. Il s'agit là d'une bien vieille chose, mais il me semble que cette arche devait être plutôt l'œuvre des charpentiers de marine que de tous les autres, et l'on sait que les charpentiers de marine, soumis à l'autorité militaire, n'ont jamais fait partie du Compagnonnage, qui veut des hommes indépendants. J'ai fait ces réflexions pour prouver que la plus ou moins grande ancienneté des états était bien confuse, et qu'au reste elle importait peu à la considération de celui qui l'exerce. L'état de mécanicien et l'état de typographe sont peu anciens, vu que les machines sont d'invention récente, et que l'imprimerie n'a pas été découverte depuis plus de 400 ans. Il n'est cependant pas des états plus honorables et mieux appréciés : ne cherchons donc plus la considération dans l'ancienneté, mais seulement dans le mérite réel et dans l'utilité.

de le dire, ou bien faut-il m'écrier comme je le fais ailleurs :

Chose étrange! on ne voit dans aucune des deux catégories figurer les charpentiers, et pourtant, sans eux, la construction, surtout dans les pays du Nord, ne peut pas se faire. C'est que, probablement, parmi les menuisiers étaient mêlés des charpentiers, ou que les deux corps d'états n'en formaient qu'un, possédant des hommes destinés aux gros et aux menus travaux; car les charpentiers proprement dits, appelés les enfants du *père Soubise*, formèrent, à eux seuls, la troisième catégorie ; et il y a tout lieu de croire que les francs-maçons d'Allemagne ou ceux d'Angleterre furent pour quelque chose dans leur introduction en France et dans leur initiation au Compagnonnage.

La variante touche-t-elle de plus près à la vérité que je cherche avec amour?... Lorsque les tailleurs de pierre passants se séparèrent des tailleurs de pierre étrangers aux tours d'Orléans, pour suivre maître Jacques ou Jacques Molay, les charpentiers de haute-futaie se séparèrent-ils des charpentiers en menu en même temps pour suivre le père Soubise et recevoir de nouvelles règles ? Que l'on réfléchisse et que l'on se prononce. Si cette dernière hypothèse est la vraie, tous les Compagnons ont été réunis en un seul corps, tous ont la même origine, tous descendent des Arabes et des Phéniciens, et tous sortent du temple de Salomon ou y ont travaillé ; mais il n'y avait pas de chapeaux dans ce temps-là, et on ne pouvait y attacher les couleurs : avis à plusieurs corps d'états. Suivons le cours de notre narration.

Quand les *Gavots* unirent le mot *devoir* au mot *liberté*, et s'appelèrent *Compagnons du Devoir de Liberté*, les *Dévorants* menuisiers et serruriers protestèrent. « Soyez, disaient-ils, Compagnons *libres* ou de la *Liberté*, mais non du *Devoir*. »

Les Gavots répondirent : « Le Devoir, c'est notre code; c'est lui qui est notre maître, c'est à lui que nous obéissons; il est grand, il est juste, il reconnaît à tous des droits égaux; nous sommes des hommes libres, mais notre liberté a sa racine, sa puissance dans la loi, et nous sommes et nous voulons être les Compagnons du code de la Liberté, ou du *Devoir de Liberté*. » Ils tinrent bon, persistèrent à unir deux mots qui semblaient se compléter l'un par l'autre, et former entre le droit et le devoir une indissoluble alliance. De là naquirent des querelles et une haine profonde qui n'est pas encore éteinte.

Quoi qu'il en fût de ces luttes et de ces affreuses jalousies, si les corporations de l'antiquité s'étaient signalées par de magnifiques travaux, celles du moyen âge, quoique sous des bannières diverses, les surpassèrent certainement.

On sait quelle fut la grandeur des monuments de cette époque! Non, jamais l'ouvrier n'eut besoin de tant d'inspiration et de combinaisons scientifiques... Si les Compagnons *francs-maçons* d'Allemagne et d'Angleterre firent preuve, chacun chez soi, d'intelligence et de courage, les Compagnons *étrangers* et *passants* de France, d'Italie et d'ailleurs rivalisèrent noblement! Les monuments les plus remarquables, et qui frappent encore nos yeux, ce sont les leurs...

Les trois catégories, quoique d'origines diverses, se ressemblaient néanmoins sous beaucoup de rapports; elles avaient toutes un certain mélange de païen, d'hébreu et de chrétien dans les formes, et dans le fond un but louable.

Les enfants de maître Jacques ne tardèrent pas à initier au Compagnonnage de nombreux corps d'états, et les enfants du père Soubise finirent par les imiter. Pour appuyer ce que j'avance, je vais reproduire ici un tableau du plus haut intérêt, dont les Compagnons et les hommes étrangers au Compagnonnage doivent également faire cas; il m'a été confié par des Compagnons du Devoir; les cachets des sociétés qui en ont fait la rédaction le recouvraient sur plusieurs points.

Une explication :

Les chiffres de la colonne de gauche marquent les années dans le courant desquelles chaque société a été reconnue et enregistrée sur le rôle de la grande famille des Devoirants. Une société pouvait donc exister isolée depuis très longtemps, ce temps-là ne lui compte pas; elle ne prend date et rang que du jour de sa naturalisation et de son inscription sur le grand tableau, ou arbre généalogique. Voici ce tableau :

LISTE SUPPLÉTIVE

Du rang qu'occupent les Compagnons Passants du Devoir.

FONDATION.	PROFESSIONS DES COMPAGNONS.	DROIT de passe.
Av. J.-C. 558	Tailleurs de pierre C. P. — Ce Corps fut oublié pendant quelque temps, et reprit ses premiers droits du temps de Jacques Molay d'Orléans, le fondateur des beaux-arts.	1er
Ap. J.-C. 560	Charpentiers de hautes futaies. — Ce Corps a eu des enfants qui sont portés au n° 4. (*Voyez 4.*)	2me
570	Menuisiers. — Ce Corps a eu des enfants qui sont portés au n° 1.	3me
570	Serruriers.	4me
1330	Tanneurs.	5me
1330	Teinturiers.	6me
1407	Cordiers.	7me
1409	Vanniers.	8me
1440	Chapeliers. — Premier droit de passe depuis le duc d'Orléans. Approuvé par tous les Compagnons.	9me
1500	Blanchers-Chamoiseurs.	10me
1601	Fondeurs. — Ce Corps a eu des enfants qui sont portés au n° 2.	11me
1603	Epingliers. — Ce Corps est nul de valeur pour le droit de passe, vu qu'il n'existe plus.	12me
1609	Forgerons. — Ce Corps a eu des enfants qui sont portés au n° 3.	13me
1700	Tondeurs en drap.	14me
1700	Tourneurs.	15me
1701	Vitriers n° 1.	16me

FONDATION.	PROFESSIONS DES COMPAGNONS.	DROIT de passe.
Ap. J.-C.		
1702	Selliers.	17me
1702	Poêliers.	18me
1702	Doleurs n° 1.	19me
1703	Couteliers n° 2.	20me
1703	Ferblantiers n° 2.	21me
1706	Bourreliers, enfants des Selliers. .	22me
1706	Charrons n° 3.	23me
1758	Cloutiers. — Se disent enfants des Chapeliers. Approuvés par les quatre Corps (1).	24me
1759	Couvreurs n° 4.	25me
1797	Plâtriers n° 4. — Ces deux derniers Corps doivent passer avant les quatre Corps, vu qu'ils ont été fondés en 1703 par les Charpentiers, qui en ont donné connaissance en 1759.	26me

Approuvé par tous les Compagnons Passants du Devoir, le 18 mai 1807, et corrigé par les principaux Corps, qui sont les Tailleurs de pierre, Charpentiers de hautes-futaies, Menuisiers et Serruriers, et signé de tous à Lyon.

DÉDEVANT, *dit* Bordelais sans Façon, Compagnon bondrille.
BALAGON, *dit* Tourangeau le Juge des Renards, Compagnon bondrille.
DOUAZAN, *dit* Parisien la Musique, Compagnon bondrille.

LEVAU, la Prudence de Bordeaux, Compagnon Passant Tailleur de pierre.
LIBOIRE, la Prudence de Marmande, Compagnon Passant Tailleur de pierre.
BESCURE, la Fleur de Condom, Compagnon Passant Tailleur de pierre.

(1) Les quatre Corps sont les Fondeurs, les Couteliers, les Ferblantiers et les Poêliers ou Chaudronniers.

1775	Toiliers, approuvés par quelques Corps, non reconnus par leurs pères qui sont les Menuisiers.
1795	Maréchaux-ferrants, approuvés par les quatre Corps, non reconnus par leurs pères, qui sont les Forgerons.

Quel beau tableau ! et que les Compagnons du Devoir auraient été heureux s'ils eussent eu le bon esprit de s'y soumettre !... On le voit, ils avaient avancé à travers les âges en recrutant de nombreux adhérents ; cela leur fait honneur.

Mais ce tableau est-il bien exact ?

Examinons... Les premières lignes donnent la fondation des tailleurs de pierre en 558 avant Jésus-Christ, des charpentiers en 560 de notre ère ; les menuisiers et les serruriers viennent après. On ne dit pas à quelle occasion et comment ces fondations se firent. Il se trouve dans le haut de la colonne du milieu, à propos des tailleurs de pierre, cette remarque très intéressante : « Ce corps fut oublié pendant quelque temps, et reprit ses premiers droits du temps de Jacques Molay d'Orléans, le fondateur des beaux-arts. » On sait par l'histoire que Jacques Molay, né en Bourgogne, fut admis dans l'ordre des Templiers en 1265, qu'il voyagea dans la Palestine, retourna en France, et qu'il fut élu grand-maître de son ordre, bien qu'éloigné en ce moment de Jérusalem. Jacques Molay était tout-puissant ; ce fut en ce temps qu'il fonda, ou plutôt qu'il protégea une fraction de la grande association du Compagnonnage, qui venait de se déchirer à Orléans. On ne dit rien du père Soubise (1) ;

---

(1) J'ai reproduit dans la notice sur le Compagnonnage une légende par laquelle on voit maître Jacques et le père Soubise venir débarquer, après avoir travaillé ensemble au Temple de Salomon, l'un à Marseille, l'autre à Bordeaux ; mais si nous remarquons que le Temple a été bâti mille ans avant Jésus-Christ, et que Marseille, la plus ancienne de ces deux villes, ne fut fondée que quatre cents ans après le Tem-

ses enfants marchèrent avec les enfants de maître Jacques, et les uns comme les autres prirent le titre de Compagnons du Devoir. Le nom de Passant, qu'on donne plus particulièrement aux tailleurs de pierre, signifie : qui séjourne peu dans une localité, qui voyage, qui passe. D'autres prétendent qu'il vient de faire la pâque. Si c'est faire la pâque à la manière des Juifs, c'est-à-dire fêter le passage de la mer Rouge, on sort tout à fait du christianisme ; si c'est faire ses pâques, c'est-à-dire communier, on n'était alors pas plus Passant que tant de chrétiens qui, sans être compagnons, communiaient également. Cette dernière étymologie n'est donc pas du tout admissible.

Je trouve quelques explications forcées à l'endroit des enfants des charpentiers ; immédiatement au-dessus, et en remontant jusqu'aux tanneurs, on se renferme dans le vrai, et l'année de la fondation ou de l'adjonction de chaque corps d'état au Compagnonnage ne me paraît nullement suspecte. Mais si je remonte un peu plus haut, c'est autre chose ; car on s'élance en cet endroit bien au-delà de Jacques Molay. C'est que les premiers corps, ayant eu le privilége d'inscrire les adjonctions et de rédiger le tableau, se sont servis selon leur goût en reculant leur fondation le plus haut possible. On aura remarqué cependant que les menuisiers et les serruriers, quoiqu'il en soit question comme ayant concouru à la rédaction du tableau, ne l'ont point signé : ils auront été blessés de ce qu'on ne les faisait naître qu'en 570 de notre ère, pendant que les charpentiers prenaient sur eux dix ans d'ancienneté, et que les tailleurs de

ple, on verra bien que des travailleurs du Temple ne pouvaient y débarquer, vu qu'elle était loin d'exister ; dans la ville de Bordeaux encore moins, vu qu'elle est encore plus moderne. Cependant il faut le croire, maître Jacques et le père Soubise ont connu la capitale de la Judée ; mais seulement dans le XIIIe siècle, et comme moines français. Étudiez l'histoire de France au-delà des croisades, et vous verrez combien peu, dans cette France si brillante aujourd'hui, les arts et l'industrie étaient développés. Cherchez-y les traces du Compagnonnage, et si vous les trouvez, mais bien marquées, ayez la complaisance de me les montrer, je ne cherche qu'à m'instruire.

pierre remontaient leur origine avant Jésus-Christ, et se trouvaient les devancer de plus de mille ans dans la vie de l'association. L'on est idolâtre d'antiquité. Voilà comment les hommes se divisent! toujours pour des futilités... C'est le droit de préséance, c'est le port des rubans, qui ont porté partout de tristes désordres. Les ouvriers ont les mêmes préjugés que les princes.

Comme l'usage des chapeaux ne fut introduit en France que du temps de Charles VI, vers 1400, les chapeliers ne pouvaient être les doyens des associations; cependant un duc d'Orléans, qu'ils initièrent à leurs mystères, leur fit accorder le privilège de marcher à la tête du Compagnonnage, et ils y marchèrent longtemps; mais, maintenant que le respect qu'on portait aux princes s'est presque évanoui, on leur conteste ce privilège; on veut les placer à leur rang d'ancienneté, et cela occasionne entre les chapeliers et les tailleurs de pierre des discussions qui jettent le trouble et l'anarchie parmi les enfants de maître Jacques et du père Soubise. On reconnaît encore là la faiblesse des hommes.

Les toiliers et les maréchaux étaient, sans doute à dessein, portés derrière la liste; je les ai placés au-dessous des signatures de ceux qui l'ont rédigée. Il est d'autres corps d'états qui, formés en Compagnonnage, ont voulu se ranger, mais en vain, parmi les enfants de maître Jacques : ce sont les cordonniers, fondés en 1808; les boulangers, fondés en 1817, et les ferrandiniers, les plus jeunes de tous, fondés en 1832. Les sabotiers, dont le centre est l'Orléanais, n'ont point place non plus sur le tableau.

Les premiers corps de maître Jacques ont donc fait naître chaque siècle, comme on dit, un ou plusieurs enfants. Le corps unique du père Soubise a fini aussi par se reproduire : les Compagnons du Devoir se sont extrêmement accrus... Tous les corps d'états devenaient leurs adhérents; ils ne repoussaient personne, et il y avait là quelque chose de méritoire. Mais les chefs étaient néanmoins aristocrates envers les aspirants, c'était un mal.

Les enfants de Salomon, groupés en trois corps, tailleurs de pierre, menuisiers, serruriers, se font une grande gloire d'être restés dans leur état primitif, c'est-à-dire sans enfants, sans alliance nouvelle. Cette pensée manque de largeur. Il faut être bon envers les subordonnés, il faut aimer l'égalité, et ils l'aiment! mais pourquoi des préjugés contre une foule de corps de métiers? L'union des travailleurs est une chose si utile et si belle que je verrais de nouveaux corps d'états embrasser le Compagnonnage sans en ressentir la moindre honte, le moindre chagrin; au contraire. Un corps de charpentiers s'approche cependant des enfants de Salomon et tend à s'en faire reconnaître. Des tonneliers, des cordonniers, des rubaniers, avancent aussi de ce côté. Laissez faire. Liberté pour tous.

Les enfants de Salomon sont seuls d'un côté; les enfants de maître Jacques et ceux du père Soubise sont de l'autre. D'où vient l'isolement des premiers et l'union des seconds? De ce que les uns se drapèrent dans de certaines prétentions de pères mécontents, tandis que les autres, fondés dans les mêmes temps, marchèrent côte à côte comme des frères.

Pourtant les premiers temps durent être calmes; on devait travailler aux mêmes constructions sans qu'il en résultât rien de mauvais : on se bornait à la rivalité de talent, et les états gagnaient en perfection; car ces associations étaient éminemment industrielles, artistiques, philanthropiques. Les membres d'une même catégorie étaient frères, sans être pour cela les ennemis des catégories qui marchaient à leurs côtés. Mais quand les enfants de maître Jacques eurent initié tant de corps d'états au Compagnonnage, les enfants de Salomon durent en manifester du dédain et du mépris; on se bouda d'abord, une occasion fortuite produisit une rixe, et la paix fut rompue à jamais. On se battit, on se tua; la haine s'envenima toujours, et la guerre se perpétua furieuse et sanglante.

Les Compagnons du Devoir finirent par se diviser même entre eux; ils se jalousèrent, en vinrent aux voies de fait, et le désordre fut partout; et les jeunes Compagnons qui commençaient leur carrière, héritant de l'animosité des anciens qui la finissaient, continuèrent la guerre sans savoir bien précisément pourquoi.

Compagnons, écoutez-moi : si vous vous battez ainsi

pour un peu moins ou un peu plus d'ancienneté, vous avez tort; car, voyez-vous, dans le temps où nous sommes, les titres et les parchemins ne valent pas la noblesse du cœur et de l'âme.

Si vous vous battez parce que vous n'êtes pas issus du même fondateur, vous avez encore tort, car ceux qui vous ont formés en société étaient également des hommes de bien, et voulaient, en vous unissant, vous rendre plus forts et plus heureux.

Si vous vous battez parce que vous n'êtes pas tous du même état, votre tort est encore plus inconcevable, car tous les états sont utiles, et tous les hommes qui les exercent ont également droit à vos sympathies. Trêve donc à ces luttes cruelles qui n'ont que trop duré; ne faisons plus rien de ridicule, de bas et de brutal. Nos Sociétés ont protégé le salaire, la liberté, la vie des ouvriers; elles ont fait un bien immense, et l'estime et la considération publique leur étaient acquises, estime et considération qui rejaillissaient sur chacun de leurs membres; mais elles n'ont point voulu adopter les mœurs qu'adoptait un grand peuple, elles ont voulu continuer, au milieu des lumières, du calme et de la paix, quelque chose de barbare et de ténébreux; elles se sont déconsidérées. Les classes élevées et les classes intermédiaires leur ont peu à peu retiré leur amour, et par suite les jeunes gens les plus instruits, ceux qui, par leur savoir et leurs bonnes dispositions, auraient pu leur être d'un puissant secours, s'en sont éloignés; ils n'osent plus se mettre dans des Sociétés où l'on s'affiche de la sorte, et dans lesquelles, au lieu de s'instruire, on ne pense trop souvent qu'à se quereller et à se battre. Il est temps, mes amis, de revenir à d'autres sentiments.

Que le Compagnon dont l'humeur est si belliqueuse se fasse soldat. Au soldat, s'il se fait remarquer par sa bravoure, s'il tue beaucoup d'ennemis, on décerne la croix d'honneur; s'il reçoit une blessure de quelque gravité, une pension viagère; et, s'il est estropié de quelque membre, les Invalides, c'est-à-dire qu'il est logé dans un bel hôtel, où il est bien nourri, bien couché, bien vêtu sa vie durant, ayant ainsi en partage tout à la fois honneur, repos, gloire et profit.

Le Compagnon qui se bat bien, qui blesse ou tue son

ennemi, peut être conduit dans son pays la chaîne au cou, mis en prison ou aux galères; l'échafaud même peut se dresser pour lui. S'il reçoit une blessure grave, l'hôpital est son seul refuge et sa seule récompense. S'il est estropié, la mendicité ou une triste fin, provoquée par la misère et le désespoir, l'attendent, à moins que ses parents ne soient assez riches et assez bons pour le recueillir et l'entretenir, ce qui ne l'empêcherait pas de gémir sur ses coupables égarements.

Ainsi, que les jeunes gens amoureux de combats sans but se fassent militaires. La vie du Compagnon doit être une vie de paix, de travail et d'étude; il faut que cela soit compris, surtout dans le temps où nous sommes; nous devons nous unir, nous rapprocher plus que jamais; ne sommes-nous pas les enfants de la même famille? n'avons-nous pas la même origine, la même existence, la même fin comme hommes et comme travailleurs? Qu'est-ce donc que la vie pour la si mal dépenser? Nous ne sommes sur cette terre qu'un moment, et, au lieu de nous donner la main pour nous soutenir réciproquement, et marcher tous ensemble d'un commun accord à travers le monde, nous ne pensons qu'à nous repousser, qu'à nous avilir, qu'à nous tyranniser, qu'à nous détruire les uns les autres. D'où nous vient cette folie, cette rage inconcevable? Dans ce moment l'industrie est aux abois; chaque jour nos gains diminuent; chaque jour notre subsistance augmente de prix, notre misère devient toujours plus grande et notre avenir plus sombre et plus menaçant : et nous, pour remédier aux maux qui nous touchent et à ceux que nous devons craindre, que faisons-nous? nous nous disputons, nous nous battons. Mais, en agissant ainsi, nous ne méritons vraiment pas le nom d'hommes; nous sommes même quelque chose au-dessous de la brute, et nous nous attirons forcément tout le mépris, toute la haine que l'on nous porte... Mais non; nous reviendrons à des sentiments plus doux..... Nous ferons oublier nos tristes précédents: tout va changer : nos cerveaux chassent insensiblement les ténèbres, les erreurs, les préjugés qui les obstruaient, pour recevoir la lumière et la vérité : tout se débrouille. L'on comprend ou l'on s'apprête à comprendre bientôt que le morcellement et le tiraillement doivent nécessairement disparaître devant une association bien entendue. Comprenez tous, mes amis, qu'étant divisés nous sommes faibles et méprisés, qu'en nous unissant nous serons forts et respectés, et que la misère n'osera plus approcher de nous. Unissons-nous donc.

Les Compagnons menuisiers, par exemple, forment deux Sociétés jalouses l'une de l'autre, et se nuisent réciproquement. On le sait, les maîtres qui occupent des Dévorants leur disent parfois : Si vous ne faites pas les travaux que je vous propose de telle sorte et à telle condition, je vais vous renvoyer de mon atelier et prendre de vos rivaux. Et ceux-là, effrayés des menaces des maîtres, se regardent en frissonnant et cèdent à leurs coupables exigences. Les maîtres qui occupent les Gavots usent des mêmes procédés et obtiennent les mêmes concessions. On les met ainsi en concurrence les uns avec les autres, et l'on obtient par ce moyen la baisse certaine de leur salaire. Qui ne le voit! plus nous avançons, plus les ouvriers perdent de liberté et de puissance. Leur situation s'aggrave toujours, et, s'ils ne parviennent à s'entendre, ils manqueront bientôt d'un morceau de pain et d'un vêtement pour se couvrir. Les maîtres honnêtes devraient aussi ouvrir les yeux, et voir que l'antagonisme, que la lutte désespérée dans laquelle ils se plongent, les rend tous malheureux; que, loin de diviser les ouvriers, ils doivent les unir et s'appuyer sur eux avec fermeté. Si leur base venait à manquer, ils ne pourraient rester debout : une force aveugle, irrésistible, les renverserait à leur tour sur la poussière.

Il faudrait de deux Sociétés de menuisiers n'en former plus qu'une. — Cela n'est pas possible, dira-t-on. — Eh ! pourquoi ? est-ce que les Compagnons des deux Sociétés ne sont pas des hommes les uns comme les autres ? J'ai beau les regarder de près comme de loin, je ne vois point de différence. Est-ce qu'ils n'ont pas tous les mêmes besoins et les mêmes intérêts ? Est-ce qu'ils ne souffrent pas des mêmes peines et des mêmes misères ? — Si, mais comment faire ? laquelle des deux Sociétés doit-elle sacrifier ses principes, son *devoir* à l'autre ? — Aucune. — Mais alors comment les réunir ? — Voici un moyen. Il faudrait dire aux Compagnons du Devoir : Choisissez dans toutes les villes de France, parmi tous vos frères, dix ou quinze hommes sages et capables. Il faudrait dire aux Compagnons du Devoir de Liberté : Cherchez aussi parmi les vôtres un nombre égal d'hommes intelligents et bien intentionnés; et puis, s'adressant aux deux partis, ajouter : Les hommes dont vous avez fait choix de part et d'autre sont vos députés; qu'ils partent, qu'ils se réunissent dans une même ville, et là qu'ils se fassent législateurs; qu'ils joignent, qu'ils forment un faisceau de toutes leurs connaissances; qu'une constitution, que des lois, que des règlements déterminant le sens des fêtes, des cérémonies, et les rapports des Compagnons entre eux, soient produits. Il y a déjà dans une Société une organisation très avancée; il y a dans l'autre des choses qui sont loin d'être mauvaises. Rapprochez le bon des deux côtés, ajoutez en commun pour faire un tout parfait, s'il est possible; et si vous avez pu réussir à vous entendre, si votre œuvre collective est terminée à la satisfaction de tous, adoptez, jurez ce *nouveau Devoir*, et que les deux Sociétés n'en soient plus qu'une, vous aurez fait une belle journée.

Le mélange que je propose est difficile; mais il n'est pas impossible à des hommes à la hauteur de leur siècle, qui comprennent l'humanité et leur destination sur la terre. Ombres que nous sommes! pourquoi tant d'ambition? Cette terre n'est qu'un court passage; bornons-nous à le rendre le plus doux, le plus agréable possible! semons-le de fleurs!

Il y a, outre les Compagnons, les Sociétaires de l'Union; je serais d'avis qu'on les appelât à s'unir à la masse pour ne former qu'un tout compact et solide.

Ce que j'ai dit aux menuisiers, je le dirai également aux tailleurs de pierre, aux charpentiers, aux serruriers, car ils ont, chacun chez soi, un travail semblable à faire.

Si l'on était parvenu à liguer les hommes d'une même profession en un seul corps, on aurait beaucoup fait, mais il ne faudrait pas encore s'arrêter là; il faudrait alors s'entendre entre tous les corps d'états, et former une alliance intime et durable. A ce mot d'alliance, des membres de plusieurs Sociétés se récrieront, ils diront qu'ils ne veulent pas s'unir à des corps d'états où l'on peut se passer de connaissances profondes en architecture et en géométrie. Et pourquoi cette répugnance?

tous les états ont leur genre de mérite, tous sont utiles.

Si les tailleurs de pierre unis aux charpentiers, aux couvreurs, aux plâtriers, aux menuisiers, aux serruriers, aux peintres-vitriers, élèvent les temples, les palais et les modestes logements du peuple, en confectionnant qui les murs, qui les combles, qui la toiture, qui les plafonds, qui les boiseries et les fermetures, qui les ferrures sur lesquelles elles se meuvent, qui les peintures et les vitrages, d'autres états apportent à la Société un tribut non moins puissant. N'est-ce pas le tanneur qui polit le cuir, le corroyeur qui le pare et l'adoucit, le bourrelier, le sellier, le cordonnier qui le façonnent en colliers, en brides, en selles, en souliers et en bottes? Que ferions-nous de nos chevaux si nous n'avions pas des harnais pour les vêtir et les atteler? Comment pourrions-nous marcher sur les pierres aiguës, sur les épines et les ronces, sur les neiges et les glaces des hivers, si nous n'avions point de chaussures à nos pieds? N'est-ce pas le charron qui fait la charrette qui roule sur le chemin, la charrue qui laboure nos champs, et tant d'instruments de travail dont l'agriculteur se sert pour le bien de tous? Ne sont-ce pas les forgerons et les maréchaux qui font l'essieu de la voiture, attachent un cercle de fer autour de sa roue, ferrent et soignent le cheval, font ou appointent la fourche et la bêche du paysan? Et les tisserands, et les tisseurs de tout genre, qu'on a tant dédaignés! mais rien n'est plus utile; il faudrait, sans eux, aller encore tout nu ou se couvrir d'une simple peau de bête; ce qui n'attesterait pas une bien haute civilisation... Et le boulanger! lui qui passe la nuit à remuer la pâte et à cuire le pain qui chaque jour nous nourrit! ah! ne le maltraitons plus...

Que ceux qui construisent, meublent, décorent les habitations des riches et des pauvres; que ceux qui, par leurs travaux, secondent l'agriculture, l'industrie, les arts et le commerce; que ceux qui, par ce qui sort de leurs mains, nous couvrent, nous parent le corps, les membres, les pieds et la tête; et ceux enfin qui travaillent aux substances alimentaires ou produisent les ustensiles propres à les recevoir, soient tous regardés comme des hommes utiles et comme des frères.

Que le titre de *Compagnon* ne nous divise plus; si

dans le vocabulaire de quelques associations on voit dériver ce mot de compas, cette étymologie, quoique assez ingénieuse, n'est point admise par d'autres associations qui s'en rapportent là-dessus au dictionnaire de l'Académie; ainsi, pour elles, le mot compagnon vient de compain, et veut dire manger, partager son pain avec un autre, veut dire camarade, et à ce point de vue personne au monde ne peut leur contester le droit de s'appeler Compagnon.

Loin d'être les ennemis des Sociétés de Compagnons qui se sont formées et de celles qui se forment, aidons-les plutôt de nos conseils.

Que les mécaniciens, que les typographes, que les tailleurs, que tous les hommes qui travaillent pour satisfaire aux besoins de la grande société s'associent, si cela leur convient, et s'ils aiment à se parer du nom de la Liberté, qu'ils s'en parent; ce nom est beau et appartient à tout le monde. S'ils aiment à se parer du nom du Devoir, qu'ils s'en parent encore; il n'y a que ceux qui comprennent bien leur Devoir qui soient vraiment dignes d'exercer leur droit. Ainsi, que l'on se pare du nom de Liberté ou de celui du Devoir, accueillons ceux qui se présentent sous de si beaux noms, s'ils sont surtout dignes de les porter. Que le Compagnonnage se grossisse, s'étende et se rende puissant; qu'il soit l'école de la jeunesse et l'espoir des travailleurs : cela se peut, si nous le voulons bien.

Cessons, sans retard, d'appeler clique ou race infernale les membres de tel ou tel corps d'état. Cette antipathie avait-elle pénétré en nous avant que nous eussions quitté le sol natal? Est-ce que dans nos villes, est-ce que dans nos campagnes nous n'avons pas une égale estime pour notre cordonnier, pour notre maréchal, pour notre boulanger, pour notre tisserand?... N'aimons-nous pas tous nos voisins, quels que soient d'ailleurs leurs états? Comme nous serions absurdes si nous les traitions de cliques, de race infernale à cause de la profession qu'ils exercent honnêtement! Ce n'est que sur le Tour de France que cette triste manie nous prend; il faut nous en dépouiller, car elle nous nuit à tous et nous rend méprisables au plus haut point.

Ayant réuni les hommes d'un même état en un seul

faisceau, il faut, je le répète, faire alliance entre tous les corps d'états. On pourrait, à des époques fixes, et au moins trois ou quatre fois par an, avoir dans chaque ville une assemblée générale, une espèce de congrès dans lequel chaque Société d'état différent se ferait représenter par un ou deux députés pris dans son sein. Ces représentants de l'industrie et du travail, réunis de la sorte, connaîtraient parfaitement les crises de tous les états, les misères de tous les individus qui les exercent, et porteraient à bien de maux des remèdes efficaces. Si un corps de métier souffre plus qu'aucun autre, le congrès s'en occupera, et saura, sans violence aucune, équilibrer son gain avec sa peine.

Dans un temps comme celui où nous sommes, temps où les ouvriers de France, de l'Angleterre et de bien d'autres pays, sont également au bord d'un précipice, l'association que je demande est nécessaire, indispensable ici comme plus loin ; les gouvernements eux-mêmes doivent la désirer, elle mettra un frein à la concurrence impitoyable qui détruit tant d'existences ; elle sera la digue contre laquelle viendront se briser tant d'exploiteurs sans entrailles et sans cœur qui, pour un peu d'or, sacrifient la vie de tant de leurs semblables. L'urgence d'une pareille association n'atteste pas, je le sais, la perfection des institutions prônées outre mesure qui régissent la grande société ; mais qu'importe ! elle peut empêcher beaucoup de mal et être d'un puissant secours, en attendant qu'on nous donne mieux.

Les ouvriers ainsi associés, ayant remplacé le désordre par l'ordre, la guerre par la paix, la haine par l'amour, pourront cultiver leur intelligence et donner un libre essor à leurs plus hautes facultés ; ils comprendront alors combien l'union est douce et puissante et influe sur le bien-être de chacun.

Tous voudront s'instruire, se perfectionner sur leur état et sur tout ce qui s'y rapporte. Si l'on veut des concours, on en aura ; mais il ne s'agira plus de mettre aux prises le Compagnon d'une Société contre le Compagnon d'une Société rivale, car cela avait des conséquences que je vais signaler. Quand deux Sociétés s'étaient défiées au travail, elles choisissaient aussitôt leurs concurrents. Comme on est homme de part et d'autre, comme les têtes sont également organisées, comme les écoles dans lesquelles on apprend l'architecture et le trait sont ouvertes pour tous sans distinction, on ne pouvait savoir d'avance de quel côté serait le vainqueur, et cependant, avant même que les concurrents fussent aux prises, on chantait victoire de toutes parts ; chacun se croyait certain de conquérir la ville, et à défaut de la ville, une forte somme d'argent.

Eh! pourquoi cette confiance en vous-mêmes, ô ennemis ? Le fanatisme est ici sans effet ; car il ne s'agit pas d'une bataille physique et violente, mais d'une bataille intellectuelle où le calme et la patience peuvent beaucoup. Pourquoi donc cette prévention et cet orgueil ? pourquoi ce mépris pour vos adversaires qui sont pourtant des hommes comme vous ? Qu'une Société ait vraiment la certitude de posséder, de son côté, l'homme le plus capable, le plus profond, elle peut encore ne pas gagner la partie. Les juges du concours peuvent être aveugles, corruptibles ou méchants, et mal juger : cela s'est vu bien des fois. — En 1773, l'Académie Française proposa pour sujet, dans un concours de poésie : *Le génie aux prises avec la fortune*. Laharpe et Gilbert concoururent ; le premier remporta le prix, sa pièce fut jugée supérieure et couronnée, et pourtant cette pièce, si bien traitée alors, est aujourd'hui tombée dans l'oubli, tandis que celle du second est estimée comme un excellent morceau de poésie. Laharpe est rejeté du rang des poètes, et son énergique rival y occupe une place distinguée. L'Académie, vous l'avez vu, donna gain de cause au pacha, au tyran de la littérature ; il était passablement riche, il était haut placé dans la faveur : Gilbert était pauvre, il mourut dans un hôpital âgé de 29 ans, abandonné de tout le monde et méconnu ; on lira, je crois, avec intérêt ses adieux à la vie :

Au banquet de la vie, infortuné convive,
   J'apparus un jour, et je meurs :
Je meurs, et sur la tombe, où lentement j'arrive,
   Nul ne viendra verser des pleurs.

Adieu, champs que j'aimais ; adieu, douce verdure ;
   Adieu, riant exil des bois !

Ciel, pavillon de l'homme, admirable nature,
　Adieu pour la dernière fois !

Ah ! puissent voir longtemps votre beauté sacrée
　Tant d'amis sourds à mes adieux !
Qu'ils meurent pleins de jours, que leur mort soit pleurée !
　Qu'un ami leur ferme les yeux.

Pauvre Gilbert ! qui ne s'attristerait sur son sort et sur l'aveuglement ou l'injustice dont il fut victime !

Ainsi, l'Académie, malgré tant de savants dont elle est composée, jugea mal. Ceux qui jugent les travaux des Compagnons peuvent mal juger aussi ; et voilà pourquoi il ne faut, dans aucun cas, chanter victoire d'avance.

Ce qui m'indispose vraiment contre ces concours de société à société, c'est que le vainqueur est vanté sans mesure, élevé jusqu'au ciel, comparé à Dieu, pendant que son malheureux rival, malgré son talent bien reconnu, est flétri, traîné dans la boue, déshonoré à jamais. Voyant tant de honte échoir aux vaincus, personne ne veut s'avouer tel ; malgré les experts, malgré leur jugement proclamé bien haut, partout on chante victoire, partout on apostrophe le parti adverse qui est traité on ne peut plus durement et plus salement. Des insultes on passe aux voies de fait, on se bat, on se tue, non-seulement dans la ville où le concours a eu lieu, mais dans la France entière ; et puis les gendarmes, et puis les magistrats interviennent et tout finit mal : de ces concours-là, quoique ami de l'émulation et de la gloire, je n'en veux plus.

C'est au sein de chaque Société qu'il faut ouvrir des écoles, organiser des concours ; alors, si celui qui aura le mieux fait a son nom gravé sur une plaque d'acier, celui qui en approchera le plus aura le sien gravé sur une plaque de fer : encourageons ceux qui font bien, encourageons ceux aussi qui font tous leurs efforts pour bien faire.

N'ayant plus de guerres à soutenir, notre activité se portera naturellement sur l'étude ; n'ayant plus de frais de procédure et autres à supporter, nous pourrons fonder dans chaque ville des écoles en bon ordre, décorées de modèles et de plans proprement encadrés. Outre les dessins relatifs à notre état, ayons quelques beaux sujets d'histoire, les portraits des hommes illustres que tous les temps doivent révérer, et des vues de villes et de paysages qui rappellent sans cesse à nos yeux et à notre esprit les beautés de l'art et celles de la nature. On pourra posséder aussi une petite bibliothèque dans laquelle figureront, chez les tailleurs de pierre, les charpentiers et les menuisiers, de bons traités d'architecture, de géométrie et de trait où les Compagnons les plus intelligents et les plus avancés puiseront des connaissances qu'ils devront communiquer à tous leurs confrères. Il faudra aux ébénistes des modèles de meubles, aux serruriers des traités d'ornements, aux tanneurs, aux corroyeurs, aux chamoiseurs, aux cordonniers, aux peintres, aux teinturiers, des traités de chimie et autres livres où ils trouveront des procédés avantageux; les maréchaux ont à se verser dans les études du vétérinaire; enfin, chaque corps d'état prendra les ouvrages spéciaux qui lui conviendront plus particulièrement.

Il ne faudrait pas encore s'arrêter là, l'intelligence ne serait pas satisfaite de si peu : une fois qu'elle s'ouvre elle veut tout connaître. Il nous faudra d'autres livres et je crois pouvoir vous les indiquer : le *Discours sur l'Histoire Universelle*, par Bossuet, où nous pourrons voir comment les grands empires de l'antiquité se sont renversés les uns sur les autres; l'*histoire de France*, car elle nous touche de près; une *géographie* de quelque étendue qui nous fera comprendre la grandeur du globe, ses variétés et ses transformations physiques, politiques et morales; un *dictionnaire géographique* et un *dictionnaire de la langue française* : le premier nous dira où sont situées telles et telles villes, quelles sont leurs beautés, leurs produits, leurs revenus, leurs administrations et combien leur population est forte; le second nous donnera l'étymologie des mots de notre langue et leur véritable signification. Une bonne *encyclopédie* est une œuvre qui coûte cher, mais une association de jeunes gens économes et laborieux pourrait facilement se la procurer; on trouverait là des notions concises sur les mathématiques, l'astronomie, la physique, la chimie, la géologie, la botanique, l'agriculture, les machines, les arts et métiers, la philosophie, la littérature, etc., etc. On raisonne, dans un tel ouvrage, sur toutes choses, et chaque Compagnon pourrait y étudier ce qui conviendrait plus particulièrement à ses goûts ou à ses intérêts. On connaît plusieurs encyclopédies, celle que dirigent MM. Pierre Leroux et Jean Reynaud est un monument incomparable; on n'apprécie nulle part avec autant de savoir et de sagesse les hommes et les choses; mais les parties abstraites et métaphysiques de ce bel ouvrage ont un développement immense, et ce qui nous intéresse le plus en a souvent trop peu. Cette encyclopédie, si digne d'être recherchée des penseurs et des philosophes, est trop savante pour nous. Celle que l'éditeur Courtin a publiée nous conviendrait, je crois, beaucoup mieux. (Elle a été éditée récemment par Firmin Didot, avec des augmentations considérables.)

Ajoutons aux livres déjà cités quelques ouvrages littéraires, de ceux qui frappent l'imagination, élèvent la pensée, forment le goût et délassent, tels que l'*Iliade* et l'*Odyssée* d'Homère, l'*Énéide* de Virgile, la *Jérusalem délivrée* du Tasse, le *Paradis perdu* de Milton, le *Télémaque* de Fénelon, les *chefs-d'œuvre dramatiques* de Corneille, de Racine, de Molière, de Voltaire, de Ducis; quelques morceaux de Boileau et de Lafontaine, de Jean-Jacques Rousseau et de Bernardin de Saint-Pierre.

Il est bon de connaître les grands écrivains qui ne sont plus, mais il ne faut pas ignorer les vivants; on pourrait trouver dans l'un de ces ouvrages que l'on nomme *Leçons de littérature* des morceaux de prose et de vers extraits des œuvres de Chateaubriand, de Béranger, de Lamartine, de Casimir Delavigne, de Victor Hugo, de George Sand, etc. Comme il n'est pas bon de rester tout à fait étranger au mouvement de notre époque, ayez quelques écrits politiques sortis des plumes les plus puissantes : les *Paroles d'un Croyant* et le *Livre du Peuple* de M. Lamennais, les *Dialogues de maître Pierre* de M. Cormenin, l'*Inauguration de la statue de Guttemberg* de M. Aug. Luchet. Ajoutons à tout cela, pour terminer, un ouvrage moral, savant, mais simple, mais varié et orné de dessins et vendu au prix le plus modique, dont le nom est : *Magasin Pittoresque*. Vous aurez formé une bonne bibliothèque, appartenant à la Société, où les Compagnons pourront passer leurs instants de loisir, et puiser de nombreuses connaissances qu'ils se communiqueront les uns les autres.

L'homme du peuple, cela se voit encore quelquefois, boit, s'enivre, s'abrutit et perd les instants les plus précieux. Il est encore livré à un mal dont les riches étaient jadis atteints. Oui, les riches se grisaient, sans en excepter même les rois; mais l'éducation les a guéris de ce mal-là; ils ont remplacé ce plaisir de la brute par des plaisirs plus réels et mieux sentis. Nous ne prétendons pas courir après des plaisirs trop coûteux, il en est à notre portée. Le changement qui s'est fait en un sens chez les riches se fera aussi chez le peuple; il remplacera ses plaisirs par d'autres plaisirs. Au reste, on s'aperçoit chaque jour de la décroissance de l'ivrognerie.

L'homme ignorant voit tout avec indifférence; l'ennui le suit presque toujours et partout; il lui faut des distractions toutes matérielles et bruyantes.

L'homme vraiment instruit voit tout avec intérêt; tout l'attache, tout lui parle un langage qu'il comprend : les cieux, la terre et les eaux; les travaux des hommes et ceux de la nature; la construction symétrique de l'architecte, le marbre animé du statuaire, la toile vivante du peintre, les sons harmonieux du musicien, les chants sublimes du poète; une machine, un tissu, un ruisseau, un arbre, un oiseau, un caillou, une plante, un insecte, un brin d'herbe : tout lui parle un langage mystérieux, tout lui sourit, le captive et le charme.

Celui qui sait lire dans un livre trouve souvent de douces émotions et des transports d'enthousiasme; celui qui n'y sait pas lire, c'est autre chose : il n'y voit que du blanc et du noir, et rejette bien vite ce grimoire auquel il ne comprend rien. Cela m'amène à conclure que l'homme instruit jouit de mille choses dans la nature que l'homme ignorant ne remarque pas...

Croyez-moi, mes amis, unissons-nous, instruisons-nous : un voile épais couvre nos yeux, il tombera; et puis, dans le monde, rien ne pourra nous être étranger : tout parlera à notre intelligence, à notre âme, à notre cœur, et nous sentirons par tous les sens.

La collection des livres dont je vous ai parlé ne coûtera pas très cher, trois ou quatre cents francs peut-être. Dans une seule bataille, dans un seul procès, vous avez souvent dépensé davantage. Ce sera bien beau, quand vous aurez réuni dans une seule et grande salle une école, un musée, une bibliothèque : les fils des entrepreneurs, ceux des simples artisans et des paysans viendront en foule chez vous ; tous voudront s'instruire et puiser à la source de vos connaissances la moralité, le savoir et le bonheur.

Je recommande la sobriété, mais vous devez cependant vous réunir quelquefois et partager la joie commune du banquet : il faut des distractions, il faut des plaisirs de différents genres ; il faut cultiver et soigner son esprit, sans pour cela délaisser le corps et le faire souffrir.

Compagnons du Tour de France, travailleurs laborieux, gravez dans votre cœur des paroles sorties du cœur de l'un de vos frères. L'union que je demande, puissiez-vous la réaliser ! elle sera le prélude d'un changement profond dans l'esprit, dans les mœurs, dans la vie, non-seulement d'une classe d'individus, mais dans la vie d'un grand peuple. Unissez-vous, personne ne peut calculer toute la portée du bien que vous pourrez vous faire, et ce bien s'étendra sur l'humanité.

CHAPITRE DES RECTIFICATIONS

ET BRÈVES EXPLICATIONS

Le mot *Devoirant* dérive de DEVOIR, le mot DÉVORANT est une altération malicieuse du dérivé *devoirant*, et par conséquent un sobriquet. Cependant les Sociétés marchant sous les bannières de maître Jacques et du père Soubise l'adoptèrent, et pendant longtemps on n'en prononça point d'autre pour les désigner. Dans mon livre du *Compagnonnage*, j'ai expliqué, commenté les mots Dévorant et Devoirant, et ce dernier a prévalu; le premier tombe et tombera tout à fait. Néanmoins, lorsque dans cet ouvrage je donne aux Compagnons du Devoir de Liberté le nom de *Gavot*, je crois devoir placer alors à côté du mot Gavot le mot *Dévorant*; du moment que je fais usage du sobriquet de ceux-là, je dois également faire usage du sobriquet de ceux-ci. J'ai usé de mots encore plus étranges : ce sont ceux de Loups, Loups-garous, Chiens, Renards, etc.; mais je les cite en passant, et je n'y reviens plus; au reste mon exposition du Compagnonnage devait être complète. J'ai employé aussi le mot *révoltés* à propos de la Société de l'Union; et les Sociétaires ne doivent pas s'en formaliser, c'est le nom qui leur fut donné lors de leur rupture avec les Compagnons du Devoir et de leur fondation. Mais le temps marche, le langage se polira de plus en plus, et nous n'aurons plus rien de blessant à nous dire les uns aux autres.

Les Charpentiers de la Liberté ou du Devoir de Liberté, qu'on appelle aussi Renards de Liberté, sont contrariés, blessés de ce que je les fais naître des Compagnons Bondrilles; ils veulent être sortis du temple de Salomon en droite ligne et affirment que ce temple fut l'œuvre de leurs mains; le Père Indien les conduisait dans ce grand travail : ils ne veulent même pas que l'on manifeste le moindre doute à cet égard.

Un souvenir ! Je faisais mon Tour de France il y a trente ans ; je voyageais de ville en ville, j'apprenais beaucoup de choses ; ce ne fut qu'à Paris, grâce aux Tailleurs de pierre du Devoir étranger, que je connus l'existence des Charpentiers de la Liberté, qu'on appelait plus particulièrement Renards de Liberté. Ils avaient une *mère* à Saint-Cloud ; ils étaient peu nombreux dans la capitale ; ils ne voyageaient pas : le Tour de France leur était inconnu et le Tour de France les ignorait. Cette Société fit des efforts louables, accrut le nombre de ses adhérents, et en cela la rudesse des Drilles envers les Renards ou Aspirants les seconda puissamment. En 1835, elle fit partir de ses Compagnons pour Auxerre, y fonda une Mère, et établit ainsi sa première station du Tour de France. Auxerre doit donc compter dans les annales de cette Société. Depuis 1835 jusqu'à nos jours, la même Société n'a pas manqué de s'étendre ; maintenant ses Compagnons travaillent à Lyon, Marseille, Bordeaux ; ils voyagent, ils font leur Tour de France, et il faut compter avec eux... Honneur à eux, gloire à leurs efforts persévérants. Ils ont du bon certainement, et il faut leur rendre justice, mais ils sont malades d'antiquité, et je le déplore. Les Romains acceptaient pour fondateurs deux enfants allaités par une louve, des esclaves qui avaient brisé leurs chaînes, des fugitifs de tous les pays ; ils se glorifiaient de leurs aïeux, quoique partis de bien bas, et ils devinrent la première nation du monde... Charpentiers de la Liberté, vous êtes plus fiers que les Romains, et sans doute moins philosophes... Quoi ! vous ne voulez pas être sortis des Drilles, qui sont, au bout du compte, bien qu'un peu rudes, de vaillants travailleurs et de très honnêtes gens ? vous ne voulez pas que vos pères aient fait ce qu'avaient fait les pères des Romains, les fondateurs de Rome, c'est-à-dire, rompu avec la servitude et constitué un centre indépendant ? Pourquoi cela ? Elevez donc vos pensées, examinez mieux la question, et soyez plus penseurs et plus hommes de nos jours. Je vous parle dans votre propre intérêt, et aussi dans l'intérêt du Tour de France et de tous les Compagnons.

Les Bondrilles étaient rudes, je le répète, et dans une pensée de progrès je les ai vivement remués dans mes ouvrages... Ils ne se sont jamais fâchés contre moi, ils ne m'ont jamais manqué de respect, plusieurs d'entre eux ont été mes amis et le sont encore : dans la Société opposée, qui devrait m'être plus sympathique, j'ai trouvé un manque extrême d'égard, une fâcheuse intolérance, ce qui m'a fort surpris et fort peiné. Un de ses Compagnons m'imposait, ou de faire sortir les Charpentiers de la Liberté du temple de Salomon, ou d'être complétement muet sur leur compte ; il me donnait un ordre absolu, et cet ordre reposait sur la menace. Il était, à ce qu'il prétendait, le délégué de sa Société, qu'il représentait fort mal, et dont il ne serait point avoué, je me plais à le croire. Je suis resté dans mon droit, qu'on ne me verra abdiquer devant personne; comme par le passé, je ne m'inspire que de ma conscience; il en sera encore de même à l'avenir, et je désire que chacun en soit bien averti; quant aux menaces, je les foule sous mes pieds. Ce Compagnon m'a laissé un douloureux souvenir. Mais j'ai là les lettres de son co-associé, de son camarade Eugène-François, dit Deblois-l'Enfant-du-Génie; elles sont larges d'idées, elles sont nobles, elles sont fraternelles, me donnent espoir en l'avenir, et me sont en ce moment une douce consolation.

Les Cordonniers portaient autrefois deux couleurs, une bleue, une rouge; à ces couleurs ils ont ajouté la blanche, et cela en 1850, lorsqu'ils furent adoptés par les Tondeurs de drap et reconnus par plusieurs corps. Les faveurs sont restées en usage. Depuis 1841, époque de la publication de la seconde édition de ce livre, le Compagnonnage a fait de grands pas en avant; des alliances se sont faites. Les Cordonniers ont été adoptés, comme je viens de le dire, par les Tondeurs de drap; les Tisseurs-Ferrandiniers par les Selliers, les Sabotiers par les Vanniers, et les Boulangers, sans être encore reconnus, vivent en paix avec tous, en amitié avec plusieurs corps de métiers. Presque toutes les Sociétés ont rogné les longues cannes, ce qui est vraiment significatif.

En divers endroits du *Livre du Compagnonnage* je parle des querelles entre Compagnons : je fais ressortir que les Tailleurs de pierre, les Charpentiers, les Boulangers, les Cordonniers, les Maréchaux font souvent jouer le bâton et la canne; cela était vrai lors de la publication des deux premières éditions; il ne l'est plus maintenant. Les temps de luttes, de combats, quoique encore bien près de nous, paraissent des temps fabuleux... on ne peut plus les comprendre... nous vivons en paix, et bientôt nous vivrons en complète fraternité.

Les Compagnons du Devoir seuls font le pèlerinage de la Sainte-Baume en Provence; on suppose que là se trouve le tombeau de maître Jacques.

J'ai donné quelques figures de géométrie, un dialogue sur l'architecture, un raisonnement sur le trait du menuisier; j'aurais voulu donner aussi un aperçu du trait du charpentier, du trait du tailleur de pierre; mais l'espace me manquait, et je ne voulais pas faire des volumes trop coûteux. Néanmoins je conseille aux menuisiers de ne pas rester tout à fait étrangers au travail des combles, aux distributions des maisons, au tracé des arcades, des voûtes en pierre. Chaque état doit avoir des connaissances sur l'état qui l'avoisine; il accroît ainsi ses moyens d'action et cela lui porte bonheur.

Que les discussions, les dissensions provenant du port des couleurs, des origines, du droit de préséance s'anéantissent à jamais... que chacun se pare comme il l'entendra, et cependant que chacun adopte librement, si cela est possible, dans le port ou l'arrangement de ses insignes, quelque particularité distinctive, afin que l'ensemble et l'harmonie naissent de la variété même... Ne laissons point périr le Compagnonnage... redoutons ses terribles déchirements... Il a progressé sous le rapport de l'idée, des mœurs, mais il reste des préjugés, des répulsions, tout cela doit tomber... Nous devons plaire à la jeunesse, à la nation, devenir populaires; point de fanatisme, mais point de scepticisme non plus; ayons foi au bien, travaillons à son triomphe... groupons-nous, étendons-nous... Chapeliers, admettez parmi vous tout ce qui fait des chapeaux, soit en feutre ou en soie; la matière n'y fait rien; un chapeau est un chapeau. Tondeurs de drap, faites place aux décatisseurs, élargissez vos rangs... Quand le travail se modifie, quand une branche d'industrie tombe, il faut s'appuyer sur la branche qui pousse à côté.

Des révolutions se sont produites dans diverses sociétés; les tailleurs de pierre, les menuisiers, les serruriers, soit du Devoir, soit de la Liberté, ont éprouvé des crises terribles, et beaucoup de Compagnons ne tremblaient pas lorsqu'ils voyaient s'en aller des masses de subordonnés... ils ne pensaient pas aux conséquences... en est-il de même maintenant? je ne le pense pas. Compagnons, soyez fraternels; aspirants et affiliés, comprenez mieux la hiérarchie, et sachez vous soumettre, obéir quelques mois avant d'arriver au commandement... il faut que tout marche avec harmonie.

Entre Gavots et Dévorants, plus de haines, c'est fort bien; mais c'est trop peu; il faut arriver à l'alliance, à la fusion... Un Compagnon menuisier du Devoir l'a compris, le Tour de France se souvient de sa magnifique lettre... Honneur à lui... Ce qui ne triomphe pas aujourd'hui triomphera demain; ayons donc espoir et attendons.

Une question! Ne pourrait-on pas supprimer les cris? Je suis pour l'affirmative. Compagnons, réfléchissez, pensez au public, pensez à nos mœurs, pensez à vous-mêmes.

Outre les lettres de Nantais-Prêt-à-Bien-Faire, de Bourguignon-la-Fidélité, de la Vertu de Bordeaux, de Vendôme-la-Clef-des-Cœurs, etc., reproduites dans ce volume, j'en ai reçu de plusieurs autres Compagnons; je citerai Tavel, dit Bien-Aimé-le-Bressan, chapelier; Bracassac, dit L'assurance de Ludon, tailleur de pierre passant; Collomp, dit L'estimable-le-Provençal, Cordier; Eugène-François, dit Deblois-l'Enfant-du-Génie, charpentier de la Liberté, etc., etc. De toutes ces lettres il en sera parlé dans les *Mémoires d'un Ouvrier*.

La première édition du *Livre du Compagnonnage* renfermait, après mes chansons, quelques chansons de divers auteurs; dans la seconde édition le nombre de ces chansons s'était accru, et de nouveaux auteurs s'étaient manifestés, chantant la fraternité à pleine voix... L'élan était donné, les hommes pensèrent, et me vinrent, de tous les côtés, des inspirations généreuses, des chants d'amour et d'union. Les chansons que l'on m'apportait, que l'on m'adressait, et qui me fortifiaient, je les plaçais dans un tiroir, où elles dormirent seize ans... Mais nous voilà à notre troisième édition, édition infiniment plus complète que les précédentes, et ces chants sortent de leur obscurité, prennent leur vol, vont se répandre par toute la France, seront appris et chantés par une foule d'hommes; ils retentiront chez les mères et dans les ateliers, et le Compagnonnage en tressaillira d'aise... Un élan fait naître un élan, l'enthousiasme s'allume à l'enthousiasme, de nouveaux poètes vont se lever de toutes parts, sur tous les points de notre sol, et leur concert va retentir dans le fond de mon âme. Que leurs chants m'arrivent donc, ils seront rassemblés, conservés, et bientôt nous pourrons donner, comme supplément au *Livre du Compagnonnage, le Chansonnier de tous les Compagnons*. Je prie les sociétaires de l'Union de concourir aussi pour cette belle œuvre.

Le Compagnonnage a eu de sages et nobles manifestations, des projets grandioses; une grande époque l'avait grandement inspiré... il y aurait un historique à donner; je laisse cela pour les *Mémoires d'un Ouvrier*. Mais avant ce dernier livre paraîtra, je le crois du moins, le supplément annoncé ci-dessus. Ainsi donc, Compagnons chansonniers, courage; secondez-moi, unissons nos efforts...

LISTE DES NOMS

DES COMPAGNONS, DES AFFILIÉS, DES PERSONNES
DE BONNE VOLONTÉ QUI ONT SOUSCRIT, EN 1857, A LA
3º ÉDITION DU LIVRE DU COMPAGNONNAGE.

Les Compagnons du Devoir prennent part à cette publication, s'inscrivent sur cet ouvrage à côté des Compagnons du Devoir de Liberté et des Compagnons étrangers, et cela prouve qu'on laisse à l'auteur sa liberté de pensée, que l'intolérance s'en va, que nous marchons en avant, et que nous arriverons à la fraternité.

PARIS (Seine). *Menuisiers du Devoir de Liberté.* DORIAT, dit Châlonnais le Cœur-Aimable; SALLES, dit Sommières-la-Victoire; COTE, dit Vivarais la Fleur-de-Laurier; BONIFAY, dit Nantais le Cœur-Fidèle; BERNARD, dit Limousin Sans-Façon; GOUTILLE, dit Châlonnais la Clef-des-Cœurs; ARMERY, dit Clermont le Bien-Aimé; LEBRETON, dit Vannois le Corinthien; CAUSSAT, Bordelais le Cœur-Constant; BIBÉ, Béarnais le Cœur-Fidèle; GIRAUD, Nantais Franc-Cœur; HUGUENIN, Vaudois le Décidé; BANCILLON, Gevaudan Sans-Façon; RENAUDIN, Poitevin la Prudence; BUHLER, Alsacien le Cœur-Fidèle; FILLIT, Dupuy l'Ami-du-Trait; DEFLORINI, Suisse le Pensif; THEVENON, Dauphiné la Vertu; CHODIER, Vivarais le Cœur-Constant; BOUGON, Parisien Sans-Regret; MASSON, Languedoc le Modèle-de-l'Amitié; RALLIER, Vannois l'Ami-du-Trait; MAURY, Limoux l'Ami-des-Beaux-Arts; BLACHON, Forézien le Beau-Tour-de-France; BRESSON, Languedoc le Bon-Cœur (*serrurier*); CHACORNAS, Languedoc la Belle-Conduite; LOTH, Labrie le Laurier-de-la-Liberté; PINQUE, Bugiste la Belle-Conduite; SARRAMAGNA, Bayonnais le Laurier-d'Honneur; BIESSY, Dauphiné le Bon-Cœur ; MAILHES, Gascon l'Ami-du-Trait; PHILIBERT, Mâconnais le Chapiteau; VABRE, Bédaricux le Laurier-d'Honneur ; TRUCTIN, Labrie l'Espérance; CAULET, Languedoc l'Immortel-Souvenir; LAGIRARDE, Comtois l'Espérance; MARTIN, Vivarais Bon–Accord ; ROURE, Vivarais la Belle-Conduite; DUCRET, Chambéry la Belle-Conduite ; GALLAND, Châlonnais la Tranquillité; ODOYER, Languedoc la Bonne-Conduite ; PACAUT, BLANC, MIRANDON, FERNANDEZ, Jacques PHILIT.

Tailleurs de pierre C. étrangers. — ESCOLLE, dit Joli-Cœur-de-Salernes (Var); SANDRIEN, Joli-Cœur-de-Guelfy; PERRINAU, la-Fleur-de-Châteaudun ; DAVIGNON, la Réjouissance-de-Chambéry; BOUTEILLÉ, la Prudence-de-Carcassonne ; JEANSAUD, Va-de-bon-Cœur-de-Draguignan; BAUX, la Clémence-d'Aubenas ; BENET, la Franchise-de-Chalabre ; PAIN, la Fidélité-de-Tournus ; PAIN jeune, la Liberté-de-Tournus ; PAROT, l'Assurance-de-Limoges ; APPART, la Fidélité-d'Orléans; SIMÉON, la Fidélité-de-Tannay ; BUFFO, la Vertu-de-Turin; D...; BIENVENU, la Rigueur-de-Vierzon ; BERNE, l'Espérance-de-Saint-Rambert; BERRY, la Liberté-de-Varzy ; LACROIX, la Fleur-de-Lunel; GRIGNARD, la Constance-d'Arles; CLÉMENT, Joli-Cœur-de-Saint-Geome; VINCENT, la Liberté-de-Corgoloin; HIPPOLYTE, la Prudence-de-Châteauroux; BOUTEILLÉ (Jean), tailleur de pierre; BOUJU, Franc-Cœur-de-Ballon; ROSSAZZA, la Fleur-de-Rossazza; ROBERT, la Sincérité-de-Blois; LECOURTOIS, la Prudence-Thaon ; DUMONT, la Bonté-de-Gex; GONTHIER, la Constance-de-Sainte-Croix (Suisse); MICHEL, la Sincérité-de-Cornas ; BARTHÉLEMY, la Réjouissance-du-Puy; BADIN, attendant étranger ; POTEVIN, id.; CASSAGNE, id.; VILLARD, tailleur de pierre ; DANSEAU, id ; MARGO, id.

HERCHET, dit la Sincérité-de Dijon, C. tailleur de pierre de l'Union C∴ H∴ R∴ X∴.

DUBLÉ, dit l'Angevin l'Enfant-Volage, C. passant charpentier, père des Compagnons passants tailleurs de pierre.

Tailleurs de pierre C. passants. CHAPPU, dit l'Espérance-d'Écueillé; SAMBARIN, Joli-Cœur-de-Gênes; CADAS, la Franchise-de-Narbonne ; DECOSSE, la Clémence-de-Villandry ; CHEVAL, la Pensée-de-Saint-Vallier ; MINGUET, l'Assurance-de-Charente ; COMPAGNON, la Clémence-d'Issoudun; BOUISSET, Joli-Cœur-de-Pézenas ; GOULIER, la Réjouissance-de-la-Daguenière ; CUEILLIERIER, la Tendresse-de-la-Bazoche

Eugène Vic, l'Assurance-de-Languedoc; Bégon, la Fidélité-de-Lunel; Laplanche, l'Allégresse-de-Châtillon.

Chapeliers du Devoir. — Laborie, la Franchise-l'Agenais; Boulay, Noble-Cœur-l'Agenais; Borie, la Liberté-l'Albigeois; Lapeyre, la Clef-des-Cœurs-le-Périgord; Devau, chapelier; Mérillon (Eugène), maçon; Thibault, Berry l'Espérance, C. boulanger; Durban, Albigeois Cœur-Joyeux, id.

Blanchers-chamoiseurs C. du Devoir. Bonnet, dit Lyonnais la Franchise; Al. Viou, Tourangeau la Douceur; Boutonnet, Rouergue l'Union-des-Cœurs; Potevin, Tourangeau le Bien-Aimé; Garnier, Vivarais l'Ami-de-la-Liberté; Boulanger, Rennois la Vertu; Bertin, Labrie le Soutien-des-Compagnons; Brunet, Poitevin la Sagesse; Verdier, l'Auvergnat la Fidélité.

Cordonniers-bottiers C. du Devoir. Pradelle, dit Vivarais l'Ami-de-l'Honneur; Stietz, Toulouse le Modèle-de-l'Honneur; Neyrac, Rouergue la Sagesse; Puech, Rouergue l'Ami-du-Droit; Pinet, Tourangeau la Rose-d'Amour; Goudon, Bourguignon le Secret-du-Devoir; Chaussadon, Vivarais la Bonne-Conduite; Lange, Parisien la Noble-Gaîté; Dufour, Manseau l'Aimable-Sagesse.

MM. Coulon fils, architecte; Boulfroid, entrepreneur; Boison, fabricant de fauteuils; Auguste Gachard, id.; Ploquin, menuisier; Janillon, id.; Jules Sicard, chapelier; Magny, maison de commission en meubles, souscrit à 20 exemplaires; Dordet, modeleur-mécanicien; Jacquemin, mécanicien; Anastay, fabricant de tables à coulisses; Coutureau, marchand de bois; Lacote, traiteur, souscrit à 4 exemplaires; Bernard, outilleur; J. Clerice; Verjus; Saint-Jean, ébéniste; Lefouet, id.; Laluyaux, id.; Maillard, tonnelier, Hadenberger, boulanger; Georges Vazelle, commis chez M. Belloir; Auguste Guilbaud, sculpteur; Rondeau, Bourguignon, menuisier; Douvry, fabricant de bourses; Villette, menuisier en fauteuils; Dewaeghnaere, id.; Jamon (Pierre-Vincent), mégissier.

SENS (Yonne). Capoccy, dit Picard le Bon-Soutien, maître menuisier; Pascal, dit Vivarais l'Exemple-de-la-Sagesse, id.; Finiel, dit Vallerogne le Laurier-d'Honneur, id.; Blochet, Normand le Décidé, id.; Préaux (Émile), serrurier.

MONTBARD (Côte-d'Or). Gaveau, dit Bourguignon le Cœur-Aimable, maître menuisier.

CHALON (Saône-et-Loire). *Menuisiers du Devoir de Liberté.* — Bonhour, dit Castres le Beau-Tour-de-France; Ballachac, Perpignan l'Ami-de-la-Liberté; Pujol-Laguerre, Perpignan la Fidélité; Blattes, Castres le Bon-Cœur; Garrigues, Carcassonne le Bien-Aimé-du-Tour-de-France.

Maîtres et Compagnons retirés. — Déculty, dit Vivarais l'Espérance; Philibert Lemoine, Châlonnais le Décidé; Suberbie, Béarnais la Rose-d'Amour; Perrin, Dauphiné l'Ami-de-la-Gaîté; Chalmeton, Vivarais le Laurier-d'Honneur; Knuchel, Châlonnais le Cœur-Fidèle; Goutille, Châlonnais l'Estime-des-Vertus; Goudard; Hervoit, dit Nantais la Sagesse; Martz, Alsacien l'Amour-Fidèle. — *Affiliés :* Vincent (Eugène), dit Lorrain; Auffrand (Joseph), dit Mâconnais.

CHAROLLES (Saône-et-Loire). Louis Bernard.

ROMANÈCHE (Saône-et-Loire). Antoine Méziat.

GENÈVE (Suisse). *Tailleurs de pierre Compagnons étrangers.* Dubois, dit Franc-Cœur-de-Rolle; Dides, dit la Douceur-de-Severac.

Menuisiers du Devoir de Liberté. Humbert, dit Suisse la Belle-Conduite; Munier, dit Suisse l'Ami-du-Progrès; Filliettas, dit Vaudois C∴ M∴ D∴ D∴ D∴

MM. Damasse, Ravier (de Mornex), Poussin, Brand, Gex-Cadet, Petitpierre, Gallay, Castan; Varinard, menuisier; Gerber, id.; Cheminon (Ferdinand), id.; Dunand (François-Marie), charpentier; Clair (François), id.); Pochat (Jean-Marie), id.; Verdel (Jacques), id., ; Brifaud (Jules), id.; Bovagne (Jean), id.; Charbonnet Jhone, maître maçon; Mercier (Auguste), menuisier; Chomard, id.; A. Joye, gérant de la librairie Cherbuliez à Paris.

THONON (Savoie). Jacquier (Marie), dit Chablaisien la Préférence, serrurier; Levray (Marie), Chablaisien le Laurier-d'Honneur, serrurier-mécanicien; Détraz (Charles), Chablaisien la Rose-d'Amour, menuisier; Grillon (Louis), Chablaisien le Résolu, serrurier; Vernaz, Chablaisien le Beau-Tour-de-France, menuisier; Pioton, dit Chablaisien l'Espérance, id.; Grillon (François), Chablaisien Sans-Façon, id.

SAINT-ÉTIENNE (Loire). *Menuisiers du Devoir de Liberté.* Breuillet, dit Bourguignon l'Espérance; Marin, Percheron l'Ami-de-la-Liberté; Marty, Perpignan l'Ami-du-Génie; Leroy, Vendôme l'Ami-du-Progrès; Coquard, La-France-Franc-Cœur; Roy, Bourguignon le Soutien-du-Devoir-de-Liberté; Foussard, Clermont le Bon-Cœur; Simetière, Rochelais le Cœur-Sincère (M.); Filhol, Dupuis l'Immortel-Souvenir (M.); Jheucle, Dupuy la Sincérité (M.); Verdier, Percheron le Chapiteau; Ganivet, Dupuy le Laurier-d'Honneur; Marouste, Vivarais le Cœur-Prudent (s.); Bourgoin (Mathieu), dit Dupuy; Chatard (Louis), dit Clermont; Joseph Barlet, maître menuisier.

Tailleurs de pierre Compagnons étrangers. Calvy, dit la Réjouissance-de-Castres; Jeaume (Pierre), la Victoire-de-Nantes; Dantony, la Fidélité-de-Tance; André, l'Espérance-de-Clamecy; Dumont, la Prudence-de-Privas; Escoffier, Franc-Cœur-de-Lucenay.

MONTBRISON (Loire). M. A. Chevassieu fils, souscrit à 8 exemplaires.

BRIOUDE (Haute-Loire), Jean Vissac, Saby Vital, Dupuis Allègre.

LYON (Rhône). *Menuisiers du Devoir de Liberté.* Pinard, dit Bourguignon le Laurier-d'Honneur; Boher, Perpignan l'Ami-de-la-Fraternité.

Affiliés. Sedan (Auguste), dit Languedoc, serrurier; Yves Ropors, dit Brestois; Dunière (Jacques), Vivarais; Chacornas (Louis), Languedoc; Bossena (François), Bugiste; Guillet (Jules), Bourguignon; Bouquet, Florentin; Duprès, Vivarais; Bonnicel, Gevaudan.

Cordonniers-bottiers du Devoir. Brun, dit Gevaudan l'Ami-de-l'Honneur; Chauvin, Rochefort l'Alliance-des-Cœurs; Grelet, Poitevin l'Estimé; Bessier, Lyonnais la Fermeté-du-Devoir; Bujat, Bressan l'Ami-des-Compagnons; Buffard, Angevin Bien-Aimé; Baron, Tourangeau l'Ami-de-l'Honneur; Chenevié, Dauphiné; Teriquet, Comtois.

VIENNE (Isère). *Menuisiers du Devoir de Liberté.* Mouton, dit Lyonnais le Flambeau-d'Amour; Paradis, Dauphiné Sans-Chagrin; Linage, Dauphiné la Belle-Conduite; Legin, Dauphiné la Clef-des-Cœurs; Malliquet, Viennois Sans-Rémission : Plantier aîné, Viennois l'Ami-des-Arts; Plantier jeune, Viennois Sans-Façon; Laurent, Viennois le Cœur-Fidèle; Jacquier, Viennois la Sagesse; Roche fils, Viennois la Constance ; Renaut, Percheron le Beau-Tour-de-France; Coquart, La-France-Franc-Cœur ; Janique (Claude), *affilié;* Barrioz, dit la Sincérité-de-Vienne, Compagnon étranger tailleur de pierre.

GIVORS (Rhône). *Menuisiers du Devoir de Liberté.* Moussy, dit Lyonnais la Belle-Conduite ; Moussy, dit Lyonnais l'Immortel-Souvenir ; Gay, dit Givors l'Amour-Fidèle ; Moussy, dit Lyonnais, *affilié.*

ANNONAY (Ardèche). *Menuisiers et Serruriers du Devoir de Liberté.* Romesy, dit Vivarais le Cœur-Aimable ; Maissonnat, dit Vivarais la Liberté ; Malégue, dit Vivarais l'Espérance-d'Amour ; Souchon, Vivarais l'Exemple-de-la-Sagesse ; Vernet, Vivarais le Résolu ; Pourret, Vivarais le Laurier-d'Honneur; Rousset, Vivarais la Vertu ; Barbier, Vivarais le Beau-Tour-de-France ; Féasson, Vivarais Franc-Cœur; Clappe, Vivarais l'Amour-Fidèle; Roche, Vivarais Bon-Accord ; Mounier, Vivarais le Corinthien ; Blachier (Philippe), Vivarais Sans-Regret; Duman (Jean), Vivarais la Fidélité ; Duranton, Vivarais le Laurier-d'Amour.

Meyssat, maître menuisier; Royez (Jean-Claude), id.; Francon, maître serrurier; Roux (Toussaint), tailleur de pierre; Seigle (Joseph), menuisier ; Olagne (Jules), id. ; Roux (Joseph), id.; Escomel (Pierre), id.; Ponsonnet (Henri); Gautier (Joseph); Artru (Pierre); Forgue (Ferdinand); Chataigner (Michel) ; Maurice (Antoine), dit Dauphiné, serrurier.

TOURNON (Ardèche). Alphonse Malet, menuisier; Hippolyte Malet, id.; Baratier, id.; Gonnet, id.; Portalis, dit Avignonnais Bon-Accord, ébéniste; Jourdan, d'Érôme (Drôme), menuisier; Ladrey, serrurier.

LE PAPE (Ardèche). Ponton, dit Vivarais la Gaîté, maître menuisier; Reymondon, id.; Vignal, serrurier.

AUBENAS (Ardèche). Ladet, entrepreneur, dit Vivarais Sans-Regret, C. étranger tailleur de pierre ; Colomb, dit

Vivarais le Tranquille, C. menuisier du Devoir de Liberté ; Perbost, Vivarais l'Union, id.; Chapperon, Vivarais le Cœur-Fidèle, id.; Arnaudon, Vivarais l'Immortel-Souvenir; id.; Chaudouard, Vivarais le Cœur-Aimable, serrurier du Devoir de Liberté; Antoine Besson ; Victorin Lacrotte ; Auguste Lacrotte.

VALLON (Ardèche). MM. Saussine, Valladier, Verdier, Mirubel.

GRENOBLE (Isère). *Tailleurs de pierre Compagnons étrangers.* Tonnichon-Régis, dit Belle-Humeur-de-Grenoble; Pallud-Ollivier, la Constance-de-Grenoble; Massot, la Rose-de-Grenoble ; Christalomme, la Tranquillité-de-Grenoble ; Duranton, la Franchise-de-Grenoble; France, l'Espérance-de-Grenoble ; Roche, Belle-Humeur-de-Lassenage; Ailloud, la Liberté-de-Grenoble ; Louveyron, la Pensée-de-Grenoble ; Luraux, la Prudence-de-Saint-Florents; Naudet, la Tranquillité-de-Charots.
Menuisiers du Devoir de Liberté. Moulin, dit Dauphiné l'Ami-de-la-Sagesse ; Martin (Alfred), Grenoblois l'Immortel-Souvenir.
Ros, dit Périgord l'Ami-de-l'Ouvrage, Compagnon teinturier du Devoir. V. S. E. C. D. S.

CHAMBÉRY (Savoie). Denat, menuisier ; Vincenty, id.

AVIGNON (Vaucluse). Charles Monier, fabricant et marchand de meubles, souscrit à 20 exemplaires.

MORIÈRES (annexe d'Avignon). Jean Alliaud; Sébastien Alliaud, cafetier; Pierre Alliaud ; André Alliaud ; Fournier (François), fils de Pierre Fournier dit Barra; Trucy, maréchal ; Chastanier (Pierre); Vachon, buraliste; Perrot, cafetier; Cluchier (Auguste); Vache (Louis); Martin Fournier; Etienne Cassini, cordonnier; Jean Bernard ; Joseph Raynaud ; Vincent Turin; Madon, médecin; Lautier (Auguste), géomètre; Jouve, menuisier.

VEDÈNES (Vaucluse). André (A.), Diaud (Louis); Durand; Carpentras; Escudier; Milhaud ; V. Monteux.

CHATEAUNEUF-DU-PAPE (Vaucluse). Joseph Buyé, dit Avignonnais la Prudence, C. menuisier du Devoir de Liberté; Rochelais-le-Bien-Aimé, C. dolleur du Devoir.

LISLE (Vaucluse). Bouvet, dit Bourguignon Sans-Façon, menuisier de Liberté; Eugène Brunet, dit Dauphiné, menuisier; Latour, dit Mâconnais, id.; Monnier, Chambéry, id.; Donnat, Provençal, id.; Platon (Marius), maître serrurier; Gromelle, maître menuisier; Rousset, marchand quincaillier; Victor Converset, maître menuisier.

CUCURON (Vaucluse). Ferdinand Emeric, dit Provençal le Cœur-Fidèle, maître menuisier.

CHATEAU-RENARD (Bouches-du-Rhône). Angirany fils, dit Château-Renard le Bien-Aimé, maître menuisier.

MARSEILLE (Bouches-du-Rhône). *Menuisiers du Devoir de Liberté.* Lecomte, dit Beauceron l'Ami-des-Arts; Jotré, Lorrain la Prudence; Royet, Comtois l'Amour-Fidèle; Belfort, Lorrain l'Ami-du-Génie; Schegg, Suisse la Franchise, serrurier; Laporte, Lorrain l'Ami-du-Trait; Berthier, Rouergue la Prudence; Huart, Percheron l'Ami-des-Arts; Coquereau, Nantais le Cœur-Divertissant; Sagnet, Rouergue l'Ami-des-Arts; Conord, La Brie la Fidélité; Tissot, Dauphiné la Belle-Conduite; Lavabre, Rouergue le Cœur-Fidèle.
Affiliés. Dervier (Louis), dit Dauphiné; Coupat (Claude), dit Vivarais; Passard (Jean), Dauphiné; Maurice-Germain, Berry; Plain (Jean), Languedoc; Trémoulet (Pierre), Languedoc; Belmain (Joseph), Chambéry; Juberton, Clermont; Colonel, Dauphiné; Jeandeau, Saintonge; Fesquet, Montpellier; Ausseille, Perpignan; Dépré, Poitevin; Chacornas (Hippolyte), Languedoc; Mercier, Champagne; Robert, Vivarais.

LORGUES (Var). François Galinou, dit l'Agenais le Courageux, Compagnon charron d. D.; Louis Humeau, dit la Clef-des-Cœurs-l'Angevin, C. toilier, id.; Em. Collomp, dit l'Estimable-le-Provençal, C. cordier, id.

DRAGUIGNAN (Var). Ermingeaud, dit Provençal le Cœur-Divertissant, menuisier du Devoir de Liberté; Sicard, Draguignan l'Immortel-Souvenir, id.; Frassati, dit la Sagesse-de-Carouge, tailleur de pierre du Devoir étranger; Guérin cadet, menuisier; Giraud (Pierre), ébéniste; Roubier, fabricant de chapeaux; Barthélemi Cauvière; Maximilien Meiffret.

TOULON (Var). Charles PONCY, souscrit à 4 exemplaires.

DIGNE (Basses-Alpes). *Menuisiers du Devoir de Liberté.* CONTE aîné, dit Digne le Cœur-Sincère; COTTE, dit Provençal l'Ami-des-Arts; SOREL, dit la Liberté-de-Grenoble, C. étranger tailleur de pierre, régisseur des travaux de la cathédrale; ARNAUD (Pierre), maître menuisier; ROMAN, dit Provençal Bon-Accord, C. ferblantier d. D.; ESMIOL aîné, Provençal le Bien-Aimé, C. maréchal-ferrant d. D.; RICHARD, dit la Belle-Conduite-le-Provençal, C. chapelier d. D.; CONTE (Louis), affilié menuisier, caporal au 3e régiment du génie; COTTE (Charles), avocat; YVAN, docteur-médecin, ex-représentant; MARTIN (Louis), ferblantier; ISNARD (Auguste), dit Provençal, menuisier.

CATTERI (Corse). Siméon GAVAUDAU, menuisier.

ALGER (Afrique). ROCHETIN, dit la Franchise-d'Avignon, Compagnon étranger tailleur de pierre; CULLAZ, Franc-Cœur-d'Annecy, id.; GAUTARD, la Pensée-de-Lorgue, id.; ROCHETIN (François), Avignonnais, tailleur de pierre; BOISSIÈRE, Montpellier le Laurier-d'Honneur, C. menuisier du Devoir de Liberté; COSNEAU (Charles), Nantais, charpentier; MALVAL, Vivarais le Chapiteau, C. du Devoir de Liberté; EVEILLIARD, dit Montauban, menuisier; Nicolas JACQUENET, Bugiste, maître charron et forgeron; MAURICE-PHILIPPE, Carcassonne le Noble-Cœur, C. cordonnier-bottier du Devoir; DUVARIC, dit Saumur le Soutien-de-la-Canne, id.; BAUMANND, Strasbourg le Bon-Soutien, id.; BOULARD, maître serrurier à Alger.

MOSTAGANEM (Afrique). J. LAGIER fils, cultivateur.

ARLES (Bouches-du-Rhône). GUIEU, dit Digne Franc-Cœur, maître menuisier (souscrit à 6 exemplaires).

EYRAGUES (Bouches-du-Rhône). CHASTROUX, négociant.

NIMES (Gard). *Menuisiers du Devoir de Liberté.* ROUSSEAU, dit Angevin la Fidélité; ROCHE, Vivarais la Palme-des-Beaux-Arts; DUPAN, Poitevin le Cœur-Fidèle; PONGY, Gévaudan l'Ami-du-Progrès; GACHE, Albigeois la Clef-des-Cœurs; DELOMBRETTE, Angevin la Prudence; BASSET, Nîmois le Beau-Tour-de-France; PLATON, Languedoc le Cœur-Aimable; Barbier, Messin la Fidélité ; Darnoux, Lavoulte l'Espérance ; Chaillot, Vivarais la Bonne-Conduite.

Affiliés. Cochet, dit Dauphiné; Tourant, dit Normand; Pradines, dit Toulousain; Théodore, dit Montpellier.

ANDUZE (Gard). Guillaume Remy, dit Languedoc le Cœur-Constant, Compagnon menuisier du Devoir de Liberté; Bayle, Daste, dit Gascon-sans-Façon, id. ; Jean Jalmalette, dit Anduze le Flambeau-d'Amour, id.; Casimir Malzac, affilié menuisier. Scipion Barrafort, négociant et agent général de la compagnie de l'Aigle.

MONTPELLIER (Hérault). *Menuisiers du Devoir de Liberté.* Rossard, dit Beauceron l'Ami-du-Trait; Guyot, Franc-Comtois le Cœur-Fidèle ; Delassie, Nivernais l'Ami-des-Arts ; Descotte, Dauphiné la Fidélité ; Blenavent, Grenoblois l'Enfant-du-Génie ; Villermet, Chambéry la Clef-des-Cœurs ; Chamoux, Chambéry Va-sans-Crainte ; Aublane, Forézien Sans-Façon.

Affiliés. Castagnier, dit Beauceron; Marty, dit Toulousain; Défesse (David), dit Bayonnais; Briquet, dit Bordelais ; Rességer, Béziers ; Cucher, Lyonnais ; Marin, Dauphiné ; Pegeaurier, Rouergue.

LODÈVE (Hérault). *Menuisiers et serruriers du Devoir de Liberté.* Maillet, dit La-France-l'Ami-des-Arts, maître ébéniste; Vigouroux, dit Lodève l'Ami-de-l'Union; Ducros, Montpellier le Bien-Aimé; Laurent Fal, Lodève la Prudence, serrurier; Roussalis, Lodève le Beau-Tour-de-France, menuisier; Roger, dit Lodève-le-Bien-Aimé, id.; Roques, l'Ami-des-Arts-le-Bouquet-d'Or ; Eugène Caissaux, maître ébéniste; Angerly, maître plâtrier.

SAINT-GEORGE (Hérault). Vielle, dit Montpellier la Liberté-d'Immortel-Souvenir, serrurier-propriétaire.

GIGEAN (Hérault). Maissonnier, dit Montpellier Bon-Accord, maître menuisier.

BÉZIERS (Hérault). MM. Birot aîné, menuisier; Birot cadet, id.; Guiraud, id.; Bernadou, id.; Sicard, id.; Bessière, cordonnier; Narcisse Bernard, propriétaire; Coste, employé au chemin de fer; Fabre, entrepreneur ; Liénart, ingénieur civil, id.; Larroque, chef de section ; Séranne, employé; Prévot, id.; Raffoux, id.; Charpentier, entrepreneur; Nicolet, notaire; Isoard (Hippolyte), propriétaire; Calmette, serrurier; Roger, voyageur; Vergnes, négociant; Cœurdacier, entrepreneur de travaux publics; Perchez, entrepreneur; Soulagne, maître cordonnier; Trinquier, tailleur de pierre; Poujol; Boyer (Cyprien), propriétaire à Espondeilhan; Davilla, plâtrier, id.

MONTAGNAC (Hérault). Edmond Clergue, dit Languedoc l'Estime-des-Vertus-du-Tour-de-France, maître menuisier-ébéniste.

SAINT-ROME-DE-CERNON (Aveyron). Pierre Rudelle, dit Rouergue l'Ami-du-Génie, menuisier.

LA ROQUE (Aveyron). Broussous, dit Rouergue l'Estime-des-Vertus-du-Beau-Tour-de-France, menuisier.

RABASTENS (Tarn). Esaü Fouet, dit Albigeois l'Estime-des-Vertus, maître serrurier; M. Louis Thomière, propriétaire.

SAINT-YBARS (Ariége). Astrugue, dit Comtois Bon-Accord, menuisier.

TOULOUSE (Haute-Garonne). *Menuisiers du Devoir de Liberté.* Cavé, dit Normand le Bon-Soutien; Merle, Gévaudan le Cœur-d'Amour; Pichoud, Chambéry la Victoire; Langros, Bourguignon l'Ami-de-la-Liberté; Rimbault, Bourguignon le Cœur-Fidèle; David, Comtois l'Ami-du-Génie; Scheur, Rochelais le Bien-Aimé.
Affiliés. Dassut, dit Lyonnais; Combes, dit Vivarais.
Maîtres. Chizalet, dit Forézien le Serment-de-Fidélité; Sajoux, Toulousain la Clef-des-Cœurs; Mainvielle, Toulousain la Clef-des-Cœurs.

TOURNON-D'AGENAIS (Tarn-et-Garonne). Barré, menuisier-ébéniste.

BAYONNE (Basses-Pyrénées). Gassonné, dit Bayonnais la Victoire, menuisier du Devoir de Liberté; Ynchaurraga, Bayonnais le Décidé, id.; Clément aîné, Bayonnais la Sagesse, id.; Labeyrie, Bayonnais l'Immortel-Souvenir, id.; Campozet, Bayonnais le Cœur-Fidèle, id.; Hourquet, Bayonnais le Laurier-d'Honneur, id.

MONT-DE-MARSAN (Landes). BARRÈRE (Hector), sociétaire bienfaisant, cordonnier; CAMONSEIYT, id.; POMMÈDE (Lucien), dit Bayonnais Cœur-Constant, Compagnon teinturier d. D.; DUTREY, Bayonnais la Liberté, C. tanneur du Devoir; DASTÉ, Périgord l'Obligeant, id.; CRABOS, Pierre-le-Bayonnais, C. serrurier d. D.; DESPONS, Valentin-le-Bayonnais, C. menuisier d. D.; DOUSSÈDE, Denis-le-Bayonnais, id.; BÉARNAIS, Bayonnais Sans-Cérémonie, C. tourneur d. D.; SEVAU, Saint-Ange la Sagesse, C. charpentier d. D.; MONCADE, Landais l'Ami-des-Arts, id.; FAURET, Bayonnais le Soutien-du-Devoir, C. sellier; GLISSE, Landais la Rose-d'Amour, C. menuisier du Devoir de Liberté; BALANCIN, Bayonnais l'Ami-du-Progrès, id.

BORDEAUX (Gironde). *Compagnons menuisiers du Devoir de Liberté.* BOUBON, dit Clermont le Beau-Tour-de-France; ROBERT, Forézien le Beau-Tour-de-France; DENACHÉ, Tourangeau le Serment-de-Fidélité; GARCIN, Dauphiné le Bien-Aimé du-Beau-Tour-de-France; BONNET, Vivarais la Bonne-Conduite.
Compagnons cordonniers-bottiers. FRESNEL, dit Rennois l'Ami-du-Travail; CONSTAND, Périgord la Gloire-du-Devoir; BÉZY, Valence, aspirant.
CARTEAU, dit Rochelais, professeur de dessin.

CASTILLON (Dordogne). ROLLAND, ébéniste; VAGUIER, marchand quincaillier; MOLLO (Henri), entrepreneur de bâtiments; BARDE jeune, négociant; J.-F. MARCILLAT, marchand de grains; Benjamin LAFAYE, menuisier.; LAMBERT (Louis), propriétaire à Saint-Michel-de-Montagne.

VAYRES (Gironde), DUTASTA, dit Libourne le Corinthien, maître menuisier.

COGNAC (Dordogne). *Tailleurs de pierre Compagnons étrangers.* GOMBERT, dit la Sincérité-de-Cognac; POMMERET, la Franchise-de-Cognac; Rançon, la Fidélité-de-Cognac; AUGUET, la Jeunesse-de-Décize; BERNIER, la Sincérité-de-Segonzac; ROUX, la Pensée-de-Cognac; DÉMÉNIEUX, la Liberté-de-Cognac; GENDRON, la Fidélité-d'Angoulême.
Menuisiers du Devoir de Liberté. BELBEN (Charles), dit l'Angoumois la Vertu; GANAT, l'Angoumois l'Ami-des-Arts; RICHARD (Joseph).
Forgerons du Devoir. BAUDRIC, dit l'Angoumois-la-Couronne; GUERRIER, l'Angevin la Belle-Conduite.

Charpentiers du Père Soubise. Corniol, dit l'Angoumois la Prudence; Blancheton, Saintonge la Vertu.

Coquibus, dit Bourguignon la Victoire, Compagnon bourrelier d. D.; Thomas (Philippe), Rouergue Va-de-Bon-Cœur, C. charron d. D.; Velay, Dauphiné le Cœur-Fidèle, id.; Tarabon, Cognac l'Ami-de-l'Humanité, cordonnier du Devoir; Camus, l'Angoumois la Bonne-Conduite, id.; Coubart, Fléchois la Clef-des-Cœurs, Compagnon sabotier, id.

NANTES (Loire-Inférieure). *Menuisiers du Devoir de Liberté.* Petit, dit Berry l'Ami-du-Trait; Abezac, dit Béziers la Bonne-Conduite; Viguer, Languedoc l'Ami-du-Trait; Gounon, Vivarais l'Ami-du-Progrès; Garbiès, Provençal l'Exemple-de-la-Sagesse; Richard, Berry le Laurier-d'Honneur; Duffaut, Gascon la Tranquillité; Salgue, Vivarais Franc-Cœur; Renié, Nantais le Bien-Aimé; Auger, Berry la Fidélité; Amiot, Normand le Bon-Soutien; Ramus, Dauphiné Bon-Accord; Debouche, Vannois Franc-Cœur; Goulet, Angevin la Sincérité; Lorrain, Lorrain le Temple-de-Sagesse (serrurier); Bonnet, Vivarais la Bonne-Conduite.

Affiliés. Jean Bonfils, dit Toulousain; Jean Ducos, Toulousain; Antoine Audouit; Antoine-Edouard Jamsord, sculpteur.

Cordonniers-bottiers du Devoir. Renaud, dit Angevin la Couronne; Massiot, dit Luçon la Bonne-Conduite; Jaunet, Nantais la Noble-Conduite; Robert, Gâtinais le Bien Aimé-du-Tour-de-France; Lamour, Guerandais le Modèle-de-l'Honneur; Rolland, Lorientais Noble-Cœur; Filliat, Forézien la Fidélité-du-Devoir; Jung, Messin le Soutien-de-la-Canne; Coudrin, Nantais l'Aimable-Vertueux; Jamin, Angevin l'Humanité; Laplanche, Parisien l'Ami-de-la-Gloire; Tauchon, Tourangeau Laurier-d'Amour; Martin, Napoléon la Fierté-du-Devoir; Grimault, Rennois l'Ami-du-Devoir; Martin, Manseau la Fraternité; Duère, Chambéry la Fermeté-du-Devoir; Vincent, Saint-Ange l'Ami-des-Compagnons; Lemoine, Saumur la Bonne-Conduite; Aury, Angevin l'Espérance; Berruet, Tourangeau l'Estime; George, Rennois le Bien-Aimé.

SAINT-BRIEUC (Côtes-du-Nord). Rault, maître menuisier.

NOZAY (Loire-Inférieure). MM. Grenon, docteur-médecin; Hamel; Harouin, Compagnon charpentier; Vernet, id.; Hougron, Compagnon menuisier d. D.; Riot, id.; Peltier, dit l'Ami-du-Progrès, C. menuisier de la Liberté; Perroult, affilié, id.; Moulin, forgeron; Bricaud, maçon.

POUANCÉ (Maine-et-Loire). Émile Porte, C. sellier.

TOURS (Indre-et-Loire). Auguste Bouché, dit Tourangeau l'Ami-du-Trait, menuisier.

AZAY-LE-RIDEAU (Indre-et-Loire). MM. Savary, Foucher, Huault, maîtres menuisiers, anciens Compagnons.

CHARTRES (Eure-et-Loir). *Société des Compagnons menuisiers et serruriers du Devoir de Liberté.* Ruelle, dit Toulousain la Fidélité; Dumier, Carcassonne la Sagesse; Mouly, Bédarieux la Sagesse; Vernet, Clermont l'Exemple-de-la-Sagesse; Bordier, Saumur l'Espérance; Collomb, Dauphiné la Rose-d'Amour; Damoiseau, Beauceron l'Ami-des-Arts; Galabert, Frontignan Prêt-à-Bien-Faire; Méteyer, dit Vannois; Terrier, dit Blois; Coupechoux (Victor), dit Versailles.

CETON (Eure-et-Loir). Drouin, menuisier.

ORLÉANS (Loiret). Amand, dit Guépin Cœur-d'Amour, C∴ S∴; Proutière, Angevin Discret, id.; Langot, Manseau la Gaîté, id.; Menou, Tourangeau Bonne-Conduite, id.; Durand, Poitevin le Paisible, id.; Gélot, Manseau la Couronne, id.; Picherit, Angevin la Belle-Union, id.; Venet, Blois la Droiture, C∴ T∴; Rémond, Dijonnais l'Obligeant, C∴ B∴; Boudin, Guépin la Franchise, id.; Neveu, Rochelais Bien-Estimé-des-Frères, id.; Jacquelin, Bourguignon l'Aimable, id.; Barrault, Guépin la Belle-Conduite, id.; Dubuc, Agenais l'Ami-de-l'Honneur, id.; Martel, Agenais l'Aimable-Gaîté, id.; Delbert, Montauban la Bonne-Conduite, id.; Dumas, Gascon le Triomphant, id.; Philippe Volton, maître menuisier.

NEMOURS (Seine-et-Marne). MM. Dubois, Rassine, Bulté, Lamy, Pacault, Hévari.

MOULINS (Allier). *Menuisiers du Devoir de Liberté.* Donjon, dit Bourbonnais la Fidélité; Gerbillet, dit Bourbonnais

Prêt-à-Bien-Faire; VILLEPREUX, Bourbonnais l'Estime-des-Vertus; BELMONT, Belge le Soutien-du-Devoir-de-Liberté.

Tailleurs de pierre Compagnons étrangers. MARION, dit la Réjouissance-de-Moulins; LABAY (Jean), dit la Tranquillité-de-Moulins; MARTIN, dit l'Espérance-de-Moulins; Jean BOILARD, menuisier; GUILLAUMIN, id.; JULIEN (Pierre), dit Lacroix, sculpteur; BRIGAUDES (Nicolas), cordonnier.

SAINT-BABEL (Puy-de-Dôme). PÉJOUX, dit Clermont l'Immortel-Souvenir-du-Tour-de-France, maître menuisier.

TULLE (Corrèze). FAVORI fils, maître charpentier.

TRANCHEVILLE (Aube). J.-B. CHOUET, menuisier.

BAUDONCOURT (Haute-Saône). LAGIRARDE, dit Comtois l'Espérance, menuisier du Devoir de Liberté.

MONTBÉLIARD (Doubs). Charles RÉEFS, dit Alsacien la Prudence, maître menuisier; PARENT, id.

JOUVELLE (Haute-Saône). PORTE, dit Franc-Comtois le Bien-Aimé, menuisier.

VOUZIERS (Ardennes). MM. DUBUISSON, menuisier; REMY, id.; MARTIN, id.

ÉPINAL (Vosges). BIGEARD, dit Épinal le Bien-Aimé, du Devoir de Liberté, menuisier, marchand de bois; Jules GÉRARD-BIGEARD; MM. DUBOIS, mécanicien; Louis BUFET, brasseur; J. GIRAUD, dit Lorrain Sans-Façon, menuisier; Antoine BERTHIER, mécanicien.

THANN (Bas-Rhin). M. Charles KESTNER, ex-représentant, souscrit à 6 exemplaires.

MONTMIRAIL (Sarthe). GOUTE, menuisier.

HAUTEVILLE (Pas-de-Calais). Philémon BIGUET, menuisier.

VEULLES (Seine-Inférieure). Esprit BELLEMÈRE, pharmacien.

EU (Seine-Inférieure). DUHAMEL, dit Normand l'Ami-des-Arts, maître menuisier.

ROUEN (Seine-Inférieure). MM. Théodore Lebreton Beuzeville, Duval, A. Aillaud, Canel.

CHAUNY (Aisne). M. Alfred Madon, ébéniste, et douze autres souscripteurs.

NAUPHLE-LE-VIEUX (Seine-et-Oise). MM. Cugu, maître menuisier; Florent (Willaume), menuisier; Paul Villain, id.

MAISONS-SUR-SEINE (Seine-et-Oise). Lambert, dit Beauceron le Serment-de-Fidélité, maître menuisier.

SAINT-GERMAIN (Seine-et-Oise). Mayer, dit La-France-l'Ami-du-Trait, maître menuisier; Delaine, dit Lafrance l'Estime-des-Vertus, id.; Ernest Garnier, menuisier; Louis Allard, id.; Louis Hector; Pernin, id.; Louis Textor, id.; Lointier, vérificateur.

FIN DU TOME SECOND ET DERNIER.

TABLE DES MATIÈRES

DU TOME SECOND

	Pages
Un mot sur ce volume.	5
Correspondance. Lettre de Bourguignon-la-Fidélité.	7
L'union des ouvriers (chanson), par le même.	8
Lettre de Nantais-Prêt-à-Bien-Faire.	10
Le jardin du Compagnonnage (chanson), par le même.	12
Première lettre de la Vertu-de-Bordeaux.	14
Deuxième lettre de la Vertu-de-Bordeaux.	16
Réponse aux lettres de la Vertu-de-Bordeaux.	Id.
Lettre de Vendôme-la-Clef-des-Cœurs.	19
Les adieux au Tour de France (chanson), par le même.	21
Le vieux Francœur (chanson), par le même.	22
Réponse à la lettre de Vendôme-la-Clef-des-Cœurs.	24
Lettre des Compagnons de Bordeaux.	25
Réponse à la lettre des Compagnons de Bordeaux.	28
Fragment d'une réplique des Compagnons de Bordeaux.	33
Lettre de M. Moreau, dit Tourangeau, sociétaire de l'Union.	35
Réponse à la lettre de M. Moreau.	46
Seconde lettre de Vendôme-la-Clef-des-Cœurs.	49
Réponse à la lettre de Vendôme-la-Clef-des-Cœurs.	51
Lettre de l'auteur au Tour de France.	55
Situation très critique de l'auteur.	60
Rapports de l'auteur avec Mme Georges Sand.	62
Lettre de Mme Georges Sand.	Id.
Seconde lettre de Mme Georges Sand.	63
Second Tour de France de l'auteur.	64
Lettre de Beau-Désir-le-Gascon.	70
Réponse à la lettre de Beau-Désir-le-Gascon.	72
Lettre de Bien-Décidé-le-Briard.	76

	Pages
Quelques couplets sur le tissage, par le même.	78
Réponse de l'auteur à Bien-Décidé-le-Briard.	79
Lettre de Tourangeau, affilié.	84
Chanson à l'auteur, par le même.	Id.
Réponse à la lettre de Tourangeau, affilié.	86
Lettre d'Antoine-le-Provençal.	Id.
Réponse à la lettre d'Antoine-le-Provençal (réfutation de plusieurs articles de journaux).	88
Quelques mots au *Messager*.	102

CHANSONS DE RÉGÉNÉRATION. 106

Le devoir des Compagnons, par Thévenot, Bourguignon.	107
A l'amitié, par Piron, Vendôme	108
Ordre du jour des Compagnons, par le même.	109
Les conseils de la raison, par le même.	111
Les sobriquets, par le même.	113
Moi, par le même.	114
Voyage dans l'autre monde, par le même.	116
Ne formons qu'un faisceau, par Brault, Briard.	118
L'alliance des corps, par le même.	120
Le sergent Compagnon, par le même.	121
La réforme, par le même.	122
L'Aliéné, par le même.	123
Le bon vivant, par le même.	125
La paix, par Benardeau, Tourangeau.	126
Mon rêve, par Collomp, Provençal.	128
Devoir des Compagnons, par Eugène François, de Blois.	130
Embrassez-vous et donnez-vous la main, par Lyon, Parisien.	131
A l'auteur du livre du Compagnonnage, par Escolle Joli-Cœur.	132
Fraternité compagnonnique, par le même.	134
L'union du Compagnonnage, par le même.	135
Marions nos couleurs, par le même.	137
Au Tour de France, par le même.	139
L'édifice du Compagnonnage, par Bonnet, Lyonnais.	140
Les vœux d'un Compagnon, par le même.	141
L'alliance des Compagnons, par Denat, la Franchise.	143
Espoir dans l'avenir, par Pissot, Angoumois.	144
La rencontre de deux frères, par le même.	145
Agricol Perdiguier, par Chaplain, Alençonnais.	147

	Pages
Unissons-nous, par Cœurdacier, de Darney.	148
Les auteurs, par Capus, Albigeois.	149
A Perdiguier, par le même.	151
Le rêve d'un tonnelier, par Chabane, Nivernais.	153
L'alliance de tous les devoirs, par le même.	154
Conseil d'une mère à son fils, par le même.	156
Le devoir d'un Compagnon, par le même.	157
Guerre à l'ignorance, par le même.	159
Aux mânes de Vendôme-la-Clef-des-Cœurs, par D'Ailly. Guépin.	160
Plus d'ennemis, par Denu, Angevin.	162
Appel à la fraternité, par Durand, Nantais.	163
L'union des sociétés, par Munier, Suisse.	165
La Régénération, par Arnaud, Libournais.	166
L'enfant de l'atelier, par le même.	167
L'enfant du Tour de France, par Charles Vincent.	169
Le chef-d'œuvre du nouveau Compagnon, par le même.	170
La réforme, par Jacquemin, Comtois.	172
L'union des corps, par le même.	173
L'union et le progrès, par le même.	175
Dialogue sur la lecture.	177
Dialogue sur la versification.	186
Dialogue sur les nouvelles mesures.	192
Dialogue astronomique.	205
Dialogue moral et religieux.	224
Ce que le Compagnonnage a été, ce qu'il est, et ce qu'il doit être.	235
Chapitre supplémentaire (rectification et complément).	277
Liste des souscripteurs à cette édition (1857).	283
Table des matières.	299

FIN DE LA TABLE DU TOME SECOND ET DERNIER.

PARIS. — Typ. LACOUR, rue Soufflot, 18.

ERRATUM

Page 473 de ce volume, ligne 13, au lieu de :

Pour cultiver les beaux-arts, la science ;

Lisez :

Pour cultiver *en paix* les beaux-arts, la science.

DU MÊME AUTEUR :

Histoire démocratique des peuples anciens, depuis les premiers temps jusqu'à Jésus-Christ, 12 volumes, à 1 fr. 25 chacun.

ONT PARU :

Hébreux, Assyriens.	1 vol.
Éthiopiens, Égyptiens, suite des Hébreux, Grecs.	1
Chinois, Indiens, Perses et Grecs, Grecs.	1
Grecs.	3
Siciliens, Grecs d'Italie, Cartharginois.	1

RESTE A PARAITRE :

Romains.	3
Complément (mœurs, considérations, etc.).	2

AUTRES OUVRAGES :

Mémoires d'un Compagnon, 2 vol.	3 fr.	»
Histoire d'une scission dans le Compagnonnage, 1 vol.	1	»
Biographie de l'auteur du livre du Compagnonnage, 1 vol.	1	»
Dialogue sur Maître Adam, brochure	»	30 c.
Statistique du salaire des ouvriers et ouvrières, épuisé.		»

Pour recevoir affranchi par la poste ajouter au prix 25 cent. par volume.

PARIS. — Typ. LACOUR, rue Soufflot, 18.

www.ingramcontent.com/pod-product-compliance
Lightning Source LLC
Chambersburg PA
CBHW071526160426
43196CB00010B/1676